Unterwegs auf der VIA SACRA

VOLKER DUDECK | HOLM GROSSE

Herausgegeben
von Volker Dudeck
und Holm Große

Die Texte zu den Stationen verfassten im Einzelnen (Nennung am jeweiligen Stationstextende):

VD
PD Dr. sc. phil. Volker Dudeck,
Geschäftsführer des Vereins Zittauer Fastentücher e.V.
(bis 2006 Direktor der Städtischen Museen Zittau)

MS
Pfarrer Michael Salewski,
Brüderunität Herrnhut

MW
Dr. phil. Marius Winzeler, Direktor der Städtischen Museen Zittau

SK
Dr. phil. Sylke Kaufmann, Direktorin der Städtischen Sammlungen Kamenz

RS
Rainer Sachs,
Kulturattaché am Generalkonsulat der Bundesrepublik Deutschland in Wrocław

RA
Phil. Dr. Rudolf Anděl Csc.,
Liberec

Alle touristischen Informationen wurden verfasst von:
Prof. Dr. Holm Große, Geschäftsführer der Marketing-Gesellschaft Oberlausitz-Niederschlesien mbH (MGO)

ZUM GELEIT

Mit diesem Reiseführer laden wir Sie ein auf eine Entdeckungsreise entlang der VIA SACRA, *einer neuen sakralen Kulturroute in einem außergewöhnlichen europäischen Kulturraum, dessen gemeinsame Geschichte Grundlage für die heutige länderübergreifende Kooperation und Wertschöpfung bildet.*
Seit 2005 vernetzt sie als besondere touristische Straße herausragende sakrale Bauwerke und Kunstschätze im Dreiländereck Deutschland–Polen–Tschechien und wird immer mehr zu einem «Muss» für Kulturtouristen aus der ganzen Welt. Die VIA SACRA *lädt zur Besinnung und Entdeckung im Alltag verlorener Werte ein, egal, ob Sie Christ sind oder nicht. Wer sich einlässt auf die besondere Ausstrahlung sakraler Stätten, kann an diesen kulturhistorisch bedeutsamen Orten der Stille und Würde zu Ruhe und Gelassenheit, zu innerer Einkehr und zu sich selbst finden.*
Lebendig wird auf der VIA SACRA *ein Jahrtausend mitteleuropäischer Kultur und Frömmigkeit. Einer Perlenschnur gleich verläuft sie auf alten Handels- und Pilgerwegen durch die Oberlausitz, Niederschlesien und Nordböhmen. Der ringförmige Verlauf der rund 550 Kilometer langen Route symbolisiert das Verbindende zwischen drei Ländern und vier Nationalitäten. Ein Ring führt zu den acht Stationen auf deutscher Seite, ein weiterer verknüpft die Stationen aller drei Länder miteinander. Jede der Stationen bildet einen Höhepunkt sakraler Kultur und kann Ausgangspunkt für eine Rundreise oder für das Kennenlernen individuell ausgewählter Ziele in der näheren und weiteren Umgebung sein.*
Erleben Sie Europa an seiner Schnittstelle.
Ich lade Sie, liebe Leserinnen und Leser, herzlich ein zu Entdeckungen in unserer von geschichtlicher Tradition und modernen Urlaubsangeboten geprägten Region in der Mitte Europas.

HOLM GROSSE

LUSATIA
VERLAG

Begegnungen,
die berühren

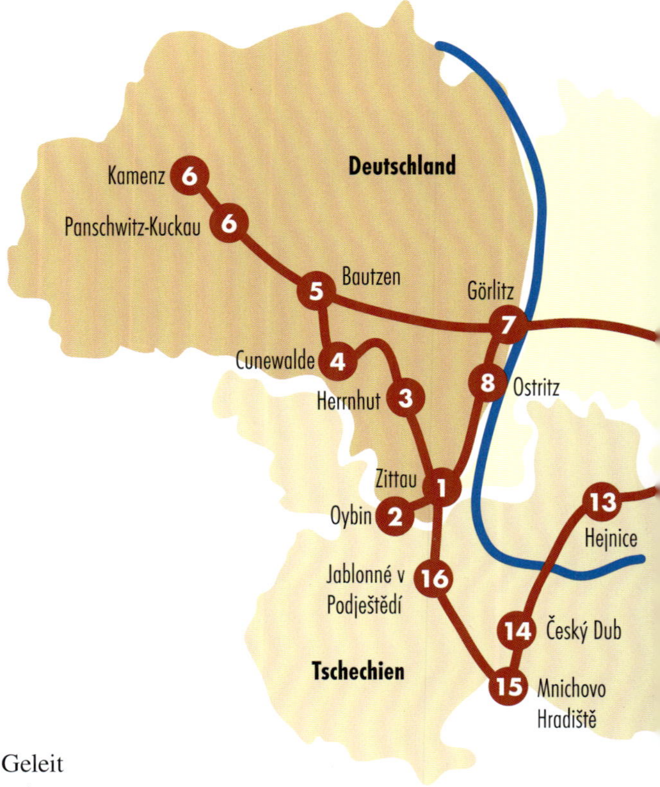
Deutschland
Kamenz 6
Panschwitz-Kuckau 6
Bautzen 5
Görlitz 7
Cunewalde 4
Herrnhut 3
Ostritz 8
Zittau 1
Oybin 2
13 Hejnice
Jablonné v Podještědí 16
14 Český Dub
Tschechien
15 Mnichovo Hradiště

INHALT

Die VIA SACRA in der Oberlausitz, in Schlesien und Böhmen

Der nicht mehr korrigierbare Rückgang der Bevölkerung in den strukturschwachen Gebieten Europas bedroht langfristig den Fortbestand der dort besonders zahlreichen Baudenkmäler. Zur Sicherung ihrer weiteren Existenz gilt es, den Tourismus als eine der wirtschaftlichen Grundlagen zu fördern, mit denen Arbeitsplätze für die Bewohner gesichert werden können. Die Oberlausitz, Schlesien und Böhmen sind reich an Kunstschätzen als Erbe einer langen, über weite Strecken gemeinsamen Geschichte als Teile des Königreichs Böhmen. Sie den Reisenden aus aller Herren Länder zu erschließen, die über keine Ortskenntnisse verfügen, bedarf es eines überzeugenden Konzepts. Schon seit Jahrzehnten haben sich dafür Routenpläne zu bestimmten Denkmalgruppen bewährt, denn der von weit Anreisende lässt sich nicht für ein einzelnes Monument anlocken. Es würde niemand wegen eines Schlosses an die Loire nach Frankreich fahren, die gesamte Kette der Renaissancebauten von Anger bis Orleans zieht jedoch jährlich viele tausend Besucher an.

So gibt es in den alten Bundesländern schon seit Jahrzehnten die Straße der Romantik, die besonders gut erhaltene Städte wie Rothenburg ob der Tauber, Dinkelsbühl, Nördlingen und andere bis nach Regensburg und Passau miteinander verbindet. Ferner die Deutsche Fachwerkstraße, die inzwischen vom Bodensee bis Stade an der Unterelbe reicht.

Nach der Wiedervereinigung schuf das Land Sachsen-Anhalt die Straße der Romanik, die quer durch das ganze Land zu romanischen Kirchen und Burgen in 60 Orten von Zeitz im Süden bis Arendsee im Norden führt. Sie wurde schon nach kurzer Zeit zu einem großen Erfolg für den Bildungstourismus, wie man ihn am Beispiel von Quedlinburg ablesen kann, wo die Zahl der Übernachtungen von 2000 im Jahr 1990 auf 160000 im Jahr 2006 anwuchs. Ermutigt von diesem Erfolg hat das Land Sachsen-Anhalt zusammen mit den Kreisen und Kommunen eine zweite Touristikroute mit der Be-

zeichnung «Gartenträume» eingerichtet, an der 40 historische Gärten und Parkanlagen liegen, die im Begriff ist, ein ähnlicher Erfolg zu werden.

Angeregt von dem Beispiel der «Straße der Romanik» hat das Land Mecklenburg-Vorpommern die «Wege zur Backsteinkunst» begründet und wurde dabei von der Deutschen Stiftung Denkmalschutz unterstützt. Diese hat dafür extra ihre Satzung um den Passus «Die Stiftung wird insbesondere wirken durch die Besichtigung von Kulturdenkmälern, um damit das Bewusstsein für die Notwendigkeit des Erhalts der Kulturdenkmäler beim Bürger zu stärken.» ergänzt. Dies geschah aus der Kenntnis heraus, dass es wenig sinnvoll ist, die Instandsetzung von historischen Bauten zu fördern, wenn es ungewiss ist, ob am Ort in dreißig Jahren überhaupt noch Menschen wohnen. Wir begannen mit einer CD-Rom, an denen in 175 Orten insgesamt rund 200 gotische Bauwerke aus Backstein angeordnet sind. Ähnlich wie bei der Straße der Romanik in Sachsen-Anhalt kann kein Tourist die Routen insgesamt bereisen.

Der Vorteil der von Dr. Volker Dudeck geschaffenen VIA SACRA *besteht in der Begrenzung auf 16 Orte, wodurch es bei der heutigen Mobilität auch den Senioren durchaus möglich ist, alle im Zeitraum von 10 bis 14 Tagen aufzusuchen, ohne in oberflächliche Eile verfallen zu müssen. Wichtig ist ein allen Orten übergeordnetes Thema anstelle eines bunten Blumenstraußes höchst unterschiedlicher Art von Kunstdenkmälern. Das bedeutet nicht, dass die anderen Kunstgattungen übergangen werden sollen, sondern nur die Konzentration auf ein Schwerpunktthema, das auf eine Besonderheit für die jeweilige Kunstregion hinweist, auf ein Alleinstellungsmerkmal, wie es in der modernen Werbesprache heißt. An der Loire gibt es auch nicht nur Schlösser, sondern auch Klöster, Kathedralen und historische Städte, die es zu betrachten lohnt.*

Das Gleiche gilt auch für die Wege zur Backsteingotik in Mecklenburg-Vorpommern, an deren Routen natürlich auch auf Schlösser, romanische und barocke Kirchen hingewiesen wird, wenn sie am Wege liegen. Es sind jedoch die gotischen Backsteinkirchen, die die Route bekannt gemacht und ihren Erfolg begründet haben. Ohne eine werbewirksame Kampagne wäre dies nicht möglich gewesen. So wurde als erstes bei einer Schiffsreise auf der Donau mit dem Anlegen im Hafen größerer Städte für das Land Mecklenburg-Vorpommern mit allen seinen Sehenswürdigkeiten – darunter auch der Backsteingotik – geworben. Danach führte die Deutsche Stiftung Denkmalschutz eine unter meiner Führung stehende viertägige Busfahrt mit Reiseunternehmern und Journalisten der Fachpresse für Tourismus durch. Der Erfolg wurde schon im darauf folgenden Jahr deutlich, als ich die Omnibusse der Reiseunternehmen in den ausgewählten Städten sehen konnte. Den größten Werbeeffekt jedoch hatte die große, in fünf Städten durchgeführte Landesausstellung unter dem Titel «Gebrannte Größe – Wege zur Backsteingotik». Der Beitrag Lübecks im Holstentor trug den Titel «Die Hanse, Macht des Handels», der von Wismar im Turm der Marienkirche «Bauten der Macht – eine Kirchenbaustelle im Mittelalter», der von Rostock im Kloster zum Heiligen Kreuz «Die Sprache der Steine – Schmuckformen aus Backstein», der von Stralsund im Katharinenkloster «Maritime Macht – Schiffe, Ostsee und Piraten» und in der Jacobikirche von Rostock «Dialog des Geistes – Geist und Religion im Mittelalter». Der fünfbändige Katalog wurde 2002 von der Deutschen Stiftung Denkmalschutz herausgegeben. Die Finanzierung der Ausstellung erfolgte durch Zuschüsse des Landes Mecklenburg-Vorpommern, der fünf Städte und durch viele Sponsoren, an der Spitze der Norddeutsche Rundfunk und die Norddeutsche Landesbank, die finanzielle Abwicklung durch die Deutsche Stiftung Denkmalschutz.

Das Ergebnis für den Bildungstourismus mit insgesamt 220 000 Besuchern war nicht nur im Ausstellungsjahr 2002 sehr groß, sondern trug auch in den Folgejahren bis heute Früchte, wie man an den Zahlen für die einzelnen Kirchen ablesen kann: Wismar 2006 bei St. Georgen und dem Turm der Marienkirche 150 000 Besucher, im Münster von Bad Doberan 170 000 Besucher, in der Marienkirche von Rostock 180 000 Besucher.

Gleich nach diesem beachtlichen Erfolg bot ich der Landesregierung des Freistaates Sachsen meine Unterstützung für die Entwicklung einer ähnlich systematischen und werbewirksamen Kampagne für die Kunstdenkmäler in der Oberlausitz an, stieß aber damit auf keine Resonanz. Es ist dringend zu hoffen, dass es der Initiative von Herrn Dr. Dudeck besser geht, zumal er das bessere Konzept hat als seinerzeit das von mir angedachte einer Route zu den Mitgliedsstädten des Sechsstädtebundes. Hierbei hätte nur Lauban außerhalb der Grenzen Deutschlands gelegen, ist aber im Zweiten Weltkrieg so stark zerstört worden, dass ein Besuch kaum lohnend ist. Der Vorteil der VIA SACRA *ist die Verbin-*

dung aller drei Länder, die in der Südostecke Sachsens eine gemeinsame Grenze haben. Damit wird nicht nur dazu beigetragen, das Trennende von Grenzen durch einen kulturellen Brückenschlag zu überwinden, sondern auch eine wirtschaftliche Minderung der für eine Grenzlage typischen Strukturschwäche bewirkt. Nur gemeinsam können die Länder Tschechien, Polen und Deutschland dies schaffen. Der gegenseitige wirtschaftliche Austausch führt bei offenen Grenzen, gemeinsamer Währung und wachsendem Wohlstand der beiden östlichen Nachbarn mit Sicherheit auch zum wirtschaftlichen Aufblühen der Oberlausitz, insbesondere von Zittau und Görlitz, deren Randlage im Mittelalter zwischen den Siedlungsgebieten der Slawen und Deutschen ihren Wohlstand begründet hatte. Dass Randlagen unter den genannten Voraussetzungen vom Nachteil zum Vorteil werden, kann man im Grenzraum zwischen den Niederlanden und dem Raum Aachen sowie am Oberrhein zwischen Südbaden, dem Elsass und der Schweiz feststellen.

Ohne eine Besinnung auf die gemeinsame abendländische Kultur ist das Zusammenwachsen zu einem geeinten Europa nicht möglich. Zwischen Frankreich, Italien und Deutschland sowie den anderen westlichen und nördlichen Nachbarländern ist es schon – bei Erhaltung aller nationalen Besonderheiten – weitgehend vollzogen, bei den östlichen Nachbarn noch unterentwickelt. Für das friedensstiftende Ziel eines geeinten Europa ist die Völkerfreundschaft zwischen seinen Mitgliedsvölkern die wichtigste Grundlage, der grenzüberschreitende Bildungstourismus das unentbehrliche Mittel dazu. Weitsichtige Politik müsste dies erkennen, ist aber leider bei unseren hektischen, auf Meinungsumfragen und Wahltermine fixierten Parteien nur selten zu finden.

Alle drei Länder verbindet die gemeinsame langjährige Zugehörigkeit zum Königreich Böhmen, besonders anschaulich sichtbar beim Oybin durch das Wirken Kaiser Karls IV. Er schuf sich hier mit dem Bau des Palasgebäudes einen nie verwirklichten Ruhesitz und siedelte für seinen Seelenfrieden Mönche des Cölestiner-Ordens an. Auch hier ist es das Christentum, das die Kultur dieser Regionen besonders geprägt hat. Dabei symbolisieren die beiden heute noch belebten Zisterzienser-Nonnenklöster St. Marienstern und St. Marienthal sowie das einstige Männerkloster von Krzeszów/Grüssau das Wirken eines Ordens, der im Mittelalter wie kein anderer ganz Europa durch seine Filiationen verbunden hat. Das gilt auch für den Johanniterorden, von dessen Kommende in Česky Dub/Böhmisch Aicha auf sensationelle Weise bedeutende Reste entdeckt worden sind. In den Wallfahrtsstätten von Jablonné v Podještědí/Deutsch Gabel und Hejnice/Haindorf konnte nach dem Ende der kommunistischen Zwangsherrschaft die Wallfahrt wieder aufgenommen werden, sie reicht als Ausdruck volkstümlicher Frömmigkeit bis ins hohe Mittelalter zurück. Die Kulturlandschaft im Dreieck Tschechien, Polen und Oberlausitz spiegelt jedoch nicht nur die erfreulichen Zeugnisse der Frömmigkeit wider, sondern auch die von Zerrissenheit, Intoleranz und religiösem Fanatismus. An die erbitterte Verfolgung andersgläubiger Christen und Glaubenskriege mit unendlichen Todesopfern und Verwüstungen erinnern einige Stätten an der VIA SACRA, *so die Grabstätte des Albrecht von Wallenstein in der Kapelle der Heiligen Anna in Mnichovo Hradiště/Münchengrätz. Seine Söldnerhaufen und die seines Gegenspielers Gustav Adolf von Schweden wurden für Feind und Freund während des Dreißigjährigen Krieges zum Schrecken in ganz Mitteleuropa. Die Friedenskirche in Jawor/Jauer von 1654/55 ist ebenso wie die in Świdnica/Schweidnitz ein Denkmal religiöser Intoleranz, denn im einst evangelischen Schlesien wurden nach dem Westfälischen Frieden den Protestanten in allen Orten die steinernen Kirchen weggenommen. Nur durch den politischen Einfluss des schwedischen Königs durften sie außerhalb der Städte Kirchen erbauen, und diese auch nur aus Fachwerk. Eine späte Genugtuung für die bedrängten Protestanten ist es, dass die Kirchen von Jauer und Schweidnitz als die größten Fachwerkkirchen Europas auf Antrag der Republik Polen in die Unesco-Liste des Weltkulturerbes eingetragen wurden.*

Böhmisch-mährische Flüchtlinge, wegen ihres ebenso christlichen Glaubens wie der der Katholiken aus ihrer Heimat brutal vertrieben, flüchteten in die Oberlausitz und fanden in Herrnhut auf dem Landgut des Grafen von Zinzendorf eine neue Heimat. Von hier aus breitete sich die Herrnhuter Brüdergemeine als evangelische Freikirche auf fünf Kontinenten aus.

Die größte evangelische Dorfkirche Deutschlands steht ebenfalls an der VIA SACRA *in Cunewalde. Mit 2632 Sitzplätzen, ein monumentaler, spätbarocker Massivbau mit dreigeschossigen Holzemporen im Inneren.*

Nicht nur Trennendes zwischen den Konfessionen, auch Verbindendes bietet die VIA SACRA, *so im Dom von Bautzen durch seine Eigenschaft als Simultankirche, bei der seit der Reformation die Katholiken den Chor und die Evangelischen das Langhaus für ihre Gottesdienste nutzen, getrennt nur durch ein niedriges Gitter mit einer stets geöffneten Tür. Die evangelische St.-Peter-und-Paulskirche in Görlitz ist ein frühes Beispiel der Ökumene, denn sie enthält barocke Beichtstühle von 1691, die vom Fortleben katholischer Traditionen in evangelischen Kirchen ebenso künden wie das evangelische Fastentuch von Zittau von 1573, das die Tradition des großartigen mittelalterlichen Fastentuches von 1472 über die Reformation hinaus fortsetzte.*

Gehören die meisten hier genannten Kunstdenkmäler zur gemeinsamen Kulturlandschaft von Mähren, Böhmen, Schlesien und der Oberlausitz, so gibt es drei Exoten an der VIA SACRA, *Ableger ferner Kulturlandschaften wie der Heiligen Stätten in Jerusalem, aus denen 1481 bis 1504 das Heilige Grab nach Görlitz gelangte. Die barocke Gnadenkirche in Jelenia Góra/Hirschberg geht auf das Vorbild der Katharinenkirche in Stockholm zurück, denn sie gehört zu den sechs evangelischen Gnadenkirchen, die der schwedische König Karl XII. gegen den katholischen Kaiser Joseph I. von Habsburg durchsetzen konnte. Der am deutlichsten als Exot aus einer anderen europäischen Region zu erkennende historische Bau ist die Stabkirche Wang in Karpacz/Krummhübel, erbaut um 1200 in Südnorwegen, in das Riesengebirge 1841/42 übertragen durch den preußischen König Friedrich Wilhelm IV. zur Rettung vor dem drohenden Abbruch am Ursprungsort.*

Mit der hier nur skizzenhaft angedeuteten inhaltlichen Verbindung aller herausgehobenen Orte an der VIA SACRA *gelang Volker Dudeck eine großartige Konzeption für eine Staaten und Völker verbindende Route des Tourismus, der man wünscht, von vielen tausend Gästen aus der ganzen Welt bereist zu werden. In welcher Reihenfolge und mit welchen Abstechern zu sehenswerten Kulturdenkmälern am Wege dies geschieht, ist den Touristen ebenso überlassen wie die Art ihres Reisens, ob mit der Bahn, dem Omnibus, dem Auto, zu Pferd, mit dem Fahrrad oder zu Fuß, Hauptsache, sie kommen in immer größeren Scharen in diese wunderbare Landschaft mit ihren reichen Kunstschätzen.*

PROF. DR. DR. ING. HC GOTTFRIED KIESOW †
Vorstandsvorsitzender der Deutschen Stiftung Denkmalschutz

Einzigartig in Deutschland, bedeutend für Europa – die Zittauer Fastentücher von 1472 und 1573

In Zittau kann man den Grenzraum förmlich spüren. Die städtischen Fluren stoßen unmittelbar an polnisches und tschechisches Gebiet. Auf den Straßen, in den Geschäften und an den zwei Hochschulen ist die Sprache der beiden Nachbarvölker häufig zu hören. Von hier aus erreicht man in knapp zwei Autostunden Prag. Etwas weniger braucht man bis ins Riesengebirge, etwas mehr bis nach Wrocław/Breslau.

Zittau und die Idee der VIA SACRA

Die Bindungen zu Böhmen reichen bis ins Mittelalter zurück. 1255 erhob König Přemysl Otakar II. die bis dahin dörfliche Siedlung zur königlichen Stadt, ließ sie ummauern und verlieh ihr wirtschaftsfördernde Privilegien. Wie das gesamte Markgraftum Oberlausitz gehörte Zittau nahezu 500 Jahre zur Böhmischen Krone. Erst 1635 kam es unter sächsische Landesherrschaft. Im Tschechischen wird die Stadt Žitava genannt, was so viel wie Kornstadt bedeutet. Auch in der Architektur und in manchen gepflegten Eigenheiten ist der böhmische Einfluss bis heute spürbar. Ein bereits 1914 eingerichteter Kulturpfad führt mit 52 Stationen zu den kulturhistorischen Sehenswürdigkeiten. Nur wenige Kilometer südlich erhebt sich das romantische Zittauer Gebirge mit seinen schmucken Kurorten. Eine dampfgetriebene Schmalspurbahn verbindet dieses Natur- und Wanderparadies seit über 100 Jahren mit der Stadt.

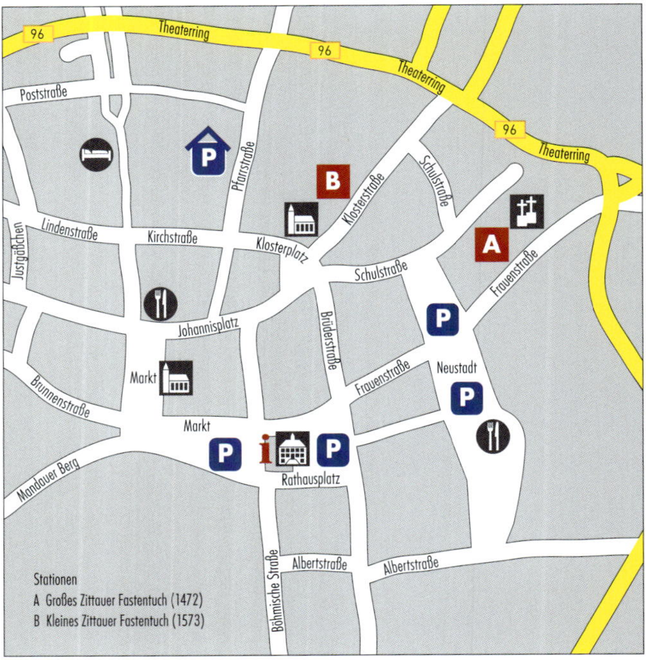

All das macht Zittau zu einem idealen Ausgangsort für Reisen entlang der VIA SACRA. Hier ist die Idee zu dieser grenzüberschreitenden Kultur- und Pilgerstraße 2003 auch entstanden. Zittau hatte durch seine beiden einzigartigen Fastentücher bereits in den neunziger Jahren immer wieder von sich reden gemacht. Wie durch ein Wunder waren die kostbaren Tücher durch die Zeit gekommen. Vor allem die spektakuläre Geschichte des Großen Zittauer Fastentuches ließ aufhorchen.

Fastentücher – selten gewordene Zeugnisse mittelalterlicher Frömmigkeit

Der Brauch, zwischen Aschermittwoch und der Karwoche in den Kirchen den Altarraum mit einem großen Tuch zu verhüllen, war im Mittelalter weit verbreitet. Es trennte die Gemeinde vom Heilsgeschehen am Altar. Das Fasten des Leibes wurde so durch das Fasten der Augen ergänzt. Ursprünglich weiß oder violett wurden diese Tücher später mit umfangreichen biblischen Bildprogrammen versehen. Sie dienten der inneren Einkehr ebenso wie einer illustrativen Christenlehre. Nach der Reformation nicht nur in den evangelischen, sondern auch in den katholischen Kirchen kaum noch benutzt, gingen viele dieser fragilen Zeugnisse volkstümlicher Frömmigkeit verloren. Von den bilderreichen Fastentüchern (dem sogenannten Feldertyp) haben sich weltweit nur 18 Beispiele erhalten: 13 in Österreich, zwei in der Schweiz, eines in Liechtenstein, eines in Italien und eines in Deutschland – in Zittau. Es gehört zu den bedeutendsten monumentalen Kunstwerken, die die Malerei des ausgehenden Mittelalters in Europa hervorgebracht hat. Das in Freiburg erscheinende Magazin «Christ in der Gegenwart im Bild» schrieb: *«Von den großen Tüchern sind nur noch ganz wenige vorhanden, eines im Münster von Freiburg im Breisgau, ein anderes im Dom von Gurk in Kärnten. Ein drittes – und vielleicht das bedeutendste – ist jetzt neu in unser Blickfeld getreten. Es entstand im Jahr 1472 in Zittau in der Oberlausitz … Neben dem Teppich von Bayeux gehört die Zittauer Arbeit zu den eindrucksvollsten Textilwerken der abendländischen Überlieferung.»*

Die Odyssee des Großen Zittauer Fastentuches

Die Geschichte des Großen Zittauer Fastentuches kann man wirklich spektakulär nennen. Das 1472 von dem Zittauer Kaufmann Jakob Gürtler für St. Johannis gestiftete Fastentuch überstand die fünf Jahrzehnte später einsetzende Reformation schadlos. Während anderswo in Deutschland der Bildersturm tobte und Martin Luther auch die Hungertücher als «päpstisches Gaukelwerk» aus den Kirchen verbannt wissen wollte, zeigte das riesige Leinen bis 1672 in Zittau die Fastenzeit an. Dann aber scheint sein Schicksal besiegelt gewesen zu sein. Der Zittauer Frühaufklärer Christian Weise widmete dem Tuch ein Gedicht, das nach endgültigem Abschied klingt: *«So ist das Hungertuch zerrissen, und hat die Zeit, so alles frisst, auch diese Leimt entzwei gebissen, dass sie nun voller Löcher ist und dass man sie so hoch hinan nicht ohne Schaden hängen kann. Ja freilich laufen alle Sachen auf ihren eignen Untergang. Man kann nichts so beständig machen, es fühlt doch endlich diesen Zwang …»*

Erst 1840 wurde der Königlich-Sächsische Altertumsverein auf das kaum noch beachtete Tuch aufmerksam. 168 Jahre nach Christian Weises Abschiedsgedicht hatte sich ein völlig neues Verhältnis zu den immer rarer werdenden Sachzeugen des Mittelalters herausgebildet. Kein Geringerer als König Johann von Sachsen erbat die Zittauer Bilderbibel als Leihgabe für das Museum des Altertumsvereins in Dresden. 34 Jahre lang gehörte es dort zu den ganz besonderen Sehenswürdigkeiten. In der Kunstgeschichte galt es in den folgenden Jahrzehnten als das Beispiel schlechthin für Fastentücher und fand Eingang in alle einschlägigen Enzyklopädien. Es wird noch genauer zu erforschen sein, wie es 1876 zu dem Entschluss kam, das Fastentuch nach Zittau zurückzuholen. War es das Selbstbewusstsein der Zittauer Bürgerschaft oder vielleicht wieder die Intuition eines Einzelnen? Angesichts der Tatsache, dass man hier inzwischen zwar ein eigenes Museum, aber keinen Raum zur ständigen Ausstellung des riesigen Tuches hatte, dürfte der Entschluss nicht unumstritten gewesen sein. Dass es ohne diese Entscheidung wahrscheinlich verloren gewesen wäre, konnte damals niemand ahnen. Am 13. Februar 1945 fiel das Museum des Königlich-Sächsischen Altertumsvereins der Dresdner Bombennacht zum Opfer. Etwa um die gleiche Zeit begannen sich auch die Zittauer Museumsleute um ihre wertvollen Bestände Sorgen zu machen,

Großes Zittauer Fastentuch Bild I/1 Hier schuf Gott Himmel und Erde

denn die Front rückte bedrohlich näher. Vorsorglich brachten sie ihr kostbarstes Exponat in einen bombensicheren Keller auf der nahe gelegenen Burg Oybin. Die Geschichte, die dann folgte, ist durch die europäischen Zeitungen gegangen: Sowjetische Soldaten fanden das große Tuch, zerrissen es und verwendeten die Stoffteile als Dampfsperre für ein provisorisch im Wald errichtetes Dampfbad. Das war, wenn sicherlich auch unbewusst, eine fürchterliche Kulturbarbarei. Aber trotzdem ist auch in diesem tiefsten Unglück für das Fastentuch ein Glücksumstand zu entdecken. Man stelle sich vor, unter den Soldaten hätte sich einer der gebildeten russischen Kulturoffiziere befunden. Das Tuch wäre vielleicht im Depot eines sowjetischen Museums verschwunden. Es hätte auch genügt, wenn die unbekümmert schwitzenden Soldaten an ihrer frommen Bildersauna Gefallen gefunden und es beim Abzug mitgenommen hätten. So aber ließen sie es einfach im Wald liegen. Ein alter Mann fand das Tuch wenig später beim Holzsammeln. Dass er ein Kunstkenner war und es unverzüglich nach Zittau zurückbrachte, darf man wohl auch als eine glückliche Fügung werten. Beschämt von dem Kulturfrevel der Nachkriegstage, schwiegen die Funktionäre und Amtsträger in der DDR das Schicksal des einst so berühmten Zittauer Fastentuches tot. Vergessen wurde es trotzdem nicht. Der letzte Akt seiner wundersamen Geschichte begann nach der Wende 1989/90. Die alten Zittauer, die das Tuch 1933 bei einer Ausstellung in der Kreuzkirche zum letzten Mal gesehen hatten, fragten jetzt laut nach seinem Verbleib.

Wundersame Auferstehung

Die Museumsleitung ließ die einzelnen Stoffteile nach einem alten Foto auslegen und das Schadensbild dokumentieren. Die Tortur von 1945 hatte das Fastentuch nicht nur zerrissen, sondern auch die mittleren Bilder fast bis zur Unkenntlichkeit ausgebleicht. Es folgte eine engagierte Suche nach Restaurierungsmöglichkeiten, die schließlich zur Abegg-Stiftung in Riggisberg bei Bern führte. Neben einem wunderbaren Museum für historische Textilien betreibt die schweizerische Stiftung eine der weltweit besten Textilrestaurierungswerkstätten. Angesichts seiner überragenden kunstgeschichtlichen Bedeutung entschloss sich der Stiftungsrat, das Große Zittauer Fastentuch unentgeltlich zu restaurieren. In Riggisberg, Köln und Zittau in europaweit beachteten Sonderausstellungen gezeigt, ist es seit 1999 im Museum Kirche zum Heiligen Kreuz dauerhaft in der größten Museumsvitrine der Welt präsentiert. Die für die Sanierung und Umnutzung der Kirche erforderlichen Gelder kamen von der Kulturstiftung der Länder, von der Deutschen Stiftung Denkmalschutz, dem Freistaat Sachsen und vielen privaten Spendern. In dieser reizvollen gotischen Einstützenkirche aus dem Ende des 14. Jahrhunderts, die Einflüsse der Dombauhütte Peter Parlers vermuten lässt, hat das Fastentuch eine würdige Heimstatt gefunden.

Von der Erschaffung der Welt bis zum Jüngsten Gericht

Das 6,80 Meter breite und 8,20 Meter hohe Fastentuch zeigt in 90 Bildfeldern die spannungsgeladene Geschichte Gottes mit den Menschen – von der Erschaffung der Welt bis hin zum Jüngsten Gericht. Es wird von einer 50 Zentimeter breiten Bordüre umrahmt, die mit Blatt-, Blumen- und Tierornamenten geschmückt ist. An ihren vier Ecken finden sich die Symbole der Evangelisten und oben ein Medaillon mit der Darstellung des Mose. Den unteren Teil der Bordüre zieren links das böhmische und rechts das Zittauer Wappen sowie in der Mitte die nur noch schwer lesbare Jahreszahl 1472. Weiter links ist der Stifter selbst mit einer Waage in der Hand vor einem Tisch mit Gewürzsäcken abgebildet. In zehn Reihen zu je neun Bildfeldern von 65 mal 65 Zentimetern, jedes mit einer sich reimenden Textzeile in frühem Neuhochdeutsch versehen, erzählt es die biblische Geschichte. Die erste Reihe spannt den Bogen von der Schöpfung bis zum Sündenfall. Die zweite berichtet von der Vertreibung aus dem Paradies, der Geschichte der Brüder Kain und Abel sowie von der Sintflut. In der dritten Zeile wird vom trunkenen Noah im Weinberg, vom Turmbau zu Babel, dem göttlichen Strafgericht über Sodom und Gomorrha sowie von den Taten und dem Tode Abrahams erzählt. Zeile vier berichtet von Isaak sowie seinen Söhnen Esau und Jakob. Dem Schicksal von Jakobs jüngstem Sohn Josef, den seine Brüder nach Ägypten verkauften und der dort als Traumdeuter des Pharao zu höchsten Würden gelangte, sind vier Bilder gewidmet. Die fünfte Zeile beschließt das Alte Testament mit der Abbildung der Taten und Wunder des Mose sowie der Geschichte von Josua und Kaleb, die eine riesige Weintraube als Beweis der Fruchtbarkeit des Gelobten Landes auf ihren Schultern tragen. Es folgen in der sechsten Zeile die aus den apokryphen Evangelien stammende Geschichte von Anna und Joachim, den Eltern Marias, sowie die Verkündigung und Geburt Christi. Dabei vertauschte der Künstler die Reihenfolge des 7. und 8. Bildes, was er keck dadurch korrigierte, dass er vor die Textzeile zu Bild 7 ein «b» und vor die von Bild 8 ein «a» setzte. Die siebente Zeile illustriert die Kindheit und Jugend Jesu. Nach zwei weiteren Begebenheiten aus dem Leben Jesu wird in der achten und neunten Zeile die Passionsgeschichte erzählt. Die zehnte Zeile berichtet von der Auferstehung und Himmelfahrt Christi sowie von der Ausgießung des Heiligen Geistes. Das letzte Bild schließlich ist dem Jüngsten Gericht gewidmet. Wer dieses große Fastentuch geschaffen hat, ist nicht bekannt.

Keineswegs klein an Bedeutung

1573 wurde für St. Johannis noch ein zweites Fastenvelum angeschafft, das als Kleines Zittauer Fastentuch in die Kunstgeschichte eingegangen ist. Es gehört zu dem seltenen

Typ der «Arma-Christi-Tücher», von dem weltweit nur sieben erhalten geblieben sind: vier in der Schweiz sowie je eines in Österreich, Italien und Deutschland. Nur im Vergleich mit den monumentalen 56 m^2 des Großen Zittauer Fastentuches ist es mit rund 15 m^2 «klein» zu nennen. In seinem kulturgeschichtlichen Rang steht es ihm jedoch keineswegs nach. Es ist das einzige Fastentuch, das von einer evangelischen Kirchgemeinde in Auftrag gegeben und benutzt wurde. Imposant ist die Kreuzigung Christi dargestellt. Maria, Johannes und die unterm Kreuz kniende Maria Magdalena blicken wehklagend zu dem Sterbenden auf. Ein Engel umschwebt Christus und fängt mit einem Kelch das aus der Seitenwunde fließende Heilige Blut auf. Den bedrohlich dunklen Himmel durchbricht die Lichtgestalt Gottes. Umgeben von drei Putti fährt er in einer Wolke auf den Gekreuzigten zu. Die Hände beider sind einander zugewandt, eine Geste, die an die berühmte Bildkomposition von Michelangelos «Die Erschaffung Adams» in der Sixtinischen Kapelle zu Rom erinnert. Schädel und Beinknochen in der linken unteren Ecke symbolisieren den ersten Menschen, mit dem die Sünde in die Welt kam. Der aus einem Baumstumpf sprießende neue Zweig rechts hinter dem Kreuz verheißt Hoffnung. Auf den oben und unten angeordneten Schrifttafeln verkünden zwei lateinische Verse aus dem Johannesevangelium die wohl wichtigste Botschaft des Neuen Testaments. In der Übersetzung: «Seht, das Lamm Gottes, das die Sünde der Welt hinwegnimmt» (Joh 1, 29). «Denn Gott hat die Welt so sehr geliebt, dass er seinen einzigen Sohn hingab, damit jeder, der an ihn glaubt, nicht zugrunde geht, sondern das ewige Leben hat» (Joh 3, 16). Umrahmt wird das Geschehen von etwa 30 Symbolen der Passion (ARMA CHRISTI). Auf der linken Seite von oben nach unten finden wir: Das Schweißtuch der Veronika, die Wasserkanne und Schüssel für die Handwaschung des Pontius Pilatus, die Laterne und das Schwert, die für die Nacht im Ölberg und die Gefangennahme Jesu stehen, das Kreuz, die Leiter, Nägel und Zange, der Kopf des Judas in der Schlinge samt dem Beutel mit den 30 Silberlingen. Oben hinter der Schrifttafel sehen wir die Lanze, mit der man Christus die Seitenwunde beibrachte und den Ysopstab mit dem aufgesteckten Essigschwamm. Rechts oben sind dargestellt: die Dornenkrone und zwei Stöcke, mit denen die Folterknechte Jesus die Dornen ins Haupt drückten, darunter der Rock Christi und die Geißelsäule mit Peitschen und Ruten. Dann finden wir den Becher und zwei Würfel. Sie erinnern daran, dass die Soldaten unterm Kreuz um Jesu Rock würfelten. Rechts daneben erkennen wir einen Hahn.

Kleines Zittauer Fastentuch (1573)

Er gemahnt an die Worte, die Jesus an Petrus richtete: *«In dieser Nacht, noch ehe der Hahn kräht, wirst du mich dreimal verleugnen»* (Mt 26, 34).

Darunter sind ein Horn, Keule und Säbel sowie das Salvatorkreuz dargestellt. Der untere Teil des Rahmens symbolisiert die Höllenfahrt Christi. Das 4,30 Meter hohe und 3,40 Meter breite Werk wurde 1573 von einem unbekannten Künstler in der Technik der Tüchleinmalerei mit Tempera auf Leinen gemalt. Als Bildvorlage diente ihm eine Komposition des Lütticher Meisters Lambert Lombard (1505–1566). Anregungen durch so große Künstler der Renaissance wie Albrecht Dürer, Hans Baldung Grien, Matthias Grünewald und Michelangelo Buonarroti sind nicht zu übersehen.

Von der Geschichte dieses Tuches wissen wir nur wenig. 99 Jahre lang verwendete es die Gemeinde in der Zittauer Hauptkirche St. Johannis gemeinsam mit dem großen. Es wurde gefertigt, um den 1572 von Meister Jakob Feltsch geschaffenen Schnitzaltar zu verhüllen. Einen Hinweis auf den Stifter, wie beim Großen Fastentuch, gibt es nicht. In den Bestand des 1854 begründeten Stadtmuseums übergegangen, wurde das Tuch bis 1968 dauerhaft, später aus konservatorischen Gründen nur noch zu besonderen Anlässen, gezeigt. Parallel zur Restaurierung des Großen wurde das stark verschmutzte Kleine Fastentuch 1994/95 in den Textilrestaurierungswerkstätten der Abegg-Stiftung gereinigt. Seit 2005 ist es im Kulturhistorischen Museum Franziskanerkloster auf Dauer ausgestellt. Es beherbergt eine der ältesten städtischen Sammlungen Deutschlands mit zahlreichen Kostbarkeiten von europäischem Rang. Präsentiert in einem einzigartigen klösterlichen Ambiente und in der 2009 wiederentstandenen «Zittauischen Wunderkammer» ist der Besuch dieses Museums ein Muss für jeden Touristen.

Von Turin nach Zittau

Vor das Hochaltarkreuz der katholischen Marienkirche (Lessingstraße 18) wird seit 2009 in der Fastenzeit ein 7 Meter hohes und 4,40 Meter breites Leinentuch aufgezogen, auf das im oberen Drittel horizontal eine originalgetreue Kopie des Turiner Grabtuches montiert ist. Darüber weist eine Stelle aus dem Markusevangelium auf den Ursprung des Grabtuches hin: *«Josef kaufte ein Leinentuch, nahm Jesus vom Kreuz, wickelte ihn in das Tuch und legte ihn in ein Grab, das in einen Felsen gehauen war»* (Mk 15, 46). Darunter steht in Deutsch, Polnisch und Tschechisch geschrieben: *«Er hat unsere Sünden mit seinem Leib auf das Holz des Kreuzes getragen, damit wir tot seien für die Sünden und für die Gerechtigkeit leben. Durch seine Wunden seid ihr geheilt.» (1 Petrus 2, 24).* Die feierliche Segnung dieses Tuches am ersten Sonntag der Fastenzeit war eingebettet in eine «Drei-Tücher-Fahrt», an der sich mehr als 300 Menschen beteiligten. Beginnend mit einer von Wort, Bild und Musik getragenen besinnlichen Veranstaltung am Großen Zittauer Fastentuch, begab man sich danach zum Kleinen, um schließlich in der Marienkirche – begleitet von einer musikalisch umrahmten Meditation – das Aufziehen des neuen Fastentuches zu erleben. Seither wurde diese innerstädtische Pilgerfahrt jedes Jahr wiederholt und soll nach dem Wunsch der Veranstalter zu einer Tradition werden. VD

Großes Zittauer Fastentuch (1472)
im Museum Kirche zum Heiligen Kreuz
02763 Zittau, Frauenstraße 23
Telefon +49 (0) 3583/5008920
E-Mail info@zittauer-fastentuecher.de
www.zittauer-fastentuecher.de
Öffnungszeiten:
April bis Oktober
täglich 10-18 Uhr
Stille Stunden 12-13 Uhr, 17-18 Uhr
November bis März
Di-So 10-17 Uhr
Stille Stunden 12-13 Uhr
Führungen:
April bis Oktober
täglich 10, 11, 13, 14, 15 und 16 Uhr
November bis März
Di-Sa 10-17 Uhr nach Vereinbarung

Kleines Zittauer Fastentuch (1573)
im Kulturhistorischen Museum
Franziskanerkloster
02763 Zittau, Klosterstraße 3
Telefon +49 (0) 3583/554790
E-Mail museum@zittau.de
www.zittau-fastentuecher.de
Öffnungszeiten:
April bis Oktober
täglich 10-17 Uhr
November bis März
Di-So 10-17 Uhr
Führungen: nach Vereinbarung

Tourist-Information Zittau
02763 Zittau, Markt 1 (Am Rathaus)
Telefon +49 (0) 3583/752200
E-Mail tourist-info@zittau.de
www.zittau.de
Öffnungszeiten:
Mo-Fr 9-18 Uhr
Sa 9-13 Uhr
So (Mai bis Oktober) 10-12 Uhr

Besonders empfehlenswerte Angebote

Rundgang entlang des Zittauer Kulturpfades

Der Kulturpfad der Stadt Zittau, der seit 1914 besteht, berührt 52 architektonische Sehenswürdigkeiten (unter anderem Johanniskirche, Stadtbad, Rathaus) und macht mit der einst reichsten Stadt des «Oberlausitzer Sechsstädtebundes» bekannt.

«Palazzo Grande» – Das Zittauer Rathaus

Zu empfehlen ist ein Besuch des Rathauses, der im Rahmen des Stadtrundganges angeboten wird. 1845 auf den Ruinen des Vorgängerbaus errichtet, trägt es die Handschrift von Karl Friedrich Schinkel und dessen Schüler Carl August Schramm.
Besonders sehenswert sind die prächtigen Buntglasfenster und der Bürgersaal, der als einer der schönsten Säle dieser Art in Sachsen gilt.

Tipps für Gaststätten

Historisches Wirtshaus «Dornspachhaus»

deftige Küche und regionale Biere
02763 Zittau, Bautzener Straße 2
Telefon +49 (0) 3583/795883
E-Mail info@dornspachhaus.de
www.dornspachhaus.de

Galeriecafé & Restaurant «Ambiente»

deutsche und internationale Küche,
selbst gebackener Kuchen
02763 Zittau, Dr.-Brinitzer-Straße 10
Telefon +49 (0) 3583/514491
E-Mail ambientezittau@web.de
www.galeriecafe-ambiente.de

Wirtshaus «Zum Alten Sack»

typisch Oberlausitzer Küche
02763 Zittau, Neustadt 47
Telefon +49 (0) 3583/540459
E-Mail info@zumaltensack.de
www.zumaltensack.de

Übernachtungen

Hotel und Parkhaus «Dreiländereck» ***

02763 Zittau, Bautzener Straße 9
Telefon +49 (0) 3583/5550
E-Mail info@hotel-dle.de
www.hotel-dle.de

Hotel «Dresdner Hof» ***

02763 Zittau, Äußere Oybiner Straße 9
Telefon +49 (0) 3583/57300
E-Mail info@hotel-dresdner-hof.de
www.hotel-dresdner-hof.de

Unser Geheimtipp

Schloss Althörnitz *** (4 km) ❷

74 Zimmer und Suiten im Schloss in gepflegter Parkanlage, 4 km von Zittau entfernt; das prächtige Frühbarock-Schloss bietet mit schönen Gewölberäumen, bemalten Balkendecken und historischem Mobiliar ein höchst reizvolles Ambiente
02763 Bertsdorf-Hörnitz, Zittauer Straße 9
Telefon +49 (0) 3583/5500
E-Mail info@schlosshotel-althoernitz.de
www.schlosshotel-althoernitz.de

Ausflugstipps

Zittauer Schmalspurbahn

Die Zittauer Schmalspurbahn ist ein Schatz für (Eisenbahn-)Nostalgiker und dampft bereits seit 1890 von Zittau auf 750 Millimeter Spurbreite in die beliebten Kurorte Jonsdorf und Oybin im idyllischen Naturpark Zittauer Gebirge.
Fahrplaninfos unter www.soeg-zittau.de

Hainewalde, Schloss, Kirche, Kanitz-Kyawsche Gruft (10 km) ❸

Das Hainewalder Schloss hat seinen Ursprung in einer spätmittelalterlichen Wasserburg, die der kaiserliche Rat und Landeshauptmann der Oberlausitz, Ulrich von Nostitz (1500–1552) zu einem repräsentativen Renaissanceschloss umbauen ließ. Davon ist heute aber nur noch das malerische Torhaus erhalten. Bauherr des neuen Schlosses, das in der zweiten Hälfte des 18. Jahrhunderts entstand, war Samuel Friedrich von Kanitz (1690–1762). Mit seinem breiten Treppenaufgang, der aus mehreren Terrassen bestehenden Orangerie und der großartigen Park- und Gartenanlage erinnert es ein wenig an Schloss Sanssouci. Lange Jahre dem Verfall preisgegeben, kümmert sich seit den neunziger Jahren ein engagierter Schlossverein um das Gebäude.
Sehenswert sind auch die Kirche, vor allem wegen ihrer Innenausstattung, und die Kanitz-Kyawsche Gruft, die mit ihrem reichen Skulpturenschmuck höchst geistreicher Allegorien von Tugenden und Lastern zu den bedeutendsten ihrer Art in Mitteleuropa zählt.

Besichtigung Schloss:
Telefon +49 (0) 35841/38777
www.schloss-hainewalde.de

Ortsführungen über Annett Seibt,
Telefon +49 (0) 35841/37749
www.annettseibt.de

Besichtigung Kirche: Rüdiger Bräcklein,
Telefon +49 (0) 35841/37363

Hrad a zámek Grabštejn – Burg und Schloss Grafenstein (CZ) mit der Kapelle der Heiligen Barbara (8 km) ❹

Die südöstlich der tschechischen Nachbarstadt Hrádek nad Nisou/Grottau gelegene ursprünglich gotische Burg legten um 1250 die Herren von Dohna an. Zwischen 1566 und 1586 erfolgte für den kaiserlichen Vizekanzler Dr. Georg Mehl von Strehlitz der Umbau zu einem großzügigen Renaissanceschloss. Aus dieser Zeit stammt die einzigartige Innenausstattung der St.-Barbara-Kapelle mit reicher ornamentaler und figürlicher Wand- und Deckenmalerei niederländischer Prägung. Von der mittelalterlichen Anlage blieb der markante Bergfried erhalten, von dem man eine prächtige Aussicht genießen kann.
Telefon +420 (0) 482724301
www.hrad-grabstejn.cz

Deutsches Damast- und Frottiermuseum in Großschönau (12 km) ❺

Großschönauer Damastweber belieferten einst die großen Fürstenhöfe Europas mit dem kostbaren Bildgewebe aus Leinen. Hier steht der einzige noch funktionstüchtige Damasthandwebstuhl Deutschlands. Auch andere historische Webstühle werden vorgeführt, zum Beispiel für Jacquardware und Frottiergewebe. Sie machen die reiche Textilgeschichte der Region erlebbar und zeigen die Arbeitsschritte vom Garn bis zur fertigen Konfektion. Zu empfehlen sind die etwa einstündigen Führungen (Gruppen ab 15 Personen bitte vorher anmelden); Schenaustraße 3
Telefon +49 (0) 35841/35469
www.ddfm.de

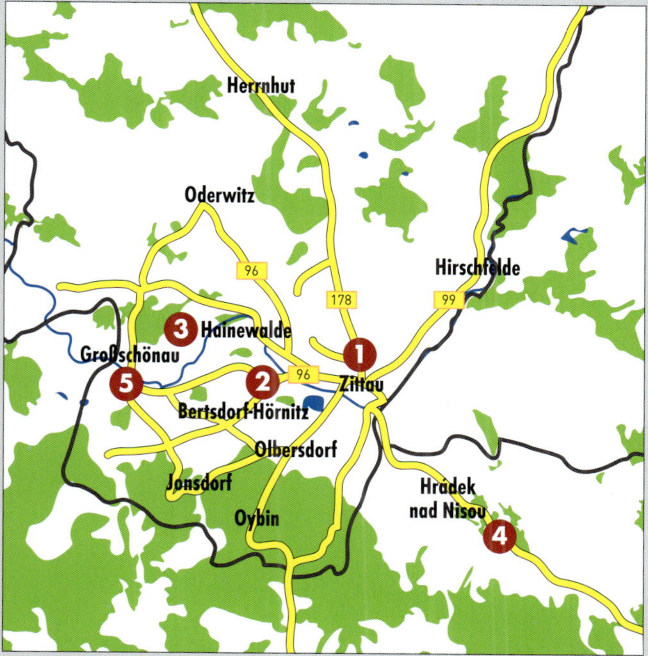

Sujet für die Romantik – Burg und Kloster Oybin

Die Ruinen der Burg- und Klosteranlage Oybin gehören zweifellos zu den eindrucksvollsten ihrer Art in Deutschland. Mitten im Zittauer Gebirge, auf einem 514 Meter hohen bienenkorbförmigen Sandsteinfelsen gelegen, zogen sie schon frühzeitig bedeutende Landschaftsmaler in ihren Bann. Dazu gehörten vor allem Romantiker wie Caspar David Friedrich, Carl Gustav Carus oder Johann Alexander Thiele.

Der Aufstieg durch den Hausgrund sei empfohlen

Wie ein gewaltiger Dom steigt der Fels des Berges Oybin fast senkrecht empor. Aus den kaminartigen, steilen Kerben tritt der Sandstein hervor, mächtigen Strebepfeilern gleich, die das gigantische Bauwerk der Natur zu stützen scheinen. Man sollte zum Aufstieg nicht unbedingt den Menschenmassen folgen, die sich über die Dorfstraße und dann die Treppen hinaufwälzen. Wesentlich ruhiger geht es auf dem schattigen Fußweg zu, der an der dem Felsen zugewandten Seite der Bahnschienen verläuft. Nach etwa einem halben Kilometer talabwärts ist links der Eingang zum Hausgrund erreicht. Durch Wald und Felswände begrenzt, öffnet sich eine regelrechte Zauberwelt. Murmelnd kommt ein kristallklarer Bach über die Steine gehüpft. Gespeist wird er von einem stillen Weiher, in dem Forellen spielend und jagend durch das Wasser schießen. Während die Augen ihnen folgen wollen, werden sie gebannt durch ein märchenhaftes Spiegelbild, denn im Wasser erscheinen die pittoresken Ruinen der mächtigen Klosterkirche und des Kaiserhauses. Nach wenigen Metern beginnt der Aufstieg. Mit gutem Schuhwerk lässt er sich problemlos meistern. Die Szenerie, durch die sich der Weg emporwindet, verführt immer wieder zum Innehalten und Schauen. Üppige Moose und Farne bekleiden ein Gewirr von Felswänden und scharfkantigen Blöcken, auf denen mit weit ausgreifendem Wurzelgeflecht Bäume Halt und Nahrung suchen. Bald ist der Sattel erreicht, wo drei weitere Wege zum letzten steilen Stück des Aufstiegs zusammenlaufen. Hier befand sich die Vorburg, von der allerdings nur auf der Informationstafel noch etwas zu sehen ist. Man kann ein wenig verschnaufen und den Rundblick genießen. Von einer steinernen Bogenbrücke schaut man hinunter zur engen und dunklen Ritterschlucht. Nach Süden hin öffnet sich der Blick auf den oberen Teil des Kurortes Oybin und den Hochwald mit seinem markanten Aussichtsturm. Im ehemaligen Gesindehaus sind die Kasse und ein kleiner Museumsladen untergebracht.

Nachdem der Eintritt entrichtet ist, geht es auf einer Reitertreppe hinauf zu einer weiteren Toranlage, die den Zugang zur Hauptburg schützte. Nun sind es nur noch wenige Schritte bis zu dem etwa vier Hektar großen Plateau, auf dem sich die Burg- und Klosteranlage erstreckt.

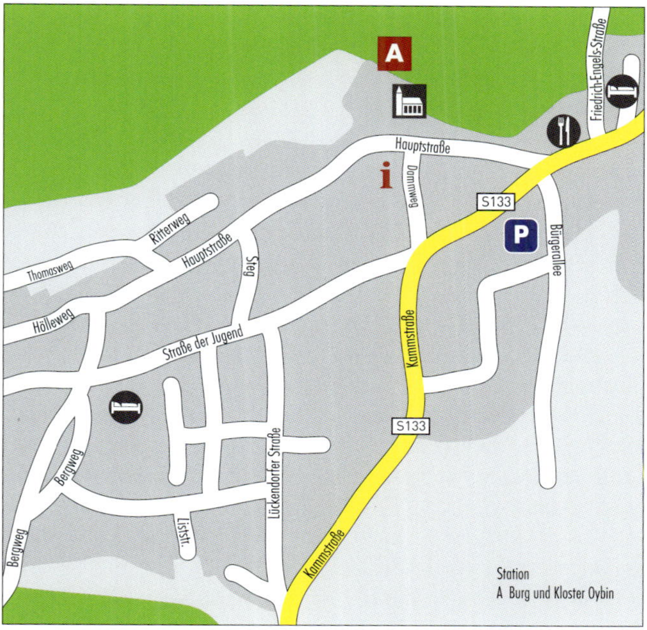

Vom Ursprung der Burg

Auf dem Oybin lebten bereits in der Bronze- und frühen Eisenzeit (etwa 1300–500 v. u. Z.) Menschen, die der Lausitzer Kultur angehörten. Davon zeugen zahlreiche Keramikscherben sowie einige steinerne und tönerne Gussformen, die man zur Herstellung von Bronzegeräten benutzte. Mit dem Ende dieser Kultur verlieren sich auch die Besiedlungsspuren auf dem Oybin. Erst für das 11. Jahrhundert können die Archäologen wieder mit Funden aufwarten. Die wenigen Stücke lassen auf slawische Siedler schließen, wie sie seit dem 7. Jahrhundert auch in anderen Gebieten der Oberlausitz nachgewiesen sind. Der Name «Oybin» ist ebenfalls slawischen Ursprungs. In seiner ältesten Überlieferungsform lautet er «Moibin», was so viel wie «der Ort des Mojba» bedeutet. Die erste urkundliche Erwähnung ist für den 17. Februar 1290 überliefert, wo Ztenco von Moibin eine Schenkung des Albertus von Seberch an das Kloster Waldsassen bezeugt. Die Burg bestand damals wahrscheinlich nur aus einem aus Holz und Lehm errichteten Wohnturm, dessen Standort auf dem oberen Felsplateau nahe der heutigen Camera obscura vermutet wird. In dieser Zeit gehörten Zittau und sein Umland zum Besitz einer böhmischen Adelsfamilie aus dem Geschlecht der «Hronowice», deren Vertreter sich auch «Herren von Zittau» nannten. Aus demselben Geschlecht stammten die «Herren von Leipa», in deren Besitz sich die Burg bis 1319 befand. Ihr Stammsitz war die Stadt Leipa (heute Česká Lípa) in Nordböhmen. In der Ära Heinrichs von Leipa (tschechisch: Jindřich Hynek z Lípe), der zwischen 1270 und 1329 lebte und zu hohen Ämtern im Königreich Böhmen aufgestiegen war, wurde wahrscheinlich die sogenannte Leipaburg auf dem nordwestlichen Teil des unteren Plateaus errichtet. In ihren Grundrissen stimmt sie im Wesentlichen mit den heute noch sichtbaren Resten der Wehranlage überein. Die damals errichtete Feste dürfte in erster Linie dem Schutz der an ihr vorüberführenden mittelalterlichen Straßenverbindung von Prag in den Norden, nach Görlitz und weiter in Richtung Mark Brandenburg und Ostseeküste gedient haben. Sie verband in diesem Bereich die beiden aufstrebenden Städte Zittau und Böhmisch Leipa/Česká Lípa. Noch heute wird der hier verlaufende Wanderweg «Alte Leipaer Straße» genannt. 1319 gelangte König Johann von Böhmen durch einen Gütertausch in den Besitz des Zittauer Landes mitsamt dem Oybin. Die Neuerwerbung gab er jedoch gleich als Pfand an den schlesischen Herzog Heinrich von Jauer weiter. Da der Herzog ohne männliche Nachkommen starb, fielen die Besitzungen 1346 wieder an die böhmische Krone zurück.

Glanzvolle Entwicklung in kaiserlichem Interesse

Am 26. August 1346 starb König Johann in der Schlacht bei Crécy. Die Nachfolge auf dem böhmischen Thron trat sein ältester Sohn Karl an, der am 13. Juli 1346 auch als Karl IV. zum römisch-deutschen König gewählt worden war und neun Jahre später in Rom die Kaiserkrone erhielt. Damit begann für den Oybin eine glanzvolle Zeit. Karl IV. (1316 bis 1378) zählt zu den bedeutendsten Herrschergestalten des Mittelalters. Ursprünglich auf den Namen Wenzel/Vaclav getauft, genoss er am französischen Hof eine gediegene Erziehung und erhielt zu Ehren des französischen Königs den Namen Karl. Mit sieben Jahren wurde er mit dessen sechsjähriger Nichte Blanca von Valois vermählt. Kinderhochzeiten waren damals eine gängige Methode dynastischer Machtpolitik. 1333 kehrte er an den Prager Hof zurück und wurde schon im

Jahr darauf vom Vater als Markgraf von Mähren eingesetzt. So lernte der kluge und ehrgeizige junge Mann früh das Regieren. Für Böhmen und vor allem für dessen Hauptstadt brachte seine von 1347 bis 1378 währende Herrschaft eine Blütezeit. 1348 gründete er in Prag eine Universität, die bis heute seinen Namen trägt. Ebenso geht die berühmteste Brücke der Moldaumetropole auf ihn zurück. Die Erneuerung des Hradschin, der Bau des Veitsdoms und die Prager Neustadt sind mit seinem Wirken ebenso verbunden wie die Errichtung der prächtigen Burg Karlstein / Karlštejn. So wurden durch Karl IV. wesentliche Grundsteine für die «Goldene Stadt» Prag gelegt. Sein König- und Kaisertum stützte er auf eine beträchtliche Hausmacht. Zum Königreich Böhmen, der Markgrafschaft Mähren und der Oberlausitz gewann er noch die Niederlausitz, Schlesien und Brandenburg hinzu. Mit dem Erwerb der neuen Länder nördlich von Böhmen geriet das Zittauer Land mit dem Oybin stärker ins Fadenkreuz seiner Politik. Dazu muss man wissen, dass Regieren in jener Zeit immer wieder die Anwesenheit des Herrschers in den Zentren seines Herrschaftsgebietes erforderte. Häufige und oft weite Reisen gehörten deshalb zum politischen Geschäft. Für ihr ständiges Unterwegssein benötigten die Könige mit ihrer umfangreichen Begleitung nicht nur sichere Wege, sondern auch angemessene Quartiere und Verpflegung. Im ganzen Reich gab es deshalb ein dichtes Netz von Gütern und burgähnlichen Residenzen zur zeitweiligen Beherbergung und Hofhaltung der mittelalterlichen Herrscher. Von Prag führten zwei Handelsstraßen über das Gebirge nach Zittau. Hier boten die Kaufleute ihre Waren feil oder transportierten sie auf der bis in den Ostseeraum reichenden Straße weiter nach Norden. In Görlitz kreuzten sie die Hohe Straße (via regia), eine der bedeutendsten europäischen Ost-West-Verbindungen. Wie ein Brückenkopf ragte das Zittauer Land mit seinen wichtigen Handelswegen in die nördlichen Besitzungen des böhmischen Königs hinein. Angesichts dieser strategischen Lage wird es verständlich, dass Karl IV. hier eine temporäre Residenz zu haben wünschte. In seiner damals recht finanzkräftigen königlichen Stadt Zittau fand er eine potente Geldgeberin. Unmittelbar vor ihren Mauern ließ er sich ein «Festes Haus» errichten. Dieses wurde übrigens reichlich 100 Jahre später abgetragen und die Steine zum Bau des imposanten Zittauer Salzhauses genutzt. Im Auftrag des Kaisers begannen auf dem Oybin repräsentative Um- und Ausbauarbeiten. 1364 wurde nördlich des alten Wohnturmes ein großer zweistöckiger Palast (Kaiserhaus) errichtet.

Avignon, Sulmona, Oybin – ein Kloster für die Cölestiner

Bei einer Reise nach Avignon lernte Karl IV. auch Cölestinermönche kennen. Diesem Orden, der sich meist an einsamen Orten niederließ, um sich Bildung und Wissenschaft zu widmen, stiftete Karl IV. auf dem Oybin ein Kloster. Die hier angesiedelten Mönche, sechs bis zwölf an der Zahl, wurden von einem Prior geführt und waren dem Abt des Klosters von Sulmona in den Abruzzen unterstellt. Zu Weihnachten 1369 soll der Kaiser auf dem Oybin geweilt haben, um Streitigkeiten mit der Stadt Zittau zu schlichten, die für den Bau und den Unterhalt des Klosters Sorge zu tragen hatte. Seit 1994 wird diese «Kaiserweihnacht» am 25. Dezember jedes Jahres als historisch-touristisches Spektakel nachgestellt. Der beträchtliche Aufwand, der beim Ausbau der Burg und der

Errichtung des Klosters getrieben wurde, nährt die Vermutung, dass Karl in der Gesellschaft der frommen und gelehrten Väter hier seinen Lebensabend verbringen wollte. Das Kaiserhaus besaß verglaste Fenster sowie eine Steinofen-Luftheizung, wie sie in ähnlicher Form schon aus der Antike bekannt ist. Den Bau der einschiffigen Klosterkirche bewirkten Handwerker von Prager Bauhütten. Die Gegebenheiten des felsigen Bauplatzes verlangten ihnen einiges ab, so waren sie etwa gezwungen, die Südwand aus dem anstehenden Sandstein zu hauen. Wegen eindringender Feuchtigkeit musste sie später zudem durch einen aus dem Fels geschlagenen Umgang trockengelegt werden. Gespart wurde nicht; an einem herabgefallenen Stück des Maßwerkes entdeckte man Vergoldungsreste. Am 6. November 1384 wurden die Kirche und weitere Kapellen dem Heiligen Geist, der Jungfrau Maria, dem heiligen Wenzel und dem Ordensstifter St. Cölestin geweiht. Die

Bergfriedhof mit Klosterruine

Weihe nahm der Erzbischof von Prag persönlich vor. Ende des 15. Jahrhunderts fanden umfangreiche Sanierungs- und Modernisierungsarbeiten statt. Daran war auch der Baumeister Konrad Pflüger beteiligt, der vor allem durch sein Wirken an der Albrechtsburg in Meißen und an der Peterskirche in Görlitz bekannt ist. Das später den Künstlern so häufig als Motiv dienende «Bibliotheksfenster» und vor allem das darunterliegende Vorhangbogenfester tragen seine Handschrift.

Mit der Reformation begann der Niedergang des Klosters. Die Zahl der Mönche ging stetig zurück, da keine Nachfolger mehr gefunden werden konnten. Pater Balthasar Gottschalk, der letzte noch verbliebene Mönch, siedelte schließlich 1559 nach Zittau um und verbrachte seine letzten Jahre im Väterhof, dem Stadthaus der Cölestiner. Der Oybin mit den dazugehörigen Gütern wurde von der königlichen Kammer eingezogen. Kurz zuvor hatte es für die klösterliche Bestimmung noch einmal Hoffnung gegeben, als 1556 Petrus Canisius, der Provinzial der Oberdeutschen Jesuitenprovinz, den Berg besucht hatte, um eine Nutzung für seinen Orden zu prüfen. Diese Pläne wurden jedoch schon bald wieder aufgegeben. 1574 schließlich kaufte die Stadt Zittau den Berg mitsamt den darauf errichteten Bauten, dem wenigen noch übrig gebliebenen Inventar (den größten Teil hatten die Jesuiten zur Ausstattung des Clementinums in Prag verwendet) sowie den Klostergütern. Drei Jahre später brach durch einen Blitzschlag Feuer aus und vernichtete einen großen Teil der Bausubstanz. 1681 zerstörte ein Felssturz fast den gesamten Rest. So blieben nur Ruinen, die für viele Jahrzehnte höchstens noch als Steinbruch Interesse fanden.

Auf Caspar David Friedrichs Spuren

Das änderte sich erst, als die Romantiker den pittoresken Reiz des Oybin entdeckten. Dass seine Anziehungskraft ungebrochen ist, zeigen die rund 90 000 Touristen, die Jahr für Jahr dieses von der Natur und von Menschenhand geschaffene Kleinod besuchen. Links vom Zugang auf den Burghof erblickt man die Überreste der südlichen Wehrmauer und einer halbrunden Bastion. Quer über den Hof sind die Grundmauern eines Gebäudes mit den Resten der Heizungsanlage sichtbar. Dahinter liegt ein noch zu sanierendes Haus, in dem eine Ausstellung untergebracht ist. Zeugnisse der Bau- und Sanierungsgeschichte im Obergeschoss sowie die Ausstellung «Die Habsburger und der Oybin» mit archäologischen Funden im Untergeschoss verdienen Beachtung. Vom Ausgang des Museums aus links ragen die immer noch stattlichen Mauerreste des Kaiserhauses in den Himmel. Auch die Keller wurden in den letzten Jahren beräumt und zugänglich gemacht. Wo die Mauern enden, eröffnet sich ein traumhafter Blick in den Hausgrund, auf den Eingang des Oybintales und auf das in der Ferne liegende Zittau. Einige Meter weiter steht ein Gebäude, in dem in der jüngeren Vergangenheit die Toten vor dem Begräbnis aufgebahrt wurden. Daher hat es auch den Namen «Bahrhaus» erhalten. Der Raum beherbergt heute eine Ausstellung zur spätmittelalterlichen Heizung der Burg- und Klosteranlage. Besonders interessant ist die Rekonstruktion eines prächtigen Kachelofens aus der «Neuen Stube» des Priors. Ein Modell von Burg und Kloster Oybin zeigt die gewaltige Anlage im 16. Jahrhundert. Gegenüber dem «Bahrhaus» wurde dem Geschichtsforscher Christian Adolph Pescheck, der sich auch um den Oybin verdient gemacht hat, ein Denkmal gesetzt.

Über eine steinerne Treppe gelangt man in die Klosterkirche. Obwohl nur noch die Umfassungsmauern vorhanden sind, hat sie nach wie vor etwas Majestätisches. Wenn hier an lauen Sommerabenden Konzerte stattfinden, ist das ein unvergessliches Erlebnis. Das Langhaus wird durch den erhalten gebliebenen Triumphbogen vom etwas erhöhten Chor getrennt. In den Fenstern finden sich noch Reste des gotischen Maßwerkes. An der Nordostseite des Chores ist eine Kapelle angefügt, die wohl als Sakristei gedient hat. Hier fand Caspar David Friedrich das Motiv für sein berühmtes Gemälde «Huttens Grab» (Staatliche Kunstsammlungen Weimar). Vom Langhaus aus kann man den Turm der Kirche besteigen und die Anlage aus der Vogelperspektive betrachten. Beim Verlassen der Kirchenruine hat man den besten Blick auf das bereits erwähnte spätgotische «Bibliotheksfenster». Unterhalb der Treppe liegt der Eingang zur Unterkirche. Teils gewölbt, teils aus dem anstehenden Fels gehauen, vermittelt sie ein ganz besonderes Flair. Im hinteren Teil des Raumes befindet sich auf der linken Seite ein sehr enger Zugang zum Tresorium, wo wahrscheinlich während der Hussitenkriege der Prager Domschatz aufbewahrt wurde. Durch den malerischen Kreuzgang gelangt man auf den Bergfriedhof. Die sich hier bietende romantische Szenerie lässt sich nur unzureichend in Worte fassen. Man muss sie selber schauen. Die Fläche war durch die Aufschüttung des beim Ausmeißeln des Kirchenumgangs im

16. Jahrhundert gewonnenen Sandsteinmaterials erweitert worden. Hinter dem Friedhof liegt der Berggasthof und lädt zu einer Erfrischung ein. Von hier aus kann man auf einem sicheren Weg den gesamten Berg umrunden oder über zwei am Friedhof beginnenden Treppen die beiden oberen Plateaus erreichen. Auf dem Nordplateau sollte man bei gutem Wetter unbedingt der Camera obscura einen Besuch abstatten. Über ein mit einfacher Mechanik zu bedienendes Spiegel- und Linsensystem wird in einem dunklen Raum die Landschaft auf ein Trabant-Autodach projiziert. Um die Bilder scharf einzustellen, wird dieses wie ein höhenverstellbarer Tisch benutzt.

Der Abstieg vom Berg ist über die Treppen hinunter zum Ort zu empfehlen. Dabei lädt die Bergkirche zum Verweilen ein. Die auf dem abfallenden felsigen Grund zwischen 1732 und 1734 erbaute Kirche ist eine Perle des bäuerlichen Barock. Unten angekommen, kann man am «Haus des Gastes» entweder in den Kuranlagen oder entlang der Hauptstraße noch ein wenig promenieren. Gaststätten und Cafés lassen keine gastronomischen Wünsche offen. VD

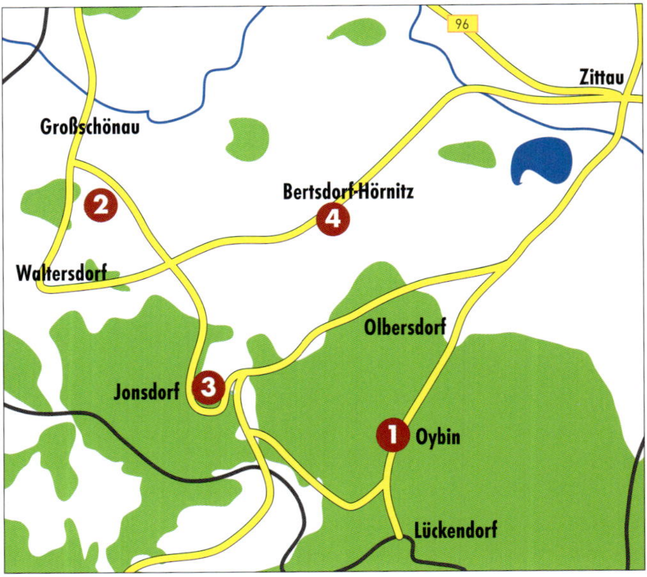

Burg und Kloster Oybin
02797 Kurort Oybin, Hauptstraße 16
Telefon +49 (0) 35844/73313
E-Mail info@burgundkloster-oybin.de
www.burgundkloster-oybin.de
Öffnungszeiten:
November bis März
täglich 10–16 Uhr
April bis Oktober
täglich 9–18 Uhr

Tourist-Information Oybin / Lückendorf
02797 Kurort Oybin, Hauptstraße 15
(im «Haus des Gastes»)
Telefon +49 (0) 35844/73311
E-Mail info@oybin.com
www.oybin.com
Öffnungszeiten:
Mo–Fr 10–17 Uhr, Sa / So 10–16 Uhr

Besonders empfehlenswerte Angebote
Bizarre Felsformationen, die artenreiche und beeindruckende Natur sowie die landschaftliche Vielfalt machen den Reiz und den Charme des Zittauer Gebirges aus. Bei einem «Ausflug in die Romantik» können Sie die Burg- und Klosterruinen auf dem Oybin mit den Augen von Caspar David Friedrich entdecken. Dabei entführen Musik, Poesie, Geschichten, Legenden und Malerei zurück in die Zeit des Meisters. Ein unvergessliches Erlebnis stellen auch die von Mai bis September stattfindenden abendlichen Mönchszüge dar. Mit brennenden Fackeln in der Hand zieht ein Männerchor in den Kutten der Cölestiner singend durch die Ruinen. Im Sommer finden am Fuße des Oybin die Oybiner Ritterspiele statt: Oberlausitzer Ritterlegenden leben aktionsreich und mit viel Humor wieder auf. Jährlich sorgen am zweiten Juli-Wochenende Gaukler, Händler und Künstler beim Burgfest auf dem Oybin für ein mittelalterliches Flair. Am ersten Weihnachtsfeiertag besucht Karl IV. mit Gefolge zur «Kaiserweihnacht» Oybin und seine Cölestinermönche. Der Festumzug beginnt am Parkplatz und führt über die Hauptstraße bis zum «Haus des Gastes». Dort spricht der Kaiser zu «seinem Volk». Anschließend folgt die Veranstaltung auf dem Berg. Der Prior des Cölestinerklosters begrüßt das Kaiserpaar und führt sie in die Kirche, wo ein Krippenspiel stattfindet. Für Kinder gibt es eine Märchenstunde in der Unterkirche.

Tipps für Gaststätten

Gasthof «Forsthaus Hain»

gutbürgerliche Küche und Hausgebäck
02797 Oybin / OT Hain, Jonsdorfer Straße 3
Telefon +49 (0) 35844/76322
E-Mail info@forsthaus-hain.de
www.forsthaus-hain.de

Kurcafé «Balzer»

großes Angebot an Kuchen und Eis
02797 Oybin, Hauptstraße 2
Telefon +49 (0) 35844/70063

Restaurant «Quirle-Häusl»

traditionelle Küche mit regionalen Zutaten, Holzbackofen
02799 Waltersdorf, Hauptstraße 51/52
Telefon +49 (0) 35841/606060
E-Mail hotel@quirle.de
www.quirle.de

Übernachtungen

Parkhotel «Zur alten Rodelbahn» ***

02797 Oybin, Straße der Jugend 4
Telefon +49 (0) 35844/7120
E-Mail kontakt@parkhotel-oybin.de
www.parkhotel-oybin.de

Hotel «Am Berg Oybin»

02797 Oybin, Friedrich-Engels-Straße 34
Telefon +49 (0) 35844/7320
E-Mail info@hotelambergoybin.de
www.hotelambergoybin.de

Hotel & Restaurant «Kurhaus Jonsdorf»

02796 Luftkurort Jonsdorf, Auf der Heide 9
Telefon +49 (0) 35844/711-0
E-Mail info@kurhaus-jonsdorf.de
www.kurhaus-jonsdorf.de

Ausflugsgaststätte und Hotel «Gondelfahrt»

02796 Luftkurort Jonsdorf,
Großschönauer Straße 38
Telefon +49 (0) 35844/7360
E-Mail gondelfahrt@t-online.de
www.hotel-gondelfahrt.de

Tipp für Familien ❷

Der familienfreundliche «TRIXI-Park» Zittauer Gebirge bietet 96 Ferienhäuser, einen Campingplatz mit 70 Stellplätzen, das TRIXI-Bad als Erlebnisbad mit Saunalandschaft, Wellness- und Beautyangeboten sowie das Waldstrandbad – eines der größten Freibäder Deutschlands.
02779 Großschönau, Jonsdorfer Straße 40
Telefon +49 (0) 35841/6310 (Freizeitbad),
+49 (0) 35841/631-420 (Feriendorf)
E-Mail info@trixi-park.de
www.trixi-park.de

Unser Geheimtipp

Bildungs- und Begegnungsstätte Windmühle Seifhennersdorf e.V. (24 km)

Auf der Windmühle, Partner der VIA SACRA, finden sich in zwei Gästehäusern 26 Zimmer (vier davon behindertenfreundlich) mit 51 Betten und 7 Aufbettungen.
02782 Seifhennersdorf, Neugersdorfer Straße 7
Telefon +49 (0) 3586/340980
E-Mail info@windmuehle-seifhennersdorf.de
www.windmuehle-seifhennersdorf.de

Ausflugstipps

Naturpark Zittauer Gebirge

Ein traditionelles Urlaubsgebiet in der Oberlausitz ist das Zittauer Gebirge mit seinen bekannten Kur- und Erholungsorten. Bizarre Sandsteinformationen und eine urwüchsige Natur sind der besondere Reiz des 100. Naturparks Deutschlands. Mit einer Ausdehnung von 5 mal 15 Kilometern und Erhebungen bis knapp 800 Meter über dem Meeresspiegel – der höchste Berg ist die Lausche, 793 Meter, gefolgt vom 749 Meter hohen Hochwald – lässt es sich gut zu Fuß erkunden. Der bekannteste Wanderweg ist der Oberlausitzer Bergweg: Er führt über 118 Kilometer vom Töpferort Neukirch im Oberlausitzer Bergland in das Zittauer Gebirge und bis nach Zittau. Der Besucher findet in allen Orten des Zittauer Gebirges malerische Umgebindehäuser, gepflegte Grün- und Parkanlagen sowie schöne Hotels, Gaststätten und Cafés. Erlebnisreiche und erholsame Tage dürfen Gäste zu jeder Jahreszeit erwarten. Die Mittelgebirgslage schafft gute Voraussetzungen für einen abwechslungsreichen Winterurlaub. Gespurte Loipen bieten Gelegenheit zum Wintersport, die Landschaft eignet sich bestens zum Winterwandern.

Kurort Jonsdorf (3 km) ❸

Im traditionellen, familienfreundlichen Erholungsort Jonsdorf werden seit über 150 Jahren Urlauber begrüßt. Das gepflegte Ambiente, freundliche Gastgeber, malerische Umgebindehäuser und zahlreiche Freizeitangebote laden zu jeder Jahreszeit sowohl zur Erholung als auch zur aktiven Betätigung ein. Ein angenehmes Klima, frische Gebirgsluft und gut ausgeschilderte Wanderwege in der reizvollen Gebirgslandschaft vermitteln die Vorzüge eines Luftkurorts. Das solarbeheizte Gebirgsbad, der Kurpark mit Kurhaus und Café, die moderne Eissport- und Veranstaltungshalle, die Waldbühne und das Schmetterlingshaus gehören zu den Attraktionen.
www.jonsdorf.de

Bertsdorf-Hörnitz, das schönste Dorf Sachsens (7 km) ❹

Die Gemeinde mit den vielen großen Bäumen und der gut erhaltenen Bebauung mit historischen Bauern- und Weberhäusern wurde mehrfach ausgezeichnet; so mit der Goldmedaille im Wettbewerb «Entente Florale Europa» 2005 und der Goldmedaille im Bundeswettbewerb ein Jahr zuvor. 2003 erhielt es den Titel «Schönstes Dorf Sachsens». Der Ort liegt in einem Seitental der Mandau, mit stattlichen Bauernhöfen an den Talhängen und einem geschlossenen Bestand an Umgebindehäusern in der Talsohle.
www.bertsdorf-hörnitz.de

Weltweite Ausstrahlung eines kleinen Ortes – Evangelische Brüderunität Herrnhut

Herrnhut ist noch nicht einmal 300 Jahre alt und damit viel jünger als die meisten anderen Orte in der Oberlausitz. Wenige Meter vor dem Ortseingangsschild aus südlicher Richtung erblickt man links im Wald einen Denkstein. Er erinnert daran, dass an dieser Stelle der Zimmermann Christian David am 17. Juni 1722 den ersten Baum zum Bau der neuen Siedlung fällte. Werfen wir also zuerst einen Blick auf die geschichtlichen Hintergründe ihrer Entstehung.

Die Oberlausitz – ein Land konfessioneller Toleranz

Nach dem Dreißigjährigen Krieg gingen die Landesherren daran, das Prinzip des Augsburger Religionsfriedens «cuius regio, eius religio» (wessen Land, dessen Religion) durchzusetzen. War der Landesherr katholisch, mussten sich auch seine Untertanen zu dieser Konfession bekennen. War er evangelisch, galt das Gleiche. Wollte jemand seinem Glauben treu bleiben, musste er seine angestammte Heimat verlassen und in ein Land seiner Konfession gehen. Das führte nach 1648 zu einem gewaltigen Exodus vor allem aus den habsburgischen Ländern. Zu Tausenden zogen Glaubensflüchtlinge aus Böhmen in die Oberlausitz, um sich der Gegenreformation zu entziehen. Allein Zittau nahm in diesen Jahren bei einer Einwohnerzahl von etwa 6000 mehr als 1000 meist böhmische Exulanten auf. Orte wie Neugersdorf, Walddorf oder Neusalza sind damals als Exulantensiedlungen entstanden. Warum übte gerade das Markgraftum Oberlausitz auf Glaubensflüchtlinge eine solche Anziehungskraft aus? Die Antwort liegt in der Besonderheit seiner Geschichte begründet. Bis zur Annahme der sächsischen Verfassung im Jahre 1831

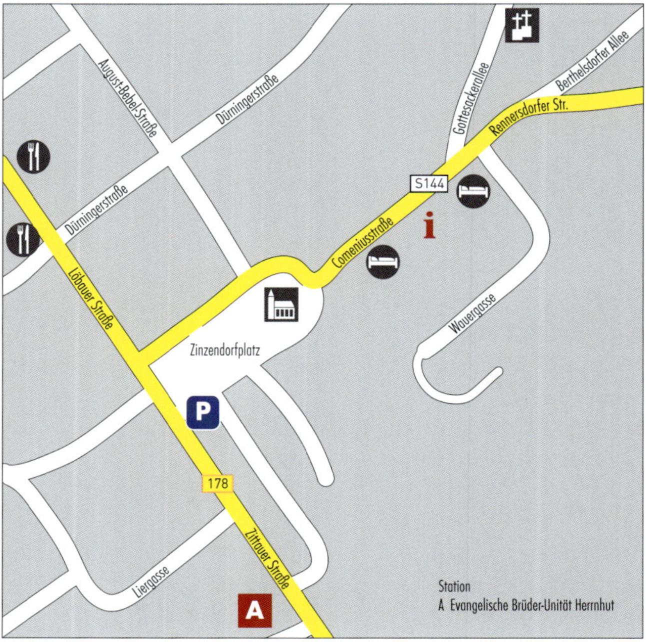

war die Oberlausitz ein Land, dessen Landesherr hier nie seinen Sitz hatte, sondern in Prag, Wien oder Dresden. Daraus ergab sich eine verfassungsrechtliche Sonderstellung, verbunden mit einem hohen Maß an innenpolitischer Autonomie. Sie führte unter anderem dazu, dass das «cuius regio, eius religio» nicht vom Markgrafen der Oberlausitz (bis 1635 der böhmische König, danach der Kurfürst von Sachsen) bestimmt wurde, sondern von den Grundherren. Das waren der Landadel (Standesherrschaften und Rittergüter), die drei Klöster und das Domstift Bautzen sowie die sechs königlichen Städte Kamenz, Bautzen, Löbau, Görlitz, Lauban und Zittau. Der Adel und die Städte nahmen im Zuge der Reformation das Luthertum an, die Klöster sowie das Domstift blieben katholisch. Die Oberlausitz entwickelte sich dadurch zwangsläufig zu einem Land konfessioneller Toleranz, in dem sowohl protestantische als auch katholische Exulanten eine neue Heimat finden konnten.

Glaubensflüchtlinge aus dem «Kuhländchen»

In einigen Gebieten der habsburgischen Länder setzte sich die Gegenreformation nur schwer durch oder führte dazu, dass protestantische Gemeinden in den Untergrund gingen. Das traf auch auf das in Nordostmähren am Oberlauf der Oder gelegene «Kuhländchen» zu, wo sich noch Gemeinden der auf die hussitische Bewegung zurückgehenden Alten Brüder-Unität erhalten hatten. In dem Städtchen Fulnek wirkte zum Beispiel Johann Amos Comenius (tschechisch: Jan Amos Komenský) von 1618 bis 1621 als Vorstand der Brüdergemeine. Als der Druck der Obrigkeit stärker wurde, entschlossen sich viele zur Flucht. Darunter waren auch der bereits erwähnte Zimmermann Christian David sowie die Messerschmiede Augustin und Jakob Neißer aus dem Dorf Senftleben/Ženklava bei Neutitschein/Novy Jičín. Im Vorfeld hatte ihnen der Grundherr der zu Berthelsdorf (Oberlausitz) gehörenden Flur, Nikolaus Ludwig Graf von Zinzendorf, die Aufnahme zugesichert. Schon bald kamen weitere Familien nach und so wuchs die Siedlung «*unter der Hut des Herrn*» rasch an. 1729 zählte man in Herrnhut bereits 45 Häuser und 350 Einwohner, davon etwa die Hälfte aus Mähren. Für diese Exulanten war das wahrlich kein Zuckerschlecken. Hatten sie die gefährliche Reise in das rund 250 Kilometer entfernte Herrnhut glücklich

überstanden, bekamen sie hier ein kleines Stückchen Land. Das reichte in der Regel gerade mal für den Bau eines Hauses und zum Anlegen eines Gartens. Für den Betrieb einer Landwirtschaft reichte es nicht. Folglich mussten sich die Ankömmlinge ihren Lebensunterhalt als Handwerker verdienen. Wie schwer das am Anfang war, zeigt sich darin, dass die Gebrüder Neißer mit ihrer Arbeit als Messerschmiede im ersten halben Jahr ganze zwei Groschen verdienten. Die Lage verbesserte sich grotesker Weise durch die 1740 beginnenden Schlesischen Kriege. Bei den zahlreichen Truppendurchmärschen bekamen vor allem die Schneider und Schuhmacher, aber auch die Bäcker und Fleischer Arbeit. Die Soldaten und Offiziere ließen sich hier Uniformen und Schuhwerk ausbessern oder gar neu anfertigen, und sie brauchten Verpflegung. 1747 kam der aus Straßburg stammende Kaufmann Abraham Dürninger nach Herrnhut und übernahm den hiesigen Kramladen. Innerhalb weniger Jahre entwickelte er daraus ein bedeutendes Handelshaus. Zu seiner florierenden Garn- und Leinwandhandlung baute Dürninger in den fünfziger Jahren des

Gottesacker

18. Jahrhunderts noch eine Kattunfabrik (glatter leinwandartig gewebter Baumwollstoff) mit dazugehörigen Bleichen und einer Kattundruckerei auf. Hier fanden viele Herrnhuter Lohn und Brot. 1760 zählte der Ort bereits 1 200 Einwohner.

Ankunft und Einkehr

Schauen wir uns nun in dem Städtchen, das seinen Namen schon bald in alle Welt hinaustragen sollte, etwas genauer um. Blickfang für Ankommende ist das Kirchgebäude mit dem Dachreiter, davor ein Glockentürmchen mit einer Hinweistafel. Diese gibt allerdings keinen Hinweis auf die Zerstörung, die Herrnhut am Ende des Zweiten Weltkrieges erfahren hat, doch steht man hier vor einem aus Trümmersteinen errichteten Zeugnis. In der Nacht vom 8. zum 9. Mai 1945 brannten viele der kirchlichen und städtischen Gebäude ab. Das ursprünglich 1757 erbaute Kirchgebäude mit dem Gemeinsaal entstand erst 1953 wieder. Nach dem Eintreten ist man überrascht, einen hellen Raum mit weißen Gardinen vorzufinden, der nicht ohne Weiteres als Kirchenraum erscheint. Anstelle von Altar und Kanzel gibt es einen in der Regel grün eingedeckten «Liturgustisch», dahinter steht ein Stuhl. Hier nimmt Platz, wer die Versammlung leitet. Der Saal ist quer gebaut. Auf der einen Seite befindet sich die Orgelempore. Eine ursprünglich auf der gegenüberliegenden Seite angebrachte Empore mit zwei Logen fehlt bis heute. Hier im Saal treffen sich die Glieder der Herrnhuter Brüdergemeine zu den sonntäglichen Predigtversammlungen, am Sonnabend zu den Gebetssingstunden, in denen zum Thema eines Bibelwortes passende Liedstrophen gesungen werden, und zu verschiedenen Zusammenkünften, Festen oder Konzerten.

Graf ohne Grenzen

Im früheren Innenhof des Gemeinhauses, des heutigen Kirchgartens, findet man die Büste des Freien Reichsgrafen Nikolaus Ludwig von Zinzendorf (1700–1760). Dieser Mann hat nicht nur Herrnhut maßgeblich geprägt, sondern in der Frömmigkeitsgeschichte Deutschlands, Europas und weit darüber hinaus tiefe Spuren hinterlassen. Neben Philipp Jakob Spener (1635–1705) und August Hermann Francke (1663–1727) wird er von vielen Kirchenhistorikern als die dritte große Gestalt des Pietismus angesehen. Am 26. Mai 1700 wurde er in Dresden geboren. Die Familie stammte väterlicherseits aus Österreich und war nach der Reformation evangelisch geworden. Um der Rekatholisierung zu entgehen, war auch sie außer Landes gegangen. Der Vater des Grafen, Georg Ludwig von Zinzendorf (1662–1700), der es im sächsischen Staatsdienst bis zum Minister gebracht hatte, starb wenige Wochen nach der Geburt des Sohnes. Die Mutter, Charlotte Justine von Gersdorf, heiratete wieder und der Sohn wuchs bei seiner Großmutter Henriette Katharina von Gersdorf auf deren Gutsschloss in Großhennersdorf auf. Diese hochgebildete Frau gehörte zu den pietistischen Adelskreisen und prägte den Jungen ganz wesentlich. Nach seiner Erziehung am Waisenhaus August Hermann Franckes in Halle (1710–1716) und einem Jura-Studium in Wittenberg (1716 bis 1719) ging Zinzendorf 1721 als Hof- und Justizrat an den Dresdner Hof. Glücklich war er dabei wohl nicht, denn er neigte viel stärker zur Theologie als zur Juristerei. Schon während des Studiums und vor allem auf seiner Kavalierstour

(1719/20), die ihn durch Deutschland, die Schweiz, Frankreich und die Niederlande führte, hatte er die Begegnung mit Christen verschiedenster Denkrichtungen und Konfessionen gesucht und danach gestrebt, für sich das Beste darin zu entdecken. In Erdmuth Dorothea von Reuß (1700–1756), die er 1722 heiratete, fand er eine gleichgesinnte Ehefrau. Seine ganz auf Jesus Christus gerichtete Frömmigkeit paarte sich mit einer konfessionell unparteiischen, nach Versöhnung und Ausgleich strebenden Denkhaltung. Sein Ideal war eine alle christlichen Fraktionen und intoleranten theologischen Lehrmeinungen überschreitende allgemeine Bruderliebe. Das spiegelt sich auch in den seit 1731 jährlich herausgegebenen überkonfessionellen Herrnhuter Losungen wider. Dass er damit nicht nur Freunde fand, liegt auf der Hand. Seine Geisteshaltung erwies sich aber angesichts der unter den Glaubensflüchtlingen schon bald aufbrechenden divergierenden und separatistischen Tendenzen als außerordentlich hilfreich. 1727 ließ sich Zinzendorf vom Staatsdienst beurlauben und ging auf sein Berthelsdorfer Gut, das er 1721 von seiner Großmutter erworben hatte. Dort widmete er sich ganz dem neuen Gemeinwesen, in dem ja nicht nur Anhänger der alten Brüder-Unität aus Mähren, sondern auch Leute anderer konfessioneller Herkunft Aufnahme gefunden hatten. Mit diplomatischem Geschick, Eloquenz und einem für alle akzeptablen Regelwerk gelang es ihm, die Widersprüche immer wieder aufzulösen. Den Höhepunkt seiner Bemühungen erlebte der Graf, als den Herrnhutern im Rahmen einer gemeinsamen Abendmahlsfeier am 13. August 1727 in der Berthelsdorfer Kirche der innere Zusammenschluss zur Brüdergemeine gelang.

Kirchgebäude mit Gemeinsaal

Herrnhuts Weg in die Welt

Vom Kirchensaal lenken wir unsere Schritte zum nahe gelegenen Hutberg, der von einem hölzernen Aussichtsturm bekrönt wird. Die Herrnhuter machten diesen Altan inzwischen zum Wahrzeichen der Stadt. Von dort aus kann man den Ort gut überblicken und hat bei gutem Wetter Sicht vom Zittauer Gebirge über den Jeschken und das Isergebirge bis zum Riesengebirge, die schon in Tschechien und Polen liegen. Am Hang des Hutberges befindet sich der Gottesacker. In der 1730 begonnenen parkähnlichen Anlage haben etwa 6000 Gräber Platz gefunden. Namen und Geburtsorte auf den schlichten, flach liegenden Grabsteinen lassen die weltweite Verbreitung der Brüder-Unität erkennen, die aus dem kleinen Anfang gewachsen ist. Da sind Namen von aus Grönland stammenden Inuit oder von aus der Karibik kommenden früheren Sklaven ebenso zu finden wie die Geburtsorte von Kindern aus Missionarsfamilien, die in Surinam, Südafrika, Nordamerika oder im Himalaja tätig gewesen waren. Wer mehr zur Ausbreitung der Brüder-Unität erfahren möchte, kann die überschaubare Unitätsausstellung in den Nebenräumen des Kirchensaales besuchen. Oder er nimmt sich etwas mehr Zeit und schaut in das Völkerkundemuseum, das viele interessante Bilder und Exponate beherbergt, die zum großen Teil von Missionaren gesammelt, mitgebracht und später zusammengetragen wurden. Begonnen hat die Herrnhuter Mission damit, dass 1732 zunächst zwei Brüder, Leonhard Dober und David Nitschmann, auf die Karibik-Insel St. Thomas reisten. Schon bald folgten andere, die nach Grönland, zu den Indianern Nordamerikas, nach Surinam im Norden Südamerikas, nach Labrador oder Alaska zogen. Später kamen die Regionen in Südafrika, Mittelamerika, Ostafrika oder Nordindien hinzu. Daraus sind heute 25 Unitätsprovinzen entstanden, in denen derzeit etwa 890000 Mitglieder leben, mehr als die Hälfte davon im heutigen Tansania im Osten Afrikas. Aber auch in Europa breitete sich die Brüdergemeine aus. So entstanden Gemeinden in Deutschland, in den Niederlanden, der Schweiz, in Skandinavien, im Baltikum oder an der Wolga. Die Gemeinden im früheren Schlesien existieren heute nicht mehr. Geleitet wird die Arbeit der Europäisch-Festländischen Unitätsprovinz gegenwärtig von einer fünfköpfigen Unitätsdirektion. Eine Besonderheit dabei ist, dass es keinen zentralen Leitungssitz gibt. Neben Bad Boll in Württemberg und Zeist in Holland befindet sich ein Leitungssitz in Herrnhut im

Vogtshof. Dieses Gebäude, wenige Schritte vom Zinzendorfplatz entfernt an der Zittauer Straße, beinhaltet neben der Verwaltung einen Sitzungssaal, in dem alljährlich die Losungen der Brüdergemeine gezogen werden. Dieses seit 1731 Jahr für Jahr erscheinende Andachtsbuch geht auf eine Initiative des Grafen Zinzendorf zurück und verbindet heute Christen vieler Länder und Konfessionen in mehr als 50 Sprachen. In unmittelbarer Nachbarschaft befindet sich das Unitätsarchiv. Im Gegensatz zum im Kirchgebäude untergebrachten Gemeinarchiv, das 1945 den Flammen zum Opfer fiel, hat dieses Gebäude das Ende des Zweiten Weltkrieges unbeschadet überstanden. Hier finden sich wichtige Dokumente, darunter Berichte aus der Missions- und Diasporaarbeit und zahlreiche Lebensläufe, die Einblick in die Lebensweise von Menschen unterschiedlicher Kulturkreise durch verschiedene Jahrhunderte geben.

Herrnhuter Sterne und andere Entdeckungen

Wieder zurück am Zinzendorfplatz in der Mitte des Ortes, kommt man zu den Gebäuden der Herrnhuter Diakonie. 1977 konnte im damaligen Förderungszentrum «Johann Amos Comenius» eine Arbeit mit geistig behinderten Jugendlichen begonnen werden. Der Name erinnert an den bereits erwähnten letzten Bischof und bekannten Pädagogen der Alten Brüder-Unität, der von 1592 bis 1670 lebte. Das auch als Zinzendorfhaus bezeichnete Hauptgebäude der Stiftung «Herrnhuter Diakonie» beherbergt Büroräume der Verwaltung, Wohnungen und die Zentralküche. Einzelgäste haben die Möglichkeit, hier ein preiswertes Mittagessen zu erhalten. Aber auch angemeldete Gästegruppen können verpflegt werden. Das angrenzende Internatsgebäude für die seit der Wiedervereinigung Deutschlands im Jahr 1990 betriebene Förderschule ist auf dem Gelände des früheren Schwesternhauses errichtet worden. Inzwischen leben zudem ältere Behinderte, die in Herrnhut oder der Umgebung in Werkstätten für behinderte Menschen oder an anderen geschützten Arbeitsplätzen beschäftigt sind, in mehreren Wohnheimen oder Außenwohngruppen der Herrnhuter Diakonie an verschiedenen Stellen der Stadt. Ebenfalls zur Herrnhuter Diakonie gehören zwei Altenpflegeheime; eines in Kleinwelka, heute Ortsteil von Bautzen, und das andere in Herrnhut. Eines der Wohnheime ist das «Christian-David-Haus» an der Bushaltestelle neben der Schule. Dieses wiedererrichtete Gebäude war Teil des früheren Brüderhauskomplexes. Heute erinnert noch das Witwenhaus neben dem Kirchensaal an der Ecke der August-Bebel-Straße an die sogenannte Chorhaustradition. Schon bald nach der Gründung Herrnhuts waren als «Chöre» bezeichnete Gruppen gebildet worden. Dabei handelte es sich um ledige Männer bzw. ledige Frauen, die in Brüderhaus bzw. Schwesternhaus genannte gemeinsame Wohnräume zogen. Später gab es auch für Witwen und Witwer derartige Chorhäuser. In diesen Lebensgemeinschaften wurde zusammen gearbeitet sowie der gemeinsame Glaube und Alltag geteilt. Darüber hinaus erhielt man hier Ausbildung und Vorbereitung zu künftigem Missions- oder Diasporaeinsatz. In den Chorhäusern betrieben die Brüder vielerlei Handwerke und Gewerbe, die Schwestern besonders Gartenarbeit und Handarbeiten. Einiges der Herrnhuter Wohnkultur kann man sich im Heimatmuseum in der Comeniusstraße vor Augen führen. Wer zwischen dem Heimatmuseum, in dem auch das Fremdenverkehrsamt untergebracht ist, und dem Kirchensaal in die Comenius-Buchhandlung hineinschaut, wird neben Büchern und Schreibwaren auch den Herrnhuter Advents- und Weihnachtsstern entdecken. Wie unlängst herausgefunden wurde, hat im Dezember 1820 der in Niesky tätige Christian Madson (1800 bis 1879) den ersten Adventsstern mit 110 Zacken konstruiert. Seit 1834 lebte er in Herrnhut. Seither oft in den Internatsschulen der Brüderunität nachgebaut, wird der Stern heute in einer modernen Produktionsstätte, der «Herrnhuter Sterne GmbH», in einer reichen Auswahl von Papier- und Kunststoffsternen unterschiedlicher Größe hergestellt. Durch die Löbauer Straße, vorbei am Rathaus, dem Sterneladen und der 1956 erbauten katholischen Kirche, gelangt man in die Oderwitzer Straße. In einem eigenen Besucherzentrum mit Schauwerkstatt bietet das Unternehmen Einblick, wie dieser Artikel entsteht, der inzwischen in vielen Wohnungen und Einrichtungen in der Advents- und Weihnachtszeit erstrahlt. In Nachbarschaft dazu befinden sich die von der «Abraham Dürninger Stiftung» betriebenen Produktionsgebäude, in denen bis 2011 eine Weberei bestand und heute noch eine Textildruckerei untergebracht ist. Angeschlossen sind die Herrnhuter Holzwerkstätten, in denen Sakralmöbel wie Altäre, Lesepulte, Kirchenbänke und anderes hergestellt werden.

Wer etwas mehr Zeit mitbringt, sollte es sich nicht entgehen lassen, einen zum 300. Geburtstag des Grafen Zinzendorf angelegten «Skulpturenpfad» durch den angrenzenden Wald entlangzuwandern. Er verbindet Herrnhut mit der Schlossruine in Großhennersdorf. Dieser Weg zeigt auf anschauliche Weise anhand einzelner Stationen, wie aus dem spannungsvollen Miteinander von Menschen eine Gemeinde zusammengewachsen ist, die durch den Geist Gottes eine solch weltweite Ausstrahlung gewinnen konnte. Empfehlenswert ist auch der Besuch des Zinzendorfschlosses in Berthelsdorf und der dortigen Kirche. Wie bereits erwähnt, erlebten hier die Herrnhuter am 13. August 1727 in einer Abendmahlsfeier ihre Erweckung. Und wer sich beim Abschied von Herrnhut die Frage stellt, wie denn das Schulgebäude am Zinzendorfplatz in das barocke Stadtbild passt, dem sei erklärt, dass dieser Typenbau einer zehnklassigen polytechnischen Oberschule 1973 eingeweiht wurde. Bis 2008 beherbergte er das seit der Wendezeit darin untergebrachte «Maria-Sybilla-Merian-Gymnasium». Heute hat dort das in freier Trägerschaft 2005 begründete «Evangelische Zinzendorf-Gymnasium Herrnhut» sein Domizil. Es knüpft an eine langjährige Schultradition der Brüder-Unität an. So wird versucht, der kommenden Generation etwas aus dem reichen Erfahrungsschatz der brüderischen Tradition auf ihren Lebensweg mitzugeben. MS / VD

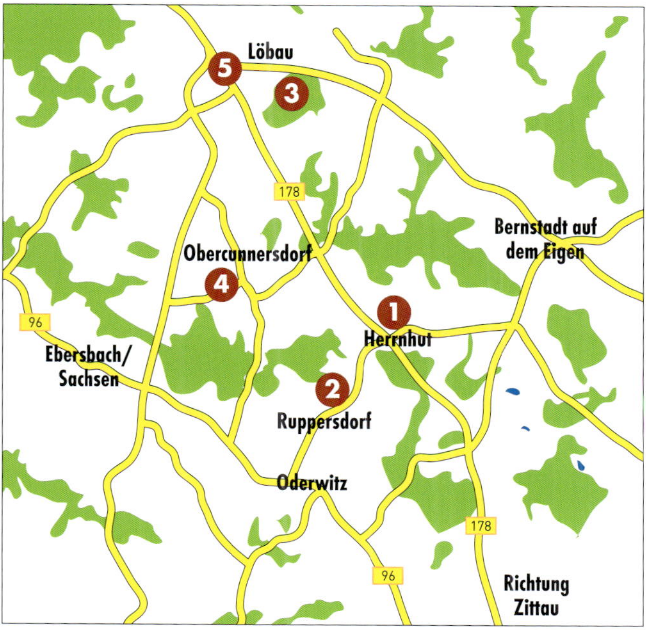

Evangelische Brüder-Unität

02747 Herrnhut, Zittauer Straße 20
Telefon +49 (0) 35873/4870
E-Mail info@ebu.de
www.ebu.de, www.herrnhuter.de
Führungen: Führungen durch Herrnhut sowie durch Gebäude und Räumlichkeiten der Brüder-Unität, unter anderem mit der Besichtigung der Unitätsausstellung, des Großen Kirchensaals, des Vogtshofs (Sitz der Kirchenleitung) und des Gottesackers, jeweils mittwochs 10 Uhr sowie nach Vereinbarung (Treffpunkt ist die Tourist-Information).

Tourist-Information Herrnhut

02747 Herrnhut, Comeniusstraße 6
Telefon +49 (0) 35873/2288
E-Mail tourismus@herrnhut.de
www.herrnhut.de
Öffnungszeiten:
Mo 9–14.30 Uhr, Di–Fr 9–17 Uhr,
Sa/So 10–12 Uhr und 13–17 Uhr

Besonders empfehlenswerte Angebote

Führung durch Herrnhut

Die von der Tourist-Information Herrnhut angebotene öffentliche Führung mit Stadtrundgang bietet jede Menge interessante Geschichten zu Herrnhut und der Brüdergemeine. Nach der Einführung im Heimatmuseum werden der historische Stadtkern und der Kirchensaal der Brüdergemeine sowie der einzigartige denkmalgeschützte Gottesacker am Hutberg mit dem Altan besichtigt. Im Völkerkundemuseum gibt es seit 2003 die interessante Dauerausstellung «Ethnographie und Herrnhuter Mission» zu erleben; Goethestraße 1
Telefon +49 (0) 35873/2403
www.voelkerkunde-herrnhut.de

Besucherzentrum der Herrnhuter Sterne GmbH

Das 2010 eröffnete Besucherzentrum der «Herrnhuter Sterne GmbH» mit Schauwerkstatt befindet sich im neu erbauten Produktionsgebäude. Dort besteht ganzjährig die Möglichkeit, die Herstellung der Herrnhuter Sterne zu erleben und sich von einer Sternenpracht in allen Farben und Größen beeindrucken zu lassen. Die Herrnhuter Sterne werden traditionell in Handarbeit hergestellt und in mehreren Schritten gefertigt. An den einzelnen Arbeitsplätzen kann so die Entstehung eines Papiersternes vom Anbeginn verfolgt werden; Oderwitzer Straße 8
Telefon +49 (0) 35873/3640
www.herrnhuter-sterne.de

Besichtigung der Herrnhuter Künstlergilde

Die ständige Verkaufsausstellung der Herrnhuter Künstlergilde präsentiert Kunst und Kunsthandwerk der gesamten Region – geschwämmelte Keramik, mundgeblasene Gläser in vielen Farben, kostbare Hüttengläser, Aquarelle, Grafiken, Tempera, handgewebte Textilien und Raumschmuck, Erzeugnisse aus Holz, Schmuck und echte Pulsnitzer Blaudrucke. Vorführungen sowie Angebote für kreatives Arbeiten finden auf Wunsch sonnabends und dienstags statt; August-Bebel-Straße 11
Telefon +49 (0) 35873/2571

Tipps für Gaststätten

Gaststätte «Hutbergkeller»

gutbürgerlich-regionale Küche mit saisonalen Spezialitäten
02747 Herrnhut, Löbauer Straße 17
Telefon +49 (0) 35873/2358
E-Mail info@hutbergkeller.de
www.hutbergkeller.de

Gaststätte «Zum Postkeller»

gutbürgerliche Küche in rustikalem Ambiente
02747 Herrnhut, Dürningerstraße 3
Telefon +49 (0) 35873/36666
E-Mail info@zum-postkeller.de
www.zum-postkeller.de

Extratipp

Räucher-Häus'l in Ruppersdorf ❷

Hier wird nach altem Hausrezept geräuchert. Täglich werden Fleisch, Wurst, Fisch und Käse frisch und ohne Lagerhaltung zubereitet
02747 Ruppersdorf, Untere Dorfstraße 57
Telefon +49 (0) 35873/40487
E-Mail info@räucher-häusel.de
www.raeucher-haeusl.de

Übernachtungen

Tagungs- und Erholungsheim Herrnhut (TEH) – Ein Haus der Evangelischen Brüder-Unität

02747 Herrnhut, Comeniusstraße 8+10
Telefon +49 (0) 35873/33840
E-Mail info@teh-herrnhut.de
www.teh-herrnhut.de

Pension «Alt Herrnhuter Haus»

02747 Herrnhut, Comeniusstraße 4
Telefon +49 (0) 35873/2789
E-Mail pension.clemens@gmx.de
www.branchenoberlausitz.de/firmen/herrnhut

Unser Geheimtipp

Berg-Gasthof «Honigbrunnen» (12 km) ❸

Schon nach Löbau einfahrend, ist der «Honigbrunnen», der direkt auf dem Löbauer Berg thront, zu erkennen. Oben begeistern das originalgetreu im schweizerischen Baustil neu erbaute Hotel und eine schöne Aussicht in die Weite der Oberlausitzer Berg-, Heide- und Teichlandschaft. Inspiriert durch Sagen und Traditionen rund um den Löbauer Berg und den Honig wurde eine gastronomische Linie aus elegant südländischer und Oberlausitzer Kochkunst geschaffen.
02708 Löbau, Löbauer Berg 4
Telefon +49 (0) 3585/4139130
E-Mail info@honigbrunnen.de
www.honigbrunnen.de

Ausflugstipps

Obercunnersdorf – Denkmalort Oberlausitzer Umgebindehäuser (7 km) ❹

Der Ort steht mit über 250 Umgebindehäusern als anerkannter Erholungsort geschlossen unter Denkmalschutz. Damit gehört er zu den besonderen touristischen Anziehungspunkten in der Region.
www.obercunnersdorf.de

Löbau – die Stadt am Berge (11 km) ❺

Löbau, gelegen am Fuße des gleichnamigen Berges, war einst der Konventsort des Oberlausitzer Sechsstädtebundes, zu dem auch Bautzen, Görlitz, Zittau, Kamenz und Lauban (polnisch Lubań) gehörten und der der Oberlausitz zu Ansehen und Reichtum verhalf. Das Wahrzeichen der Stadt ist der 28 Meter hohe, in Europa einzigartige «Gusseiserne Turm» auf dem Löbauer Berg. Vor mehr als 150 Jahren schufen ihn findige Ingenieure aus 1 000 gusseisernen Einzelteilen. 1932/33 wurde in Löbau ein Haus erbaut, das heutzutage in keinem Architekturlexikon fehlt – das «Haus Schminke». Hans Scharoun (1893–1972) erbaute es für den Nudelfabrikanten Fritz Schminke. Es gilt als ein Leitbau der Moderne. Zahlreiche Elemente erinnern an ein Schiff. Nach 1990 wurde es umfassend rekonstruiert und begeistert seither kulturinteressierte Besucher aus der ganzen Welt, die sogar die Möglichkeit haben, hier zu übernachten; Kirschallee 1b,
Telefon +49 (0) 3585/862133.
www.stiftung-hausschminke.eu; www.loebau.de

Ein Gotteshaus der Superlative – Deutschlands größte Dorfkirche in Cunewalde

Das 1222 erstmals urkundlich erwähnte Waldhufendorf entstand im Zug der deutschen Ostkolonisation. Mit seinen reichlich 5 000 Einwohnern und einer Fläche von 26,6 Quadratkilometern gehört es zu den größten Dörfern der Oberlausitz. Seine reizvolle landschaftliche Lage in der breiten Talwanne zwischen den Bergketten des Czorneboh und des Bieleboh machen den Ort auch zu einem der schönsten. In harmonischem Zusammenspiel mit der Landschaft stehen die mehr als 400 denkmalgeschützten Gebäude des Ortes, die meisten davon typische Oberlausitzer Umgebindehäuser. Dies alles verhalf Cunewalde zu dem Prädikat «Staatlich anerkannter Erholungsort». Im Niederdorf erhebt sich unübersehbar rechts am Hang in einer vornehmen hellgrau-weißen Farbfassung die riesige Kirche. Der 61 Meter hohe Kirchturm und das steile Walmdach greifen förmlich in den Himmel.

Ein Dorf mit Weitblick und weltweiten Verbindungen

Zuerst empfiehlt sich ein Gang über den Friedhof. Von hier kann man die Dimensionen des Kirchenbaus und seine gelungene Einbettung in die Landschaft besonders gut erfassen. Unter den Grabmalen fällt die Polenz-Gruft ins Auge. Aus dieser Adelsfamilie, die das hiesige Rittergut besaß, stammt der Schriftsteller Wilhelm von Polenz (1861–1903). Er hatte Verbindungen zum Friedrichshagener Dichterkreis, in dem auch Carl und Gerhart Hauptmann, Erich Mühsam, Rainer Maria Rilke und andere vom Naturalismus beeinflusste Künstler verkehrten. Mit Lew Tolstoi und Theodor Fontane pflegte er einen freundschaftlichen Briefwechsel. Sein 1895 erschienenes Werk «Der Büttnerbauer» zählt zu den wichtigsten epischen Werken des Naturalismus. Vor der Kirche steht ein bronzenes Denkmal für die Gefallenen des Ersten Weltkrieges. Auf dem Sockel mit den Namen der Toten kniet eine in sich versunkene Frau. Sie hat nichts Heroisches an sich, nur eine bestürzend tiefe Trauer. Es ist eine Replik eines ursprünglich für die Stadt Völklingen geschaffenen Denkmals des deutsch-jüdischen Bildhauers Benno Elkan (1877–1960). Als ihm die Nationalsozialisten die Existenzgrundlage entzogen, ging er 1934 nach England ins Exil. Von den vielen künstlerischen Werken, die er bis zu seinem Lebensende noch schuf, gehört die Große Menora für die Knesset in Jerusalem wohl zu den bekanntesten.

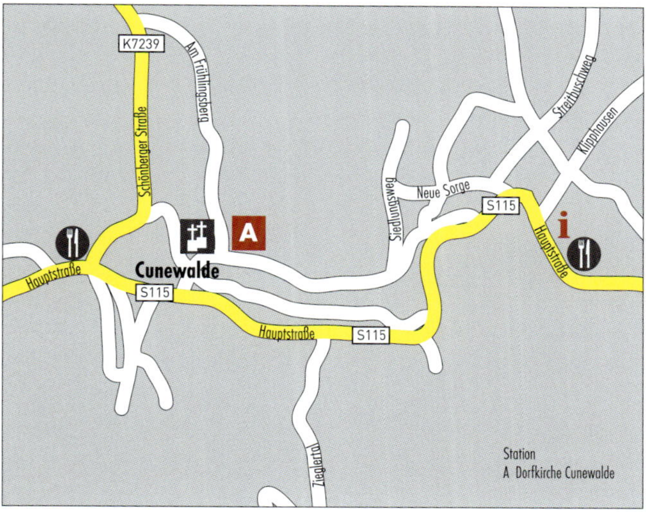

Alte und neue Kirchengeschichten

Wie leider die meisten evangelischen Kirchen ist auch die Cunewalder erst einmal verschlossen. Öffentliche Führungen finden von Mai bis Oktober jeweils freitags um 15.00 Uhr statt. Ansonsten gibt es keine festen Öffnungszeiten. Wer sicher gehen will, sollte sich telefonisch anmelden. Meist aber findet man im nahe gelegenen Pfarramt jemanden, der einem den Schlüssel aushändigt. Der Eintritt ist frei, eine Spende für die Erhaltung des Gotteshauses jedoch sehr willkommen. Wenn er Zeit hat, begleitet der Gemeindepfarrer die Besucher gern persönlich. Manchmal gibt er zu Beginn etwas aus der Kirchengeschichte zum Besten. Eine solche Begebenheit ist die auch in der Fortsetzungsserie «Die Oberlausitz als besondere Abtheilung von Sachsens Kirchen-Galerie» nachzulesende Geschichte des Pfarrers und gegenreformatorischen Eiferers Urbanus Nikolai. In dem 1840 über Cunewalde verfassten Kapitel berichtet Pfarrer Karl Friedrich Gottlieb Apelt über diesen schauerlichen Vorfall aus dem Jahre 1537: *«Als er am Sonntage Trinitatis zu Cunewalde gewaltig auf Lutherum gescholten, und unter andern sich vermessen, wo Luthers Lehre recht wäre, sollte ihn der Donner erschlagen, gegen Abend kommt ein schrecklich Wetter, warf Schloßen wie Hühnereyer groß, der obgedachte Pfarrer gedachte an seine Vermessenheit, ließ zum Wetter mit Glocken läuten, und, als er vor dem Altar geknieet, gebetet und gesungen, hat der Donner in die Kirche vorm Altar hineingeschlagen, daß der Pfarrer verstummet und niedergefallen. Als nun die Bauern mit dem Küster ihn also eilend und erschrocken heimgetragen, schlägt der Donner noch einmal unter sie und schlägt den Pfarrer todt, aber sonst keinem Menschen, so ihn getragen, Schaden gethan.»*

Bei einer Führung auf den relativ guten baulichen Zustand der Kirche angesprochen, meinte der Pfarrer mit einem verschmitzten Lächeln: «Ja, ja, da haben Sie recht. Die Cunewalder schonen sie auch nach Kräften.» Zuerst ein wenig irritiert, wurde rasch klar, dass der Seelenhirte mit dieser ironischen Bemerkung auf die wohl meist recht kleine Schar der sonntäglichen Gottesdienstbesucher anspielte. Gern nutzt er eine solche lockere Bemerkung als rhetorische Brücke, um dem Gast zu erklären, weshalb Cunewalde dennoch eine so riesige Kirche besitzt. Ganz zu Recht verweist er dabei auf die Geschichte.

Wie Cunewalde zu seiner riesigen Kirche kam

Dass man sonntags und an kirchlichen Feiertagen zum Gottesdienst ging, gehörte in früheren Zeiten zu den selbstverständlichen Lebensgewohnheiten der Menschen. Ein Leben außerhalb von Kirche und Religion war im Prinzip nicht denkbar. Bei Weitem nicht jeder Ort im Tal besaß eine eigene Kirche, sondern war nach Cunewalde «eingepfarrt». Die Parochie, wie man einen Pfarrbezirk damals nannte, gehörte zu den größten weit und breit. Als die Oberlausitz im 18. Jahrhundert eine Zeit wirtschaftlichen Aufschwungs erlebte und die Bevölkerungszahl rasch wuchs, erwies sich die alte Kirche, die obendrein noch baufällig war, als zu klein. Selbst die wohlhabenden Dorfbewohner, die sich einen reservierten Kirchenplatz mit ihrem Namensschild kaufen wollten, hatten keine Chance. Auch mit dem bereits 1693 erfolgten Anbau reichten die Plätze nicht aus. Und so ging man daran, ein neues, größeres Gotteshaus zu bauen. Die Gemeinde sammelte Geld. Zuerst natürlich bei den wohlhabenden Gutsherrschaften, aber auch die eher armen Hausweber steuerten ihr Scherflein bei. Sogar eine Lotterie mit 14 000 Losen organisierte man und brachte schließlich so viel zusammen, dass im April 1780 der 53 Meter lange und 23 Meter breite Bau abgesteckt und mit den Arbeiten begonnen werden konnte. Dass die Finanzierung einige Schwierigkeiten bereitet haben muss, erkennt man daran, dass der Rohbau erst sieben Jahre später fertig war und sich die Bauarbeiten insgesamt 13 Jahre hinzogen. Der Turm wurde angesichts der knappen Kasse erst einmal nur 25 Meter hoch gebaut und mit einem einfachen flachen Pyramidendach versehen. Erst Ende des 19. Jahrhunderts wurde die mit Kupferblech beschlagene Turmspitze aufgesetzt, durch die er seine heutige Höhe erreicht. Für eine neue Kircheneinrichtung langte das Geld ebenfalls nicht. Man musste sich wohl oder übel mit einem Provisorium begnügen. Altar, Kanzel, Taufstein und Orgel sowie weiteres Inventar wurden aus der alten Kirche übernommen. Am dritten Adventssonntag 1793 war es schließlich so weit. Von einem festlichen Gottesdienst umrahmt, fand die Kirchweihe statt. Damit nach menschlichem Ermessen nie wieder jemand ohne Sitzplatz bliebe, war bei der Planung die halbe Seelenzahl der Parochie zugrunde gelegt worden. Und so bietet die Kirche 2 632 Leuten Platz. Auf einer der mittleren Bänke an der Nordseite des Kirchenschiffes blieb sogar das Namensschild der Frau erhalten, die damals diesen Platz kaufte: *«Anna Dorothea Domschkin Anno 1793»*.

Keinem dürfte damals in den Sinn gekommen sein, mit dem Kirchenbau einen Rekord aufstellen zu wollen. Erst 200 Jahre später kam man auf die Idee nachzuforschen, ob es irgendwo im Lande eine noch größere Dorfkirche gäbe. Und so fragte die Evangelisch-Lutherische Kirchgemeinde 1993 anlässlich des 200. Kirchweihfestes bundesweit in allen Landeskirchenämtern nach und erhielt die Bestätigung: In Cunewalde steht die größte evangelische Dorfkirche Deutschlands. Auch wenn es bisher nicht nachgewiesen ist, kann man wohl davon ausgehen, dass sich dieser Superlativ nicht auf die eine christliche Konfession beschränkt. Katholische Kirchen haben wegen der Kniebänke weniger Sitzreihen und auch keine Emporen. Dadurch finden selbst in ähnlich großen Gotteshäusern weniger Menschen Platz.

Singet

«Der Herr segne deinen Eingang»

Man betritt die Kirche durch den Turm, der die Funktion einer Vorhalle hat. Hier geht es auch zu den Emporen hinauf. Ein geschwungenes Schild mit dem kalligraphisch schön gestalteten Satz *«Der Herr segne deinen Eingang»* begrüßt den Besucher. Der Raum wirkt klar, licht und luftig. Bis auf die 1656 noch für die alte Kirche geschaffene Kanzel, die etwas fremd anmutet, ist nichts mehr von einer provisorischen Einrichtung zu spüren. Im Gegenteil. In ihrer klassizistischen Fassung erscheint sie uns sehr harmonisch und in sich geschlossen. Zu Ehren des 400. Geburtstages Martin Luthers 1883 hatte man sich vorgenommen, die Neugestaltung des Kircheninneren in Angriff zu nehmen. Dies geschah dann in den Jahren 1887 bis 1893 unter der Leitung des Dresdner Professors Christian Friedrich Arnold (1823–1890), einem Schüler Gottfried Sempers. Decke, Pfeiler und Emporen wurden im (neo)klassizistischen Stil gegliedert und gemalt. Orgelgehäuse, Kirchenbänke und Kanzel erhielten einen neuen Anstrich. An den Emporenwänden fallen die Garderobenhaken ins Auge, die nicht etwa zum Ablegen von Oberbekleidung dienten, sondern für die Hüte der Männer. Bis 1945 saßen Männer und Frauen getrennt, Erstere auf den Emporen, Letztere im Kirchenschiff. Von Christian Friedrich Arnold stammt auch der Entwurf für den Altar, der von Tischlermeister Emil Fritsche aus Niederschöna (bei Dresden) ausgeführt wurde. Das Altarbild, das die Himmelfahrt Christi zeigt, schuf der Historienmaler Karl Gottlob Schönherr (1824–1906), der an der Dresdner Kunstakademie tätig war. Die zwei großen Wandbilder im Chor, links die Taufe und rechts die Kreuzigung Christi, sind Arbeiten des Leipziger Professors Erhard Ludwig Winterstein (1841–1919). Das Teppichfenster hinter dem Altar sowie die beiden Buntglasfenster im westlichen Kirchenschiff mit den Medaillons von Luther und Melanchthon stellte die renommierte Zittauer Firma Türcke und Schlein her. Bereits 1817 waren anlässlich des 300. Reformationsjubiläums die drei Kristalllüster angeschafft worden. Sie stammen aus dem böhmischen Gablonz/Jablonec nad Nisou, das noch heute für seine kunstvollen Glasprodukte weit bekannt ist. 1840 bekam die Kirche eine neue Orgel. Mit ihren drei Manualen, 36 Registern und 2 229 Pfeifen ist sie das bedeutendste Werk des Neugersdorfer Orgelbauers Christian Friedrich Reiß (1796–1855). Bis heute zählt das Instrument zu den klangschönsten in der Oberlausitz. Auf Anfrage wird sie auch mit Klangbeispielen vorgestellt. Der Taufstein aus heimischem Granit wird in das 15. Jahrhundert datiert und stammt noch aus der Vorgängerkirche. Auffällig sind sechs gotische Apostelfiguren, von denen je drei an den beiden unteren Emporen angebracht sind: auf der Nordseite Petrus, Jakobus und Bartholomäus, auf der Südseite Thomas, Paulus und Johannes. An den Stützen der Orgelempore sieht man ebenfalls zwei der Gotik zuzuordnende Holzfiguren, links den heiligen Nikolaus und rechts die Mutter Maria. Anders als die üblichen Mondsichelmadonnen, steht sie auf einem nach unten gekrümmten Halbmond, der als liegendes Gesicht ausgeführt ist. Man fand die Figuren Ende des 19. Jahrhunderts auf dem Kirchboden und vermutet, dass sie vom um 1450 datierten Altar der Vorgängerkirche stammen. 1909 wurden sie in Dresden restauriert und in der Kirche aufgestellt. Die Farbfassung dürfte bei der Restaurierung stark ergänzt worden sein und nur noch bedingt der originalen entsprechen. Auch die Versilberung ist wohl eine Zutat der damaligen Restauratoren.

Wie bereits erwähnt, stammt die 1656 gefertigte Kanzel ebenfalls aus der alten Kirche. Trotz späterer Überformung und veränderter Farbgestaltung ist die Formensprache der Renaissance noch klar erkennbar. Fast wie der Bug eines Schiffes ragt sie von der ersten Empore weit in den Raum hinein. Der Schalldeckel fehlt, was dem Pfarrer eine besonders laute Stimme abverlangen dürfte. Während die vorderen vier Felder mit den Bildern und Symbolen der Evangelisten geschmückt sind, tragen die zur Empore hin Bibelsprüche. An den Pfarrer richten sich die auf der östlichen Seite: *«Die Lippen des Priesters sollen die Lehre bewahren»* und *«Herr. Du bist gerecht und Dein Wort ist recht»*. Auf der westlichen, der Gemeinde zugewandten Seite lesen wir: *«Selig sind, die Gottes Wort hören und bewahren»* und *«Das Wort unseres Gottes bleibet ewiglich»*.

Der Cunewalder Lichterzug am Heiligen Abend

Während an den sonntäglichen Gottesdiensten meist nur einige Kirchenbänke gefüllt sind, ist das am 24. Dezember ganz anders. Am Nachmittag ist Niedercunewalde völlig zugeparkt und die riesige Kirche bis auf den letzten Platz gefüllt. Menschen aus nah und fern möchten nicht nur die 17.00 Uhr beginnende Christnacht, sondern vor allem den bereits 1817

eingeführten und in Deutschland einzigartigen Lichterzug erleben. Um das Geld für den jährlichen Christbaum zu sparen, fertigten sich im 19. Jahrhundert viele der armen Weberfamilien eine Lichterpyramide an. Im Unterschied zu denen aus dem Erzgebirge waren diese schlichter und drehten sich nicht. Etwa 50 der Pyramiden sind in Cunewalde erhalten geblieben. Sorgsam gehütet, gibt man sie nur zur Christnacht heraus. Wenn der Pfarrer mit seiner Predigt zu Ende ist, wird das Licht ausgeschaltet. Dunkelheit und Ruhe begünstigen ein Gefühl seelischer Einkehr. Es weicht einem stillen Jubel, wenn die Konfirmanden und älteren Kinder der Gemeinde mit den Lichterpyramiden in den Händen in die Kirche einziehen. Mehr als 600 Kerzen erhellen dann nicht nur den Raum, sondern auch die Herzen der Menschen. Sie bilden einen wundervollen Rahmen für das nun ertönende doppelchörige «Hosianna» des Herrnhuter Komponisten Christian Gregor (1723–1801). Wenn der Lichterzug nach «Stille Nacht» und «O du fröhliche» die Kirche wieder verlässt, spürt jedermann: «Es weihnachtet sehr.» VD

Dorfkirche Cunewalde
Ansprechpartner: Evangelisch-Lutherisches Pfarramt, Pfarrer Heino Groß
02733 Cunewalde, Kirchweg 1
Telefon +49 (0) 35877/27431
E-Mail cunewalde.pfarramt@t-online.de
www.cunewalde-pfarramt.de
Öffnungszeiten:
Mo/Di/Do/Fr 9-12 Uhr, Di/Do 14-17 Uhr
Sprechstunde des Pfarrers: Di 17-19 Uhr
Gottesdienste: 9.30 Uhr,
Mai bis Oktober in der Kirche,
November bis April im Kirchgemeindehaus
Kirchenmusik: in der Regel von Mai bis Oktober sonntags 16 Uhr
Öffentliche Führungen:
von Mai bis Oktober, freitags 15 Uhr
Orgelvorführung auf Anmeldung
Geheimtipp: Nach Vereinbarung besteht für Einzelbesucher und kleine Gruppen die Möglichkeit, auf eigene Verantwortung und in Begleitung eines Mitarbeiters des Pfarramtes den 61 Meter hohen Kirchturm zu besteigen. Der Ausblick auf eines der schönsten Täler in der Oberlausitz ist traumhaft.

Tourist-Information Cunewalde
02733 Cunewalde, Hauptstraße 97
(Haus des Gastes «Blaue Kugel»)
Telefon +49 (0) 35877/80888
E-Mail touristinfo@cunewalde.de
www.cunewalde.de
Öffnungszeiten:
Mo/Di/Do/Fr 11-17 Uhr, Sa 9-12 Uhr,
Sonn- und Feiertage geschlossen

Besonders empfehlenswerte Angebote

Umgebindehaus-Tour mit Führung durch den Umgebindehaus-Park Cunewalde

Umgebindehäuser sind eine Kombination von Block-, Fachwerk- und Massivbau. Diese in Europa einzigartige Volksbauweise war schon im 16. Jahrhundert konstruktiv ausgereift. Allein in Cunewalde sind mehr als 200 Beispiele erhalten geblieben; unweit der Kirche kann man im Umgebindehaus-Park originalgetreue Modelle ansehen, geöffnet von Ostern bis Ende Oktober.

Umgebindehaus «Dreiseitenhof» (am «Haus des Gastes») mit Töpferzimmer

Zu besichtigen sind die Blockstube (Standesamt), die Sommerbühne für Freilichtveranstaltungen und in der großen Scheune das Kraftfahrzeug- und Technik-Museum; Absprachen über die Tourist-Information.

Wanderungen im Cunewalder Tal

Entlang des «Äberlausitzer Kleeblattes» oder «Rund um das Cunewalder Tal» bieten sich schöne Wanderungen mit Ausblicken auf die waldreiche Umgebung an. Der 561 Meter hohe Czorneboh und der 499 Meter hohe Bieleboh warten mit Aussichtstürmen auf.

Tipps für Gaststätten

Gaststätte «Blaue Kugel»

deftig-gutbürgerliche Küche
02733 Cunewalde, Hauptstraße 97
Telefon +49 (0) 35877/80770
E-Mail info@blaue-kugel.com
www.blaue-kugel.com

Gaststätte «Deutsches Haus»

gutbürgerliche Küche,
von April bis September Eiscafé
02733 Cunewalde, Schönberger Straße 1
Telefon +49 (0) 35877/27881
E-Mail dthaus@t-online.de
www.dthaus.homepage.t-online.de

Hotel, Restaurant und Spa-Tempel «BEI SCHUMANN»

internationale Spezialitäten,
gehobene regionale Küche und italienische Köstlichkeiten in vier Restaurants
02681 Kirschau, Bautzener Straße 20
Telefon +49 (0) 3592/5200
E-Mail info@bei-schumann.de
www.bei-schumann.de

Übernachtungen

«Urlaub im Umgebindehaus»

02733 Cunewalde, OT Weigsdorf-Köblitz,
Am Nordhang 1
Telefon +49 (0) 35877/24738
E-Mail familie-rausendorf@gmx.de
www.ferien-oberlausitz.de

Hotel «Alter Weber»

02733 Cunewalde, OT Weigsdorf-Köblitz,
Oberlausitzer Straße 13
Telefon +49 (0) 35877/8890111
E-Mail hotel@alterweber.de
www.alterweber.de

Scheunen-Oase

Heuhotel für 25 Personen
02733 Cunewalde, Hauptstraße 254
Telefon +49 (0) 35877/27272
E-Mail info@scheunen-oase.de
www.scheunen-oase.de

Unser Geheimtipp

Schlosshotel Gaußig **** (17 km) ❷

Partner der VIA SACRA. Etwa 17 Kilometer von Cunewalde entfernt, finden sich hier 16 elegante Zimmer und Suiten, ein großzügiger Wellnessbereich und ein 30 Hektar großer Schlosspark.
02633 Gaußig, An der Kirche 2
Telefon +49 (0) 35930/55227
E-Mail info@schloss-gaussig.de
www.schloss-gaussig.de

Ausflugstipps

Crostau, Kirche mit Silbermann-Orgel (6 km) ❸

Die Kirche (erbaut 1869) ist jünger als die darin befindliche Silbermann-Orgel. Diese wurde 1732 von Gottfried Silbermann noch für die Vorgängerkirche gebaut. Auftraggeber war Graf Christian Heinrich von Watzdorf, Besitzer des Rittergutes Crostau und Kammerherr am Hofe Augusts des Starken. Von Ostern bis zum Totensonntag ist die Kirche tagsüber geöffnet. Monatlich finden Konzerte statt.
Orgelführungen für Gruppen auf Voranmeldung beim Kantorat;
Telefon +49 (0) 3592/3559640
www.silbermannorgel-crostau.de

Neusalza-Spremberg, «Reiterhaus» (10 km) ❹

Das «Reiterhaus» ist eines der ältesten Umgebindehäuser in der Oberlausitz, das seinen Namen der hölzernen Reiterfigur am Seitenflügel verdankt. Dieses Baudenkmal mit Museum zur Umgebindebauweise im Längstrakt verdeutlicht das typische Gefüge der Blockstube sowie die Fachwerkkonstruktion, die auch im Inneren des Hauses gut erkennbar sind. In den Räumen sind Geräte und Einrichtungsgegenstände der Landbevölkerung (Kleinbauern, Hausweber und Handwerker des 19. Jahrhunderts) ausgestellt. Im als Reiterflügel bezeichneten Anbau befinden sich zwei Räume für Sonderausstellungen;
Zittauer Straße 37
Telefon +49 (0) 35872/32957
www.reiterhaus.de

Schirgiswalde
«Perle der Oberlausitz» (7 km) ❺

Das inmitten des Oberlausitzer Berglandes gelegene schmucke Landstädtchen wird durch die doppeltürmige katholische Pfarrkirche Mariä Himmelfahrt (erbaut 1735 bis 1741) beherrscht. Diese sowie die zahlreichen gepflegten Kapellen und Kreuze in und um die Stadt machen deutlich, dass hier das religiöse Leben noch recht tief verankert ist. Schirgiswalde ist eine von mehreren katholischen Inseln in der überwiegend protestantisch geprägten Oberlausitz. Das Städtchen hat eine interessante Geschichte. Als im Ergebnis des Prager Friedens (1635) die Landesherrschaft über das Markgraftum Oberlausitz von Böhmen an Kursachsen wechselte, blieb Schirgiswalde böhmisch und wurde rekatholisiert. Das geschah in erster Linie durch die Ansiedlung von Katholiken, die protestantisches Gebiet verlassen mussten. 1810 wurde es von sächsischen Truppen besetzt und damit der Hoheitsgewalt Böhmens faktisch entzogen, was aber erst 1845 durch einen Vertrag besiegelt wurde. In der Zwischenzeit gab es keine klar geregelte Landesherrschaft. Schirgiswalde war de facto autonom und ein El Dorado für zwielichtige Geschäftemacher, Schmuggler, Kleinkriminelle und politische Flüchtlinge;

Heimatmuseum «Carl Swoboda»,
Hauptstraße 11a, Kontakt über Familie Jung,
Telefon +49 (0) 3592/500009.
www.schirgiswalde.de

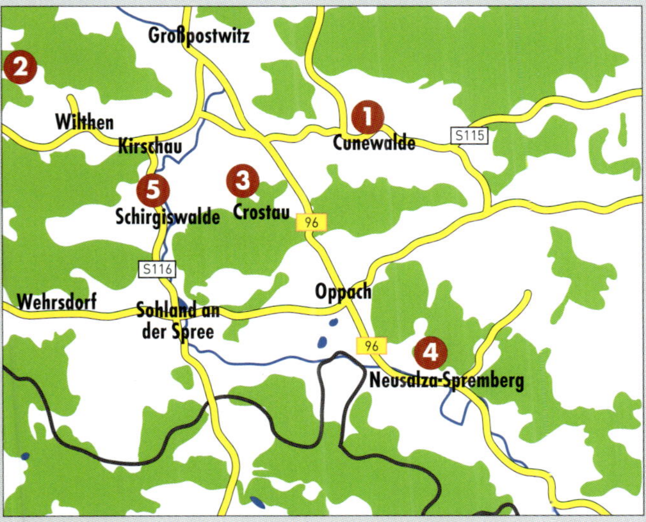

Glaube und Toleranz – der Dom St. Petri zu Bautzen

Vor einigen Jahren hatten wir eine Journalistin und einen Fotografen aus München zu Besuch, die eine Reportage über die VIA SACRA *schrieben. Am Ende der Tour berichteten sie von ihren Eindrücken. Als die Sprache auf Bautzen kam, war der Fotograf, ein schon lange in Deutschland lebender Franzose, kaum zu bremsen. In seinem charmanten französischen Akzent erzählte er, wie tief beeindruckt er vom Besuch des Domes St. Petri gewesen sei. «Wissen Sie», sagte er, «als ich diese großartige Kirche betrat und erfuhr, dass sich seit der Reformation Katholiken und Protestanten dieses Gotteshaus teilen, dachte ich an Paris. Hier hat man damals die Protestanten brutal verfolgt und in der Bartholomäusnacht Tausende von ihnen bestialisch umgebracht. Während dort wegen des Glaubens gemordet wurde, herrschte bei Ihnen Toleranz. Das ist eine ganz wichtige Lehre für die Gegenwart.»*

Von den Anfängen der tausendjährigen Stadt

Werfen wir zuerst einen Blick auf die Anfänge der tausendjährigen Stadt, die bis ins 19. Jahrhundert meist Budissin genannt wurde. Mindestens zwei gute Gründe dürften zu ihrer Entstehung geführt haben. Da war zum einen die Hohe Straße (via regia), eine waldfreie 200-Meter-Höhenlinie zwischen dem südlich gelegenen dichten Gebirgswald und dem nördlichen Sumpfland, ein Teilstück des alten Fernhandels- und Pilgerweges, der von Nordspanien und Frankreich über Mainz, Frankfurt am Main, Erfurt und Leipzig, an Bautzen vorbei nach Breslau und weiter bis nach Kiew reichte. Zum anderen ragte da, wo die Stadt entstand, ein dreiseitig von der Spree umflossenes, gut zu verteidigendes Granitplateau empor. Die Straße passierte hier die engste Stelle zwischen Sumpf und Gebirgsurwald, ein Ausweichen war nicht möglich. Dass an einem topografisch derartig prädestinierten Ort nicht nur eine Burg entstand, sondern sich bald auch Handwerker und Kaufleute ansiedelten, liegt auf der Hand. Mit Sicherheit deutlich älter, wird Bautzen vom Chronisten Thietmar von Merseburg (975–1018) erstmals im Jahre 1002 mit der Bezeichnung «Civitas Budusin» als Hauptort der Milzener erwähnt. Dies war jener westslawische Stamm, der seit dem 7. Jahrhundert das fruchtbare Gefildeland rund um die Siedlung bewohnte und bis heute in Gestalt des kleinen Volkes der Obersorben weiterlebt. Das Gebiet war damals zwischen Polen und Deutschen hart umkämpft. Erst 1032 kam es als Reichslehen dauerhaft unter die Herrschaft der römisch-deutschen Könige und Kaiser. War es bis dahin meist «Milzane» oder «Milska» genannt worden, wurde es nun zunehmend als «terra budissinensis» bezeichnet. Als Kaiser Friedrich I. (Barbarossa) 1158 den böhmischen Herzog Přemysl Vladislav II. als Dank für dessen militärischen Beistand in Oberitalien zum König erhob, belehnte er ihn mit der «terra budissinensis». Das sich daraus entwickelnde Markgraftum Oberlausitz mit seiner Hauptstadt Budissin blieb bis 1635 mit dem Königreich Böhmen verbunden. 1213 verlieh König Přemysl Otakar I Bautzen das Stadtrecht. Von ihrer Lage an der Hohen Straße hat die Stadt wirtschaftlich sehr profitiert. Für ihre damalige Bedeutung spricht, dass auf der berühmten um 1250 entstandenen Ebstorfer Weltkarte neben Prag, Halle, Nürnberg, Erfurt und Wien auch Budissin verzeichnet ist.

Wie das Bautzener Simultaneum entstand

Ganz gleich, aus welcher Himmelsrichtung man sich Bautzen nähert, das Stadtbild ist faszinierend. Gemeinhin nannte man Bautzen ob des Handwerkerfleißes und seines Türmereichtums das «sächsische Nürnberg». Unser französischer Fotograf hat es gar mit Carcassonne verglichen. Der 83 Meter hohe Turm des auf der höchsten Stelle des Bautzener Granitplateaus errichteten Domes St. Petri setzt dem Stadtbild die Krone auf. Man nimmt an, dass hier bereits um das Jahr 1000 die erste Pfarrkirche erbaut wurde. Urkundlich belegt ist die Einweihung des Chores einer neuen Kirche am 24. Juni 1221. Chroniken des 17. Jahrhunderts berichten, dass bei diesem Bau die alte Kirche abgerissen worden sei. Um diese Zeit wurde unter Bischof Bruno II. von Meißen (1208–1228) in Bautzen ein Kollegiatstift errichtet; das ist eine mit Grundbesitz ausgestattete Gemeinschaft von weltlichen Stiftsherren (Säkularkanoniker). Sie leben an ihrer Stiftskirche, für deren Gottesdienste sie zuständig sind. Sie gehören keinem Orden an, legen kein Gelübde ab und behalten ihren Privatbesitz. Die kirchlichen Angelegenheiten und die Verwaltung des Vermögens, einschließlich der dem Stift gehörigen Güter, obliegt der Versammlung der Stiftsherren (Kollegiatkapitel) mit einem Dekan an der Spitze. Zunächst behielt die zur Kollegiatkirche umgewandelte Pfarrkirche das Patronat Johannes des Täufers bei. An dessen Gedenktag war auch die Weihe des Chores erfolgt. Aber bald darauf trat ein Wechsel des Patroziniums ein. In einer Urkunde von 1237 wird zum ersten Male der Apostel Petrus neben Johannes dem Täufer als Schutzheiliger der Kirche genannt. Der Wechsel des Titelheiligen ist durch die Übertragung einer Petrusreliquie an die Bautzener Kirche veranlasst worden.

Wie sich aus diesem Gotteshaus die früheste Simultankirche Deutschlands entwickelte, ist eine spannende Geschichte. Fünf Jahre nachdem Martin Luther seine 95 Thesen, die sich vor allem gegen den Ablasshandel richteten, an die Tür der Schlosskirche zu Wittenberg geschlagen hatte, begann sich auch in Bautzen Widerstand gegen diese Praktiken Roms zu regen. Bereits ein Jahr später predigte Michael Arnold in der Petrikirche nach der Lehre Luthers. Wie auch in den anderen Oberlausitzer Städten, wandte sich die übergroße Mehrheit der Bürgerschaft schon bald der evangelischen Lehre zu. In der Oberlausitz bestimmten – wie bereits im Kapitel über

Herrnhut (siehe Seite 42 f.) beschrieben, die Grundherrschaften die Konfessionszugehörigkeit. Während die Sechsstädte, die Standesherrschaften und die Ritter zum Luthertum übergingen, blieben die klösterlichen Grundherrschaften und das Bautzener Domstift der katholischen Kirche treu. Das schuf in der Stadt eine komplizierte Situation. Die sich mehr und mehr dem Luthertum zuwendenden Bürger wollten auch weiterhin die Petrikirche nutzen. Diese befand sich aber nicht in städtischem Besitz, sondern gehörte dem Kollegiatstift. Damals ahnte wohl kaum jemand, dass die Streitigkeiten zwischen den Lutheranern und der Papstkirche zu einer Glaubensspaltung führen würden. Die Anhänger der neuen Lehre hofften, dass sich die Kirche in ihrer Gesamtheit reformieren würde. Die Katholiken dagegen sahen die Querelen als eine vorübergehende Erscheinung an. Um die Wogen zu glätten und sich den Einfluss auf die Entwicklung nicht völlig entgleiten zu lassen, stellte das Stift 1524 und 1525 zwei Vikare an, die die zum Luthertum neigenden Gläubigen betreuten. Der seit 1526 amtierende Dekan Paul Küchler ging noch einen Schritt weiter. 1530 schlug er den Protestanten vor, die Kirche künftig gemeinsam zu nutzen und in einer Stundentafel die jeweiligen Gottesdienste zeitlich zu regeln. Zwar mussten sich die Lutheraner mit den Nebenzeiten begnügen, aber damit begann de facto das Simultaneum. Durch entsprechende Verträge wurde es 1543 und 1583 juristisch bestätigt und eine klare räumliche und zeitliche Trennung der Kirchennutzung festgeschrieben. Das Lettnergitter, das ursprünglich das Presbyterium vom Langhaus trennte, wurde nun zum Trenngitter zwischen dem Hauptteil des Gotteshauses, der dem evangelischen Gottesdienst diente, und dem Chorraum, der den Katholiken für ihre liturgischen Dienste verblieb. Die Mitteltür des Gitters wurde nicht verschlossen. Das Sakrament der Taufe und des Abendmahls war den Protestanten jedoch noch bis 1599 verwehrt.

Das Bautzener Domkapitel wird direkt dem Papst unterstellt

Während sich die Lutheraner in den nächsten Jahrzehnten immer stärker emanzipierten, machte das Kollegiatkapitel eine in Deutschland wohl einzigartige kirchenrechtliche Entwicklung durch. Um dem Bistum wenigstens partiell die beiden Lausitzen zu bewahren, übertrug Bischof Johann IX. von Haugwitz (1524–1595) dem Dekan des Bautzener Kollegiatkapitels, Johann Leisentrit, 1560 die Funktion eines bischöflichen Generalkommissars für die Ober- und Niederlausitz. In den folgenden Jahren trat der Bischof seine Rechte immer mehr an Kurfürst August von Sachsen ab. 1581 legte er sein Amt schließlich nieder und trat zum evangelischen Glauben über. Angesichts dieser Entwicklung hatte der Apostolische Nuntius am kaiserlichen Hof, Melchior Biglia, bereits 1567 angeordnet, dass Johann Leisentrit (1527–1586) als Apostolischer Administrator des Bistums Meißen in der Ober- und Niederlausitz die katholische Kirche verwalten sollte. Diese Administratur wurde 1570 nicht mehr auf die Person Leisentrits beschränkt, sondern auf das Bautzener Stiftskapitel übertragen. Dadurch konnte das Bistum Meißen in den beiden Lausitzen, wenn auch in bescheidenen Resten, überleben. Dass dies gelang, ist in hohem Maße Johann Leisentrit persönlich zu verdanken. Der aus Olmütz/Olomouc stammende Deutsch-Mährer war als Mann großer Gelehrsamkeit sehr geachtet und als konzilianter Verhandlungspartner allgemein geschätzt. Mit großem Geschick gelang es ihm, die wenigen katholisch gebliebenen Pfarreien sowie die Klöster zu stabilisieren und den Grundbesitz des Bautzener Domstiftes als wirtschaftliche Basis für die Administratur zu erhalten. Die Protestanten konnten offensichtlich gut damit leben, dass er als Kaiserlicher Generalkommissar in geistlichen Angelegenheiten eine Art Oberaufsichtsrecht ausübte. In seiner Amtsführung war er stets um Ausgleich zwischen den Bekenntnissen bemüht und immer zum Dialog mit den Anhängern der Reformation bereit.

Kirchengeschichtlich ist noch folgender Umstand interessant: Das Bistum Meißen war seit 1399 exemt, also direkt dem Heiligen Stuhl unterstellt. Die Exemtion ging folglich auf die dem Bautzener Kollegiatkapitel übertragene Administratur über. Das Kapitel hatte also keinen Bischof über sich und war in keine Kirchenprovinz eingegliedert. Es darf für sich in Anspruch nehmen, jahrhundertelang das einzige direkt dem Papst unterstellte Kollegiatstift Deutschlands gewesen zu sein. Es überstand alle Stürme und politischen Unbilden der folgenden Jahrhunderte und mündete 1921 in die Wiedererrichtung des Bistums Meißen mit Sitz in Bautzen durch Papst Benedikt XV. Damit wurde der katholische Teil des Domes St. Petri zur Bischofskirche bzw. Kathedrale. Als 1980 der Bischofssitz nach Dresden verlegt und das Bistum den Namen «Dresden-Meißen» erhielt, wurde daraus der Rang einer Konkathedrale. Durch eine Neuordnung der katholischen Kirche in Deutschland ist das Bistum Dresden-Meißen seit 1994 Suffraganbistum des Erzbistums Berlin. Unter den 64 Simultankirchen in Deutschland ist die Bautzener in dreifacher Hinsicht singulär: sie ist die früheste, die größte und sie hat weltweit als Einzige den Rang einer Kathedrale. Seit ihrer Begründung sind fast 500 Jahre vergangen. Die Entwicklung verlief nicht konfliktfrei, aber erfolgreich.

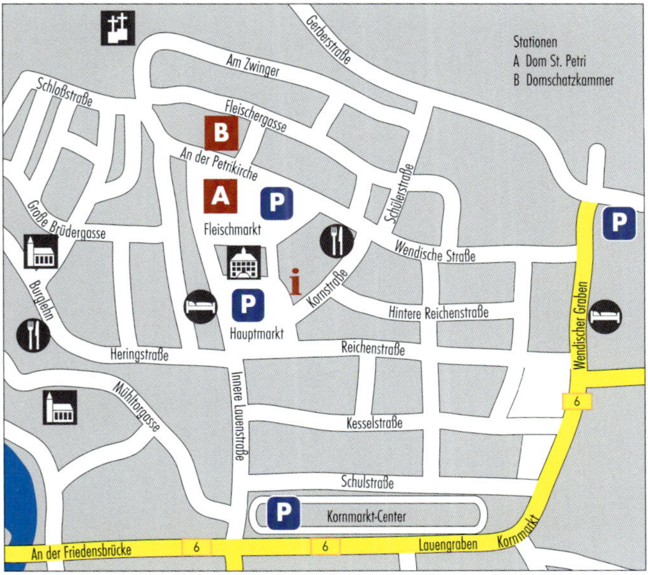

Und immer wieder wie Phönix aus der Asche

Auch wenn zu Beginn des Dreißigjährigen Krieges die Wellen noch einmal hochschlugen und die Bürgerschaft beim sogenannten Kapitelsturm die Stiftsherren für einige Zeit aus dem Dom vertrieb, bleibt seine Geschichte ein Beispiel für friedliche Konfliktlösung, Toleranz und Ökumene.

Betritt man das Gotteshaus, lässt es schon nach einigen Minuten besinnlicher Andacht den gestressten Geist zur Ruhe kommen. Hoch, hell und weit öffnet es die Seele. Nimmt man dann die spätgotische Hallenkirche näher in Augenschein, fällt in ihrer Längsachse ein deutlich sichtbarer Knick auf. Eine plausible Erklärung gibt es dafür nicht.

Der Dom hat schwere Zerstörungen durch Feuer und Krieg verkraften müssen und ist immer wieder wie Phönix aus der Asche emporgestiegen. Schwer verwüstet wurde er während der Hussitenkriege. Nach Jahrzehnten des Wiederaufbaus wurde der nun um ein viertes Schiff erweiterte Kirchenraum 1547 erneut geweiht. Seine vier großen Maßwerkfenster zum Markt hin geben der Kirche seither ein recht repräsentatives Gepräge. Überaus schwer hatte Bautzen während des Dreißigjährigen Krieges zu leiden. Die Belagerungen 1620 und 1634 führten zu verheerenden Bränden, die die Stadt fast völlig zerstörten. Bereits 1620 beschädigt, brannte der Dom St. Petri 1634 vollständig aus und verlor seine gotische Innenausstattung. Durch die Zerstörungen, Plünderungen und erpressten «Schutzgelder» wirtschaftlich ruiniert, kamen die Bautzener mit dem Wiederaufbau nur schleppend voran. Andere deutsche Städte wie zum Beispiel Frankfurt am Main, Erfurt, Rostock, Cottbus, Dresden, Lauban/Lubań und Zittau halfen. Davon zeugen noch heute deren Wappen in den Schlusssteinen des Hauptschiffs. Schaden richtete auch die Zweckentfremdung der Kirche im Jahre 1813 an, als napoleonische Truppen sie als Pferdestall, Magazin und Lazarett missbrauchten. In den Jahren 1883 bis 1887 wurde sie im Inneren durch den Zittauer Architekten Professor Knothe-Seeck im neogotischen Zeitgeschmack überformt. In den letzten Tagen des Zweiten Weltkrieges noch einmal beschädigt, erfolgte 1950 bis 1955 eine umfassende Restaurierung im Sinne moderner Denkmalpflege. Dabei wurden die Kanzel sowie die neogotischen Seitenaltäre im katholischen Teil entfernt. Im Hauptschiff des evangelischen Teils errichtete man einen neuen Altar aus Sandstein. Das 4,50 Meter hohe Gitter zwischen

Dom St. Petri. Blick in den evangelischen Teil

beiden Kirchenteilen wurde auf etwa einen Meter Höhe reduziert und Anfang der siebziger Jahre mit einer Tür versehen. 1986 bis 1988 sanierte man den Kirchturm und 2005 bis 2007 die Fassaden des Langhauses sowie die Fenster.

Kostbare Ausstattung

Die Ausstattung des Domes kann hier kaum umfassend beschrieben werden. Nachfolgende Betrachtungen stützen sich zum Teil wörtlich auf die im Literaturverzeichnis angegebene Arbeit von Siegfried Seifert. Im evangelischen Teil fallen vier große repräsentative messingene Hängeleuchter ins Auge. Diese stiftete 1650 der bekannte Bautzener Arzt Gregor Mättig. Besonders bemerkenswert ist der 1644 errichtete «Abendmahlsaltar». Das hölzerne Retabel besteht aus einem dreigeschossigen Aufbau mit reicher Schnitzerei. Das Werk wird einem Zittauer Bildhauer zugeschrieben. Vermutlich handelt es sich um Hans Bubenik, den später auch das Domkapitel mit Arbeiten beauftragte. In geschnitzten Reliefs sind Bilder vom Leben Jesu, etwa beim Abendmahl, wiedergegeben. Die einzelnen Darstellungen sind in Themenwahl und -gestaltung mit den jeweiligen entsprechenden Texten aus der Heiligen Schrift ein bewusstes Zeugnis des Selbstverständnisses lutherischer Frömmigkeit und Glaubenslehre in den Formen des Barocks. Geschichtlich interessant ist auch die Fürstenloge, die 1674 für den zum Landvogt der Oberlausitz ernannten sächsischen Kurprinzen Johann Georg III. erbaut wurde. Als Kursachsen 1635 in Prag mit dem Kaiser einen Separatfrieden schloss, vereinbarte man auch den sogenannten Traditionsrezess. Er regelte die Übergabe der beiden Lausitzen als erbliches Lehen an den sächsischen Kurfürsten Johann Georg I., der sich verpflichtete, sowohl die Verfassungsordnung der beiden Markgraftümer als auch die bei Ausbruch des Krieges bestehenden konfessionellen Verhältnisse nicht anzutasten. Damit war die rechtliche Grundlage geschaffen, dass die Oberlausitz ein bikonfessionelles Gebiet blieb. Wollten die Lutheraner mit dem Bau der Fürstenloge für den Herrscher des Stammlandes der Reformation vielleicht jetzt ihre Vorrangstellung gegenüber dem Domkapitel demonstrieren? Sollte das der Fall gewesen sein, wären sie gleich doppelt enttäuscht worden. Johann Georg III. hat die Loge nie benutzt und 1697 trat Kurfürst Friedrich August I. wegen der polnischen Königskrone zum Katholizismus über.

Den katholischen Teil des Domes St. Petri dominiert der prächtige Hochaltar aus sächsischem Marmor. In seinem Aufbau ist er ein Werk des Italieners Giovanni Maria Fossati, der in Dresden lebte. Die Sandsteinplastiken stammen von

Domstift mit Schatzkammer

dem Permoserschüler Benjamin Thomae (1682–1751) und die beiden Altarbilder von dem in Venedig gebürtigen Dresdner Hofmaler Giovanni Antonio Pellegrini (1675–1741). Über einem geschweiften Unterbau erhebt sich eine Architektur mit zwei Säulenpaaren. Diese flankieren das Altarbild mit der Schlüsselübergabe durch Christus an Petrus. Über dem Gebälk leiten Giebelformen zu dem Obergeschoss über, in dessen Mittelfeld das Bild der Darstellung Gottvaters mit der Weltkugel erscheint. Bekrönt wird der Hochaltar von der Figur des Erzengels Michael in römischer Rüstung mit Helm, flammendem Schwert und Schild. Über dem Untergeschoss rechts und links stehen die lebensgroßen Figuren Johannes des Täufers und Johannes des Evangelisten, auf dem oberen Gesims des Untergeschosses die der Bischöfe Donatus von Arezzo und Benno von Meißen. Ikonografisch zeigt diese Bilderzusammenstellung: Michael als Patron der Stadt Bautzen, der nach der Überlieferung die Stadt vor der Eroberung durch die Hussiten bewahrte. Bischof Benno, Bischof Donatus und Johannes Evangelist stehen als die Patrone des alten Bistums Meißen. In Johannes dem Täufer sehen wir den alten Patron der Dom- und Pfarrkirche und in Petrus den nachfolgenden Schutzheiligen. An der Südseite des Chorumganges kann man den Kreuzaltar bewundern. Er ist mit einem 1713/14 von Balthasar Permoser geschaffenen Kruzifix geschmückt, das dieser der Bautzener Domkirche zum Geschenk gemacht hatte. Bemerkenswert ist auch der an der Nordseite des Chorumganges stehende Sakramentsaltar, eine Arbeit des Bildhauers Johannes Hajek aus Münchengrätz/Mnichovo Hradiště. Der Aufbau des Altars ist hellgrau und hellblau gefasst, die Statuen sind elfenbeinfarben und golden. Er diente zwei liturgischen Funktionen: dem Empfang des Bußsakramentes und der Aufbewahrung der Eucharistie. So ist der Altar von zwei Beichtstühlen flankiert. Rechts befindet sich der für Männer, als solcher gekennzeichnet durch die Gestalt des Petrus, seitlich von ihm der krähende Hahn; links der für Frauen, gekennzeichnet durch die Gestalt der Maria Magdalena, seitlich von ihr das Salbgefäß. Auf dem sarkophagartigen Altartisch steht das Tabernakel, darauf die Darstellung des Lammes mit der Siegesfahne auf dem Buch mit den sieben Siegeln, ein Christussymbol aus der Geheimen Offenbarung des Johannes.

Die Domschatzkammer, deren Besuch unbedingt zu empfehlen ist, zeigt kostbare liturgische Gefäße, Gewänder, Gemälde und Skulpturen sowie Bücher, Devotionalien und Gläser.

VD

Pfarramt Ev.-Luth. Kirchgemeinde St. Petri
02625 Bautzen, Am Stadtwall 12
Telefon +49 (0) 3591/369710
E-Mail pfarramt@st-petri-bautzen.de
www.st-petri-bautzen.de

Katholisches Dompfarramt St. Petri
02625 Bautzen, An der Petrikirche 7
Telefon +49 (0) 3591/31180
E-Mail info@dompfarrei-bautzen.de
www.dompfarrei-bautzen.de

Domschatzkammer
02625 Bautzen, An der Petrikirche 6
Telefon +49 (0) 3591/351950
E-Mail bistum-dd.bautzen@web.de
Öffnungszeiten Domschatzkammer:
Mo–Fr 10–12 Uhr, 13–16 Uhr
Öffnungszeiten Dom:
April Mo–Fr 11–12 Uhr
Mai und Oktober
Mo–Sa 10–15 Uhr, So 13–15 Uhr
Juni bis September
Mo–Sa 10–16 Uhr, So 13–16 Uhr
November bis März
nach Vereinbarung
Eintritt: frei, Spenden erbeten
Turmöffnung:
April bis Dezember
Sa 12–18 Uhr, So 13–18 Uhr

Tourist-Information Bautzen-Budyšin
02625 Bautzen, Hauptmarkt 1
Telefon +49 (0) 3591/42016 oder 19433
E-Mail touristinfo@bautzen.de
www.bautzen.de
Öffnungszeiten:
März bis Oktober
Mo–Fr 9–18 Uhr, Sa/So 9–15 Uhr
November bis Februar
Mo–Fr 9–17 Uhr, Sa/So 9–14 Uhr

Besonders empfehlenswerte Angebote

Stadtführung «Bautzen Rundgang durch die tausendjährige Stadt»

1 000 Schritte durch 1 000 Jahre Bautzen – Rundgang durch die historische Altstadt (über Tourist-Information April bis Oktober täglich Mo–Fr 14 Uhr, Sa/So 11 und 14 Uhr; November bis März Sa 11 Uhr; Dauer 1,5 Stunden). Einzelgäste können sich in der Tourist-Information einen «Audio-Guide» gegen eine Gebühr ausleihen (auch in englischer Sprache).

Deutsch-Sorbisches Volkstheater/ Němsko-Serbske ludowe dźiwadło Budyšin

Ein besonderer Tipp ist der Besuch einer der jährlich mehr als 1 000 Veranstaltungen im einzigen professionellen bikulturellen Theater Deutschlands. Es besteht die Möglichkeit, in zwei Spielstätten Theater zu erleben: im Bautzener Burgtheater für Schauspielinszenierungen der kleinen Form, das Puppentheater sowie das sorbische Kinder- und Jugendtheater und im großen Haus in der Seminarstraße 12, das auf der Hauptbühne für rund 400 Besucher ein breites Theaterrepertoire bietet;
Kartentelefon +49 (0) 3591/584225.
www.theater-bautzen.de

Bautz'ner Senfladen – Manufaktur und Museum

Das kleine Museum zum unverwechselbaren Bautz'ner Senf. Hier lernt man von der Kultivierung der Senfpflanze bis zur Herstellung und zum Gebrauch alles über das beliebte Original. Eine Senfmühle aus dem vorherigen Jahrhundert mit 1 300 Kilogramm Gewicht ist nur ein Schaustück des liebevoll eingerichteten Museums. Kochbücher und Menagen aus vergangenen Jahrhunderten runden das Bild ab. An der Biedermeier-Ladeneinrichtung sind steinvermahlene Manufaktursenfe zu probieren und zu erwerben. Führungen werden ab zehn Personen und nach Voranmeldung angeboten;
Fleischmarkt 5
Telefon +49 (0) 3591/597118
www.bautzner.de

Museum Bautzen

Das Museum Bautzen präsentiert in den Themenrundgängen «Region», «Stadt» und «Kunst» vielfältige Sammlungen.
Regelmäßige Sonderausstellungen;
Kornmarkt 1
Telefon +49 (0) 3591/49850
www.bautzen.de/stadtmuseum.asp

Tipps für Gaststätten

Sorbisches Restaurant «Wjelbik»

Lausitzer Speisen mit böhmischen Einflüssen
02625 Bautzen, Kornstraße 7
Telefon +49 (0) 3591/42060
E-Mail info@wjelbik.de
www.wjelbik.de

Mönchshof zu Bautzen

«Tafeln und Zechen wie im Mittelalter», deftige regionale Kost in rustikaler Atmosphäre
02625 Bautzen, Burglehn 1
Telefon +49 (0) 3591/490141
E-Mail info@moenchshof.de
www.moenchshof.de

Übernachtungen

Best Western Plus Hotel Bautzen****

02625 Bautzen, Wendischer Graben 20
Telefon +49 (0) 3591/4920
E-Mail info@hotel-bautzen.bestwestern.de
www.bwbautzen.de

SPREEHOTEL Bautzen ****

02625 Bautzen, An den Steinbrüchen
Telefon +49 (0) 3591/21300
E-Mail mail@spreehotel.de
www.spreehotel.de

Akzenthotel Residence ***

02625 Bautzen, Wilthener Straße 32
Telefon +49 (0) 3591/355700
E-Mail info@residence-bautzen.de
www.bautzen-hotels.de

Goldener Adler ****

02625 Bautzen, Hauptmarkt 4
Telefon +49 (0) 3591/48660
E-Mail kontakt@goldeneradler.de
www.goldeneradler.de

Unser Geheimtipp

Bischof-Benno-Haus Schmochtitz (8 km) ❷

Das Bischof-Benno-Haus Schmochtitz, mit Seminargebäude, Land- und Torhaus, Scheune, Familienhaus und Remise in einem wunderschönen Park an der historischen via regia gelegen, bietet als Bildungsstätte und Tagungshotel des Bistums Dresden-Meißen vielfältige Veranstaltungen – von Bildung bis zu hochwertiger Kultur. Die Übernachtungsangebote (Ferienwohnungen und Appartements) sind besonders für Kulturreisende zu empfehlen.
02625 Bautzen, Schmochtitz 1
Telefon +49 (0) 35935/220
E-Mail info@benno-haus.de
www.benno-haus.de

Ausflugstipps

Radibor (9 km) ❸

In Radibor wurde am 2. Juli 1914 Alois Andritzki (sorbisch Alojs Andricki) geboren. Der wegen seines unerschrockenen Widerstandes gegen das nationalsozialistische Regime im Januar 1943 im KZ Dachau ermordete Priester wurde am 13. Juni 2011 selig gesprochen. Damit ist er nicht nur der erste sorbische, sondern auch der erste aus Sachsen stammende Selige. An seinem Geburtshaus wurde bereits 1984 ein kupfernes Gedenkrelief angebracht. In Radibor kann man auf der Straße sorbisch sprechen hören, denn für den größten Teil der Einwohner ist das die Muttersprache. Die Kirchgemeinde ist immer katholisch geblieben. Von der aus dem 13. Jahrhundert stammenden alten Pfarrkirche (die neue ist von 1895/96) blieb nur der Chor erhalten, doch dieser birgt zahlreiche sakrale Kostbarkeiten. Um sie zu besichtigen, ist eine Absprache mit der Pfarrei erforderlich,
Telefon +49 (0) 35935/20713
www.radibor.de

Göda (8 km) ❹

Der Ursprung des 1006 erstmals erwähnten «castelum Godobi» liegt in einer wohl schon während der Lausitzer Kultur (1300–500 v. Chr.) entstandenen und von den Milzenern (Sorben) nachgenutzten Wehranlage, deren Reste nahe des kleinen Ortes Dahren noch sichtbar sind. In der Kolonisationszeit war Göda eine Urpfarrei, von der die Missionierung der Milzener ausging. Der hiesige Burgward bildete das Zentrum der bischöflich-meißnischen Grundherrschaft, bis es später nach Stolpen verlegt wurde. Die erste, 1076 errichtete Kirche geht auf Bischof Benno von Meißen zurück. Zwischen 1515 und 1517 erneuert, sind romanische Spuren im Unterbau des Turmes noch heute sichtbar. Trotz der Ende des 19. Jahrhunderts erfolgten Restaurierungen und Einbauten im damaligen Zeitgeschmack, lohnt eine Besichtigung. Dazu sollte man sich aber im Pfarramt unter Telefon +49 (0) 35930/50834 anmelden.
www.goeda.de

Neschwitz, Barockschloss und Park (14 km) ❺

Herzog Friedrich Ludwig von Württemberg-Teck ließ das Schloss 1721/1723 erbauen. Dazu entstanden in symmetrischer Anordnung vier Pavillons, ein Ökonomiehof mit Marstall eine Brauerei und Brennerei sowie ein Wildgehege mit Jagdschlösschen. Gleichzeitig wurde der Barockgarten im französischen Stil angelegt, der mit dem zum Ende des 18. Jahrhunderts geschaffenen englischen Landschaftsgarten einen reizvollen Park bildet: Auf dem gezirkelten Vorplatz mit gestutzten Bäumchen und exakten Kieswegen folgt der in die freie Natur übergehende Park mit hundertjährigen, teilweise exotischen Bäumen. Im Schloss finden in der warmen Jahreszeit Eheschließungen, Konzerte und Kunstausstellungen statt. Beheimatet ist hier auch die Sächsische Vogelschutzwarte mit der Ausstellung «Neschwitzer Vogelschutzpavillon». Liebhabern von Herrenhäusern, Schlössern und Gärten sei auch ein Besuch des Gutsparkes Kuppritz, des Schlosses Milkel und des Schlossparkes Schmochtitz empfohlen.
www.neschwitz.de

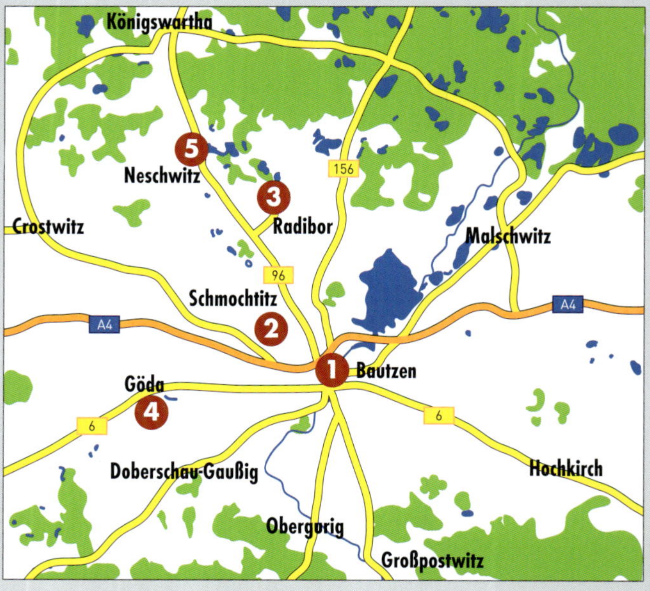

Abglanz des Himmels – Zisterzienserinnenabtei St. Marienstern / Kamenzer Altäre

Von Bautzen führt unsere Reise in westlicher Richtung zuerst zum 18 Kilometer entfernten Kloster St. Marienstern in Panschwitz-Kuckau und von da aus noch sieben Kilometer weiter nach Kamenz. Dazu empfehlen wir, nicht die Autobahn, sondern die B6 zu nutzen. Nach wenigen Kilometern verlassen wir die Bundesstraße und biegen rechts auf die nach Kamenz führende Landstraße 106/100 ab. Der Wechsel des Landschaftsbildes ist nicht zu übersehen. Wir sind mitten im Oberlausitzer Gefilde, einer anmutigen Hügellandschaft mit Höhenlagen von 170 bis 200 Metern zwischen Löbau im Osten bis nahe Kamenz im Westen. Hier verlief die bereits mehrfach erwähnte «Hohe Straße». Eine bis zu fünf Meter dicke Lößschicht macht das Land sehr fruchtbar und bot den Menschen schon in der Stein- und Bronzezeit eine passable Lebensgrundlage.

Im Herzen des Oberlausitzer Sorbenlandes

Im 3. und 4. Jahrhundert n. Chr. von Angehörigen des germanischen Stammes der Burgunden besiedelt, folgten nach deren Abzug in der Zeit der Völkerwanderung die westslawischen Milzener. Heute als Sorben bezeichnet, sind sie spätestens seit dem 8. Jahrhundert hier ansässig und damit die älteste dauerhaft in der Oberlausitz lebende Bevölkerungsgruppe.

Während im gebirgigen Süden die langgestreckten deutschen Waldhufendörfer dominieren, sehen die Dörfer im Gefilde ganz anders aus. In der Mitte ist häufig noch der von einem Bach gespeiste Teich vorhanden, um den herum sich die Häuser und Höfe gruppieren. Dahinter liegen die ursprünglich ebenfalls kreisförmig angeordneten Äcker, was allerdings durch die agrarische Großraumwirtschaft kaum noch sichtbar ist. Diese typisch sorbische Dorfform nennt man «Rundling». Ein weiteres Zeichen der slawischen Besiedlung sind die Endungen der Ortsnamen auf -itz, -ritz oder -witz. Die sorbische Sprache und das Brauchtum haben sich vor allem in den Dörfern der sogenannten Klosterpflege erhalten. Durch die bereits in anderen Kapiteln beschriebene spezifische Geschichte der Glaubensspaltung in der Oberlausitz blieben die zur Grundherrschaft der beiden Zisterzienserinnenklöster gehörenden Orte in der Regel katholisch. Über Jahrhunderte hinweg bildeten sie konservative Inseln in einem weitgehend protestantisch geprägten Land. Diese Situation konservierte die ethnischen Besonderheiten bei den katholischen Sorben viel stärker als bei den evangelischen. Dazu gehören die bekannten Osterbräuche ebenso wie die zahlreichen liebevoll gepflegten Kruzifixe und Bildstöcke mit sorbischen Schrifttafeln. Wenn man diese westslawische Sprache noch ungezwungen auf der Straße hören möchte, dann hat man vor allem in den Orten um das Kloster St. Marienstern gute Chancen.

Nicht unerwähnt bleiben soll eine weitere Sehenswürdigkeit, nämlich einige Hügel, die nicht von der Natur, sondern von Menschenhand geschaffen sind. Es handelt sich dabei um geheimnisvolle, zum Teil riesige Rundwälle und hufeisenförmige Schanzen, die am Rande felsiger, steil abfallender enger Taleinschnitte, sogenannter Skalen, schon in der Bronzezeit, während der Lausitzer Kultur, errichtet und von den späteren Bewohnern nachgenutzt wurden. Eine der eindrucksvollsten ist die als «sächsisches Troja» bezeichnete Anlage bei Ostro, drei Kilometer südlich des Klosters gelegen.

Bernhard III. von Kamenz – Bischof, Diplomat und Klosterstifter

Tatsache ist, dass die Herren von Kamenz das Kloster gestiftet haben. Es handelt sich um eine in zwei Etappen von West nach Ost gewanderte Ministerialenfamilie, die ursprünglich wohl aus Franken stammte und sich dann zunächst in Vesta bei Weißenfels an der Saale niederließ. Im frühen 13. Jahrhundert erwarb die Familie mit Unterstützung der böhmischen Krone in der Oberlausitz ein großes Herrschaftsgebiet um Kamenz, wonach sie sich seither nannte. Bernhard III. erbte ein Drittel der Herrschaft und gründete dort mit seiner Mutter und seinen Geschwistern 1248 ein Zisterzienserinnenkloster. Aber erst ab 1259 wurde dessen Bau und Ausstattung vorangetrieben. Das mag daran gelegen haben, dass der Ort, an dem das Kloster errichtet werden sollte, entgegen der Gründungslegende anfänglich noch ungewiss war. Zu der Zeit bestand bereits eine frauenklösterliche Gemeinschaft im Spital von Kamenz, zu der der Überlieferung zufolge auch Schwestern des Klosters Marienthron in Nimbschen bei Grimma stießen.

Bernhard III. selbst trat in den geistlichen Stand ein, wurde Domherr von Meißen und später Meißner Bischof. Parallel zu seinen meißnischen Ämtern wirkte Bernhard von Kamenz aber auch als Diplomat: Zunächst diente er als engster Vertrauter und Kanzler dem Piastenherzog Heinrich IV. von Breslau und nach dessen Tod 1290 bis zu seinem eigenen

Ableben 1296 als Rat dem jungen böhmischen König Wenzel II. Beide gehören zu den wichtigsten Herrschergestalten des 13. Jahrhunderts im östlichen Mitteleuropa und waren für ihre glanzvolle Hofhaltung ebenso bekannt wie für ihre Frömmigkeit.

Bernhard von Kamenz spielte in innen- und außenpolitischen Geschäften sowohl in Schlesien als auch in Böhmen eine wichtige Rolle. Sein Verhandlungsgeschick war vielfach gefragt. Mehrfach reiste er zur Klärung von kirchen- beziehungsweise weltpolitischen Fragen nach Rom und Viterbo. Vom Heiligen Stuhl wurde er als Visitator des böhmischen Kreuzherrenordens eingesetzt. Zudem vertrat er unter maßgeblicher Einflussnahme den böhmischen König bei der Wahl Adolfs von Nassau zum deutschen König. Er ebnete zunächst Heinrich IV., dann Wenzel II. den Weg nach Krakau und trug wesentlich dazu bei, dass letzterer die polnische Königskrone erlangen konnte. Die zeitgenössische Chronik des Klosters Königsaal (Zbraslav) bei Prag überliefert, dass Bernhard diese königliche Gründung mit der Grablege des böhmischen Königshauses und der vor dem Veitsdom größten Kirche des Landes mitinitiiert und sogar den Bauplatz bestimmt habe. Alle Einkünfte und Geschenke, die Bernhard durch seine Missionen und in seinen einflussreichen Positionen erhielt, flossen in Grundbesitz, Bau und Ausstattung seines Klosters in der Oberlausitz. Nach dem Vorbild herzoglich-schlesischer und königlich-böhmischer Stiftungen wuchs die Abtei zu einem der größten und bedeutendsten Frauenklöster Mitteleuropas heran. Baulich orientierte sich der Stifter, der selbst als «Propst» alle Geschäfte seiner Gründung leitete, an der schlesischen Reformbaukunst der Zisterzienser, wobei er Bauleute des zwischen Breslau / Wrocław und Glatz / Kłodsko gelegenen Klosters Heinrichau / Henryków, aber auch Mitglieder der Meißner Dombauhütte zu Rate zog. Hinsichtlich der

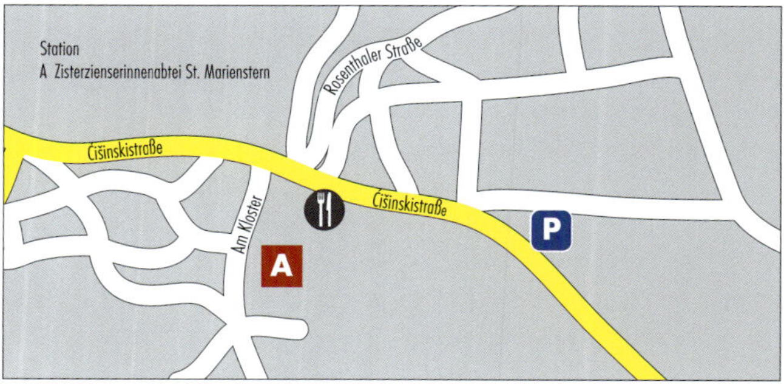

Ausstattung profitierte Bernhard vor allem von der Gunst Wenzels II., der selbst ein großer Freund der Zisterzienser war. Auf seinen Romreisen vermochte Bernhard für ihn eine große Zahl von Reliquien zu erwerben, Handschriften wurden aus Paris nach Prag gebracht, Goldschmiede mit Kenntnissen italienischer und französischer Kunst wirkten für den prunkliebenden Herrscher. Es erstaunt daher nicht, dass St. Marienstern nicht nur dank eines Antrags Wenzels II. beim Generalkapitel des Zisterzienserordens 1290 über das damals für ein Frauenkloster noch seltene Privileg täglicher Messlesungen verfügte, sondern auch über ausgezeichnete Handschriften, sakrales Gerät (vasa sacra) und eine bedeutende Reliquiensammlung (Heiltum).

Heiligtum der Oberlausitz

Als «Parthenon in Superiore Lusatia», als höchstes Jungfrauenheiligtum in der Oberlausitz, bezeichnete 1692 der sorbische Jesuit Jakub Xaver Ticin (1656–1693) in barocker Formulierung das Kloster St. Marienstern. Die Zisterzienserinnenabtei St. Marienstern mit ihrem erheblichen Grundbesitz sowie bedeutenden Rechten und Privilegien – niederer und hoher Gerichtsbarkeit, politischer Mitbestimmung in der Ständeversammlung des Markgraftums sowie vielfachen Patronatsrechten – nahm auch in der Barockzeit noch eine wichtige Position ein. Zusammen mit den drei weiteren Stiftern des Landes, dem Domstift St. Petri in Bautzen, dem Zisterzienserinnenkloster St. Marienthal bei Ostritz und dem Magdalenerinnenkloster in Lauban/Lubań, bildete St. Marienstern über die Reformation hinaus eine Phalanx geistlicher Herrschaften, die in Geist und Kultur des Mittelalters tief verwurzelt waren und es (mit Ausnahme von Lauban) bis heute noch sind.

Das Heiltum St. Mariensterns war vor allem von der zweiten Hälfte des 14. Jahrhunderts bis zur Reformation das Ziel zahlreicher Pilger. Es bestanden zwar innerhalb des Bistums Meißen zahlreiche kleine Wallfahrtsorte, deren Bestehen mit vorchristlichen Kulten, besonderen Mirakeln und Heiligtümern verbunden waren. Jedoch ist von keinem anderen Ort der ganzen Diözese ein Reliquienschatz überliefert, wie ihn St. Marienstern besitzt. Im Mittelpunkt standen schon bei der Verkündigung von Ablässen im mittleren 14. Jahrhundert die 78 Häupter der Elftausend Jungfrauen sowie die Reliquien der

heiligen Ursula. Man schrieb dieser Jungfrauenschar besonderen Schutz gegen die grassierende Pest zu. Obwohl die Bedeutung des Klosters als Pilgerort mit der Reformation abnahm, blieb das Wissen um das Heiltum in katholischen Gebieten lebendig. Wahrend die böhmischen Klöster bereits in den Hussitenkriegen ihre Heiltümer einbüßten und auch St. Marienthal sowie die Laubaner Magdalenerinnen aus dem Mittelalter keine Reliquien bewahren konnten, war dem «Heiligtum St. Marienstern» das Schicksal hold: Der mittelalterliche Schatz konnte hier in die Gegenwart gerettet werden. Die Kontinuität der klösterlichen Überlieferung, innere und offenbar auch äußere Pietät gegenüber der Stiftung verhinderten, dass dieser Schatz geplündert, veräußert oder zugunsten neuer Gefäße eingeschmolzen wurde. Nach der Reformation nur selten der Öffentlichkeit gezeigt und dann weitgehend im Verborgenen, ohne große Aufrufe und Verkündungen, bewahrte sich damit das Kloster einen wesentlichen Teil seiner geistigen und materiellen Identität. Auch als die Frömmigkeitspraxis sich wandelte, die 78 Häupter der Elftausend Jungfrauen keine Pilger mehr nach St. Marienstern zu locken vermochten und schließlich die Reliquienverehrung des Mittelalters im zusehends lutherisch geprägten regionalen Umfeld in Kritik und Verruf geraten war, gab man diesen Schatz nicht preis. Wirtschaftliche Potenz und herrschaftliche Macht ermöglichten stattdessen eine Erweiterung um zeitgemäße Formen des Kultes: Das Kloster baute die ihm gehörige Wallfahrt nach Rosenthal entsprechend anderer Mariengnadenstätten aus und nutzte jede Gelegenheit, die nunmehr nahezu ausschließlich innerklösterlich verehrte Reliquiensammlung um Partikel jeweils aktuell besonders verehrter Heiliger zu erweitern. Katakombenheilige aus Rom wurden ebenso erworben wie Reliquien des heilige Johannes von Nepomuk oder der heiligen Theresa von Avila.

Nach wie vor prägen Reliquien und Reliquiare, die der hauptsächliche Klosterstifter Bernhard III. von Kamenz für seine Fundation zusammentrug, den innerklösterlichen Jahreskreis und bilden den Kern des gleichermaßen geistigen wie materiellen Schatzes der Abtei. Im Unterschied selbst zu den vasa sacra aus der Stiftungszeit gelten sie als unveräußerbares Heiltum, als Teil der Klosterstiftung an sich. Als St. Marienstern in der Weltwirtschaftskrise des 20. Jahrhunderts kurz vor dem Ruin stand, wurde zwar der goldene Doppelhenkelkelch aus dem mittleren 13. Jahrhundert als Pfand für eine Anleihe weggegeben (weshalb er dann verloren ging), die Reliquiare jedoch blieben stets unangetastet. Sie bilden mit ihren Reliquien ein klösterliches Heilsprogramm mit Kreuzpartikeln, Reliquien von Johannes d. T., Aposteln und Heiligen – darunter für die Frauengemeinschaft herausragende Reliquien der heiligen Ursula, ihrer Begleiterin Paulina und der Elftausend Jungfrauen. Der Forschung ist dieses Heiltum erst 1992 bekannt geworden. Glaubte man der mündlichen Klostertradition, wonach die Reliquien Geschenke des Fundators seien, so datierte man doch die Reliquiare in die Zeit nach dessen Tod. Im Zusammenhang mit umfassenden Untersuchungen zur Gründungs-, Bau- und Ausstattungsgeschichte des Klosters konnte inzwischen aber nachgewiesen werden, dass die bedeutendsten der Gefäße älter sind und tatsächlich zu Lebzeiten Bernhards III. geschaffen wurden. Ein beträchtlicher Teil dieser Schätze wurde erstmalig zur Sächsischen Landesausstellung «Zeit und Ewigkeit – 128 Tage in St. Marienstern» 1998 gezeigt. Dass es danach möglich wurde, viele dieser einzigartigen Zeugnisse mittelalterlicher Frömmigkeit dauerhaft in einer eigens dafür eingerichteten Klosterschatzkammer zu präsentieren, kann der damaligen Äbtissin Benedicta Waurick und dem Konvent nicht hoch genug gedankt werden.

Löwenbrunnen und Hussitenfenster

St. Marienstern gehört ebenso wie St. Marienthal zu den wenigen Klöstern in Mitteleuropa, die seit ihrer Gründung ununterbrochen bestehen. Man betritt die Abtei durch das wehrhaft anmutende Torhaus und gelangt in den weiten Klosterhof. Zur Schatzkammer im östlich gelegenen ehemaligen Gästehaus führt links eine Treppe hinauf. Den Platz vor der Kirche und der Klosterpforte ziert ein barocker Brunnen von 1739. Als Wasserspeier dient ein großer böhmischer Löwe, der das Wappen der bedeutenden Äbtissin, Cordula Sommer, hält. Er steht als Symbol dafür, dass bei der Übergabe des Markgraftums Oberlausitz von Böhmen an Sachsen 1635/36 der Status quo in religiösen Angelegenheiten vertraglich festgeschrieben wurde. Die böhmischen Könige aus dem Hause Habsburg garantierten damit nicht nur den Fortbestand des Klosters St. Marienstern, sondern auch der anderen katholischen Einrichtungen im Lande.

Die zur Klausur gehörenden Gebäude sind selbstverständlich von Besichtigungen ausgeschlossen. Das Gotteshaus steht den Besuchern zum Schauen, Staunen und Beten offen.

Trotz zahlreicher Brände und Verwüstungen sowie barocker Überformung ihres Äußeren durch böhmische Bauleute Anfang des 18. Jahrhunderts blieb die hochgotische Architektur der dreischiffigen Hallenkirche erhalten. Das südliche Seitenschiff ist im unteren Teil abgetrennt und bildet den zur Klausur gehörenden Nordflügel des Kreuzganges mit dem darüber liegenden Nonnenchor. Der prächtige barocke Hochaltar entstand 1751.

Die vergoldeten Holzfiguren, darunter der heilige Bernhard, dahinter die heilige Margaretha (rechts) und der heilige Benedikt, dahinter die heilige Katharina (links) sowie Gottvater auf der Weltkugel, flankiert von zwei Engeln im oberen Teil, schuf Ignaz Platzer, den Marmoraufbau Franz Lauermann, beide aus Prag. Die Mensa hat die Form eines Sarkophages, das Tabernakel ist aus vergoldetem Kupfer gefertigt. Das Altarbild, das Mariae Himmelfahrt darstellt, stammt vom Franz Xaver Karl Palko, damals Hofmaler in Dresden. In der Fastenzeit wird das Altarbild übrigens durch ein 1860 vom Prager Maler Joseph Adalbert Hellich geschaffenes, einszeniges Fastentuch verdeckt; es zeigt den Gekreuzigten. Bemerkenswert sind auch drei Flügelaltäre: am Ostende des nördlichen Seitenschiffes der Nothelferaltar (um 1480), am Ostpfeiler der Maria-Magdalena-Altar (um 1525) und am zweiten Pfeiler von Osten ein 1670 geschaffener Flügelaltar, in den die spätgotischen Figuren eines älteren Annenaltars eingesetzt wurden. An der östlichen Stirnseite des nördlichen Seitenschiffes hat sich ein aus 24 Feldern bestehendes Fenster mit Glasmalereien des 13. und 14. Jahrhunderts erhalten. Darauf werden meist weibliche Heilige und Stifterwappen dargestellt. Als 1429 die Hussiten das Kloster heimsuchten und verwüsteten, blieb dieses Fenster unversehrt und wird deshalb heute «Hussitenfenster» genannt.

Nicht übersehen sollte man die Grabplatten der Klosterstifter an der Nordwand. Ursprünglich lagen die erst im Jahre 1629 vom Dresdner Hofbildhauer Zacharias Hegewald geschaffenen Sandsteinplatten vor dem Hochaltar. Sie stellen Bernhard III. von Kamenz mit dem Kirchenmodell und seinen Neffen Heinrich I. als Ritter in einer Rüstung des 17. Jahrhunderts dar. An den Wänden erinnern barocke Marmordenkmäler daran, dass in St. Marienstern in der Barockzeit viele katholische Angehörige des Dresdner Hofes ihre letzte Ruhe fanden, darunter auch der Stellvertreter Augusts des Starken, Fürst Anton Egon von Fürstenberg. Seitlich des gotischen Portals zum Kreuzgang stehen zwei eindrückliche

Sandsteinskulpturen, die Maria als Schmerzensmutter und Christus als Schmerzensmann zeigen, beide wurden vom berühmten Balthasar Permoser geschaffen. Nach dem Besuch von Schatzkammer und Kirche empfiehlt sich ein geruhsamer Gang durch das Areal und den liebevoll angelegten Umwelt- und Lehrgarten.

Das Kloster und die Stadt Kamenz

Die Zisterzienserinnenabtei war in den ersten drei Jahrhunderten ihrer Geschichte eng mit der wenige Kilometer nordwestlich gelegenen Stadt Kamenz verbunden. Bis zur Reformation übte sie die Patronatsgerechtigkeit aus und erhielt die Kircheneinkünfte. Als sich das Verhältnis zwischen dem Kloster und der aufstrebenden Stadt im ausgehenden Mittelalter trübte, kam es zu Auseinandersetzungen und Prozessen. Nachdem die böhmischen Könige aus dem Hause Jagiello als Landesherren in Kamenz eine Niederlassung böhmischer Franziskaner strenger Observanz veranlasst hatten, zog sich St. Marienstern schrittweise zurück und verkaufte seine alten Rechte nach und nach. Trotzdem rissen die alten Verbindungen nicht ab: eine alte und jüngst wieder belebte Tradition sind

Franziskusaltar (um 1520)

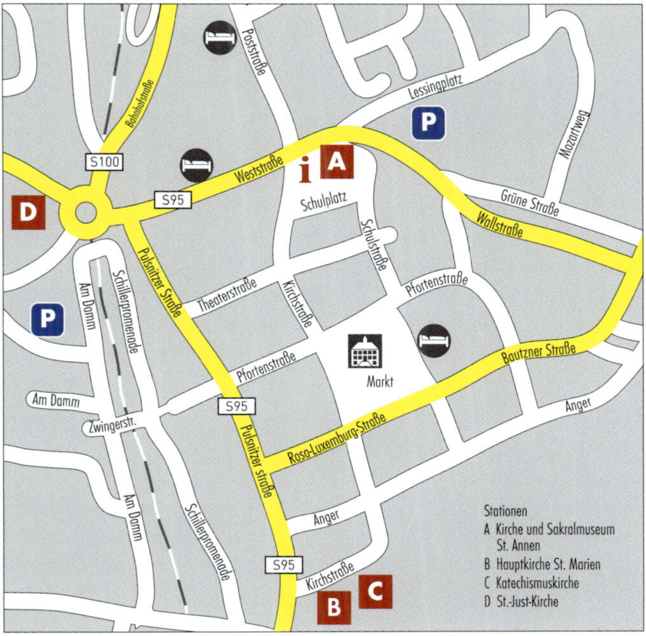

Pfefferkuchen als Neujahrsgeschenke, die der Kamenzer Rat den geistlichen Frauen als symbolische Zeichen vergangener Abhängigkeit offeriert. Und im Kloster selbst ist durch das fortwährende Totengedenken an die Stifterfamilie der Name Kamenz unauslöschbar verankert. Vor allem in Architektur und Kunst spiegeln sich die jahrhundertelangen Verbindungen wider. Kann das Kloster heute für sich beanspruchen, eine der bedeutendsten Klosteranlagen des späten 13. Jahrhunderts zu sein und in seiner Schatzkammer einen der größten und kostbarsten Schätze an Gold- und Silberarbeiten in ganz Mitteleuropa zu hüten, so sind es in Kamenz die spätgotischen Schnitzaltäre, die den besonderen Ruhm der Stadt als Perle sakraler Kunst ausmachen. Keine Stadt in den alten böhmischen Ländern, Sachsen und im weiteren mitteleuropäischen Umkreis vermochte in ihren Mauern eine ähnlich große Zahl an exquisiten Flügelaltären der Vorreformationszeit zu bewahren. Insgesamt kommt in diesen Kunstwerken die historische Verankerung in einer Kunstlandschaft – der Oberlausitz – zum Ausdruck, deren Prägung hauptsächlich in der über Jahrhunderte gewachsenen Bindung an die böhmische Krone erfolgte und die im 15. Jahrhundert durch den verstärkten wirtschaftlichen Austausch mit Breslau aus Schlesien neue Impulse bezog.

Versammlung der Heiligen – Kamenzer Altäre und weitere Kirchenschätze

Die Evangelisch-Lutherische Kirchgemeinde Kamenz verfügt mit der Hauptkirche St. Marien, der Klosterkirche St. Annen, der St.-Just-Kirche und der Katechismuskirche nicht nur über vier gotische Kirchen, sondern sie bewahrt auch einen reichen Kunstbesitz. Vor der Reformation zierten zahlreiche Altäre die Kirchen der Stadt. Allein in St. Marien befanden sich damals mehr als 20. Dass sich über die Jahrhunderte acht Flügelaltäre am Ort erhalten haben, ist dennoch außergewöhnlich. Obwohl die Stadt im Verlauf des 16. Jahrhunderts endgültig zur Reformation überging, wurden immerhin etliche der aus der katholischen Zeit stammenden Altäre bewahrt und weiterhin geachtet. Für den Marienaltar (um 1520), den Hauptaltar von St. Marien, ist sogar überliefert, dass er 1638, mitten im Dreißigjährigen Krieg, erstmals eine farbige Fassung bekam. Und um 1900 hatte man vier Flügelaltäre, die wohl aus der Klosterkirche stammten, dem Stadtrat übergeben, der sie in einem «Altertumsmuseum» im Rathaus

Annenaltar (um 1520)

ausstellte. Heute befinden sich die acht Altäre, die alle in den Jahrzehnten um 1500 geschaffen wurden, in drei Kamenzer Kirchen: der Marienaltar (um 1520) und der Michaelisaltar (1498) in der Hauptkirche St. Marien, der Marienkrönungsaltar (um 1500) in der St.-Just-Kirche und alle anderen in der Klosterkirche St. Annen.

St. Annen –
Kirche und Museum zugleich

Diese Kirche wurde 1493–1512 für das Franziskanerobservantenkloster Kamenz erbaut und der heiligen Anna, der Mutter Mariens, geweiht. Das Kloster war eine Gründung des böhmischen Königs Wladislaw II. Jagiello, woraus sich auch die außerordentliche Qualität der erhaltenen Altäre und anderer Ausstattungsstücke erklärt. Die Kirche, eine dreischiffige Hallenkirche, besticht durch eine lichte, ebenmäßige Raumwirkung. Im Zuge der letzten Restaurierungen konnten 2010 spätgotische Wand- und Deckenmalereien freigelegt werden. So erstrahlt im Gewölbe des Chores heute wieder eine farbenprächtige «Himmelswiese», am Triumphbogen ist eine «Anna selbdritt», also die hl. Anna zusammen mit Maria und dem Jesuskind, dargestellt, ergänzt durch die Angabe 1512, das Vollendungsjahr der Kirche. Das Kloster hatte nur wenige Jahrzehnte Bestand und wurde im Zuge der Reformation aufgelöst. In die Gebäude zog die städtische Lateinschule ein, in der auch der junge Gotthold Ephraim Lessing seine ersten Schuljahre absolvierte.

Die Kirche wurde jahrhundertelang für den Gottesdienst der evangelischen Sorben genutzt. 1842 wurden die Klostergebäude bei dem letzten großen Stadtbrand stark in Mitleidenschaft gezogen und schließlich abgerissen, die Kirche stellte man jedoch wieder her. Jetzt entstand auch der charakteristische Westgiebel mit seinen Blendarkaden, an dessen Entwurf Gottfried Semper beteiligt war. Nachdem in St. Annen in den letzten Jahren bereits verstärkt Ausstellungen und Konzerte stattfanden, haben sich Stadt und Evangelisch-Lutherische Kirchgemeinde 2010 für eine Fortsetzung der schon länger bestehenden Kooperation mit neuer Zielsetzung entschieden: Seit August 2011 ist die Klosterkirche nun ganzjährig für Besucher geöffnet. Sie birgt ein zu den Städtischen Sammlungen Kamenz gehörendes Museum mit den sakralen Kunstschätzen der Evangelisch-Lutherischen Kirchgemeinde

Kamenz, die nach wie vor kirchliches Eigentum sind. Die Museumskirche bleibt jedoch geweiht. Zu besonderen Anlässen wird sie weiterhin für Gottesdienste, Andachten und Orgelkonzerte genutzt. Die Dauerausstellung bringt dem Besucher das religiöse Leben in Kamenz, die Geschichte der Klosterkirche und des Franziskanerordens, aber auch die christliche Ikonographie und Aspekte wie Frömmigkeit und Heiligenverehrung im Mittelalter nahe. Glanzstücke sind dabei bedeutende Kunstwerke wie ein böhmisches Reliquienaltärchen (um 1380), die Mönchsfiguren eines Franziskusretabels von 1513 oder die Tafelbilder «Gesetz und Gnade» (1542) des Schneeberger Cranach-Schülers Wolf Krodel. Liturgische Geräte wie der Lessing-Kelch lassen einen Kirchenraub aus dem Jahr 1704 wieder lebendig werden. Höhepunkt der Schau ist freilich die Präsentation der fünf weitgehend vollständig erhaltenen Schnitzaltäre, die den Besucher gleich beim Betreten des Kirchenschiffs mit ihrer Pracht, künstlerischen Perfektion und erzählfreudigen Detailliertheit gefangen nehmen: der Annenaltar (um 1520), der Heilandsaltar (1513), der Franziskusaltar (um 1520), der Marienaltar und der Sippenaltar (beide um 1510–1520). Im Einklang mit dem beeindruckenden Kirchenraum entfaltet die Inszenierung der grandiosen spätgotischen Schnitzwerke einen einzigartigen, unvergesslichen Zauber.

St. Marien, Katechismuskirche, St.-Just-Kirche

Empfehlenswert ist auch ein Besuch der anderen drei gotischen Kirchen der Stadt. Die Hauptkirche St. Marien, eine vierschiffige Hallenkirche, besitzt eine reiche, historisch gewachsene Ausstattung, wozu mit der Kreuzigungsgruppe im Triumphbogen (um 1450) und dem großen Marienaltar (um 1520) Meisterwerke der Spätgotik von höchstem Rang gehören. Das Zusammenspiel vom Taufstein von 1433 über die Renaissancekanzel von Andreas Dreßler (1564–1566) bis zu den Pastorenporträts des 18. Jahrhunderts schafft eine eindrückliche Atmosphäre, die von der Bedeutung der Kirche für die Kamenzer Bürgerschaft zeugt. Übrigens predigten Großvater und Vater von Gotthold Ephraim Lessing in ihrer Eigenschaft als Pastor Primarius über Jahrzehnte in dieser Kirche, er selbst wurde hier getauft. Noch heute sind in der Chorvorhalle die Grabmäler von Lessings Eltern und Großeltern väterlicherseits zu sehen.

Klosterkirche und Sakralmuseum St. Annen

In der kleinen, benachbarten Katechismuskirche ist eine geschlossene Ausstattung aus dem Jahr 1724 erhalten, darunter der einzige Kamenzer Kanzelaltar.

Kunsthistorisch bedeutsamer ist allerdings die außen eher schmucklose St.-Just-Kirche an der Straße nach Königsbrück. Die ehemalige Pilgerkirche beherbergt im Chor einen umfangreichen Zyklus von Wand- und Deckenmalereien der Zeit um 1400. Dargestellt sind Szenen aus dem Marienleben und der Passion Christi, Heilige, die klugen und die törichten Jungfrauen und im Gewölbe Engel. Im Chor befindet sich der Marienkrönungsaltar, der nicht nur mit seinen Schnitzfiguren beeindruckt, sondern auch mit den äußerst detailfreudigen Malereien auf den Rückseiten der Altarflügel. In der Kirche werden zudem einige Totenkästen aufbewahrt, die im 18. Jahrhundert die Erinnerung an unverheiratet Gestorbene wachhalten sollten. Derartige Memorialwerke sind in einer solchen Konzentration nur noch an wenigen Orten anzutreffen.

Kamenz verfügt über reiche religiöse Traditionen. Sichtbarsten Ausdruck haben sie in den prachtvollen Schnitzaltären gefunden, die heute für die westlichste Station der VIA SACRA stehen. Dass Kamenz auf dieser touristischen Route als Doppelstation wieder mit dem Kloster St. Marienstern vereint ist, schlägt einen Bogen zurück in die mittelalterliche Geschichte, als beide sowohl kirchlich als auch politisch eng verbunden waren. MW / SK / VD

Kirche und Sakralmuseum St. Annen
01917 Kamenz, Schulplatz 5
Telefon +49 (0) 3578/379111
E- Mail kontakt@lessingmuseum.de
www.kirchgemeinde-kamenz.de
Öffnungszeiten:
Mo-So 10-18 Uhr
(geschlossen am 24.-26. Dezember,
am 31. Dezember und am 1. Januar)
Sommerorgelmusik:
Mai-September Sonnabend 17 Uhr

Tourist-Information
01917 Kamenz, Schulplatz 5
Telefon +49 (0) 3578/379205
E-Mail kamenzinformation@kamenz.de
www.kamenz.de
Öffnungszeiten: Mo-So 10-18 Uhr

Besonders empfehlenswerte Angebote

Stadtrundgang durch die historische Altstadt der Lessing-Stadt Kamenz

Bei einem Stadtrundgang durch die Geburtsstadt von Gotthold Ephraim Lessing, dem bedeutendsten deutschen Dichter der Aufklärung, werden die mittelalterlichen Kirchen, die das malerische Ensemble der klassizistischen Bürgerhäuser noch überragen, und beeindruckende kulturhistorische Schauplätze vorgestellt. Neben dem imposanten Rathaus sind in der westlichsten Stadt des alten Oberlausitzer Sechsstädtebundes das Klostertor, der Rote Turm und verschiedene Parkanlagen, darunter der Hutberg mit seinem reichen Bewuchs an Rhododendron, zu entdecken. Ein «Muss» für jeden Kulturliebhaber ist der Besuch im Lessing-Museum (www.lessingmuseum.de). Das Museum der Westlausitz und die Stadtgeschichtliche Ausstellung im Malzhaus (www.museum-westlausitz.de) runden den Aufenthalt ab.

Tipps für Gaststätten

Klosterstübel & Klosterkeller in der Abtei St. Marienstern

01920 Panschwitz-Kuckau, Ćišinskistraße 35
Telefon +49 (0) 35796/96530
E-Mail info@klosterstuebel.de
www.klosterstuebel.de

Hutberggaststätte Kamenz

gutbürgerliche Küche mitten in einem Rhododendronpark
01917 Kamenz, Am Hutberg 25
Telefon +49 (0) 3578/915681
E-Mail info@hutberggaststaette-kamenz.de
www.hutberggaststaette-kamenz.de

Übernachtungen

Hotel «Goldener Hirsch» ****

01917 Kamenz, Markt 10
Telefon +49 (0) 3578/78350
E-Mail info@hotel-goldener-hirsch.de
www.hotel-kamenz.de

Hotel Garni «Villa Weiße» ***

01917 Kamenz, Poststraße 17
Telefon +49 (0) 3578/378470
E-Mail info@villa-weisse.de
www.villa-weisse.de

Hotel «Stadt Dresden» ***

01917 Kamenz, Weststraße 10-12
Telefon +49 (0) 3578/34450
E-Mail info@hotelstadtdresden.de
www.hotelstadtdresden.de

Unser Geheimtipp

Alte Herberge und Töpferhof Wětenca (4 / 10 km) ❸

Keramikwerkstatt, Herberge und Ferienhaus sind in den Häusern eines 800 Jahre alten Dreiseithofes im sorbischen Dorf Dürrwicknitz/Wětenca untergebracht, der sich direkt am «Jakobspilgerweg» und dem «Krabat-Radweg» befindet. Die Pilgerherberge befindet sich im alten Gast- und Wohnhaus. Gaststube mit originaler, gemütlicher Sitzbank und Holztischen mit urigem Lehmgrundofen und Sitzbank.
Kontakt: Cornelia Bedrich
01920 Nebelschütz / OT Dürrwicknitz, Dorfplatz 6
Telefon +49 (0) 35796/96152
www.toepferhof-lausitz.de

Extratipp

KRABAT-Milchwelt Kotten mit Schaukäserei (19 / 20 km) ❹

Der Landwirtschaftsbetrieb im sorbischen Siedlungsgebiet setzt auf natürliche Kreisläufe, eine erhöhte regionale Wertschöpfung und Transparenz. Dank der «gläsernen» Produktion erfährt der Verbraucher genau, wann, was, wo und wie produziert wird. Der Hofladen bietet selbst erzeugte schmackhafte Milch- und Käsespezialitäten sowie Produkte weiterer regionaler Erzeuger. Auf Anfrage werden neben Führungen («Kuh-Käse-Kilowatt») auch kulinarische Erlebnisse wie eine «Sorbische Kaffeetafel» angeboten (Kapazität 150 Personen).
02997 Wittichenau / OT Kotten Nr. 2
Telefon +49 (0) 35725/929012
www.krabat-milchwelt.de

Ausflugstipps

Friedhof Ralbitz, Wallfahrtskirche Rosenthal (11 / 14 km) ❺ ❻

Ralbitz/Ralbicy hat einen unter Denkmalschutz stehenden sorbischen Friedhof. Die Kreuze sind alle aus Holz, gleich groß und weiß, der Trauerfarbe der Sorben in alten Zeiten. Viele Kreuze und Betsäulen in den Vorgärten und an den Straßen und Wegen zeugen vom christlichen Glauben der Einwohner. Im nahen Rosenthal/Róžant steht zudem die heute wichtigste Wallfahrtskirche des Bistums Dresden-Meißen. Der große Barockbau brannte am Ende des Zweiten Weltkrieges aus und zeigt sich deshalb in schlichter Gestalt. Erhalten blieb die kleine spätgotische Figur der „Maria von der Linde", Ziel von Tausenden Pilgern nicht nur aus der sorbisch-katholischen Umgebung, sondern aus ganz Sachsen.
www.ralbitz-rosenthal.de

Barockschloss Rammenau (13 / 17 km) ❼

Die Landbarockanlage besticht im harmonischen Miteinander von barocker Architektur und klassizistischer Ausschmückung mit illusionistischen Wandmalereien, stilvollen Salons, kostbaren Porzellanen sowie Zeitzeugen der Schlossgeschichte. Wunderschöner Schlosspark, stilvolle Gastronomie mit hochwertiger regionaler Küche. Rammenau ist der Geburtsort des Philosophen Johann Gottlieb Fichte.
www.barockschloss-rammenau.com

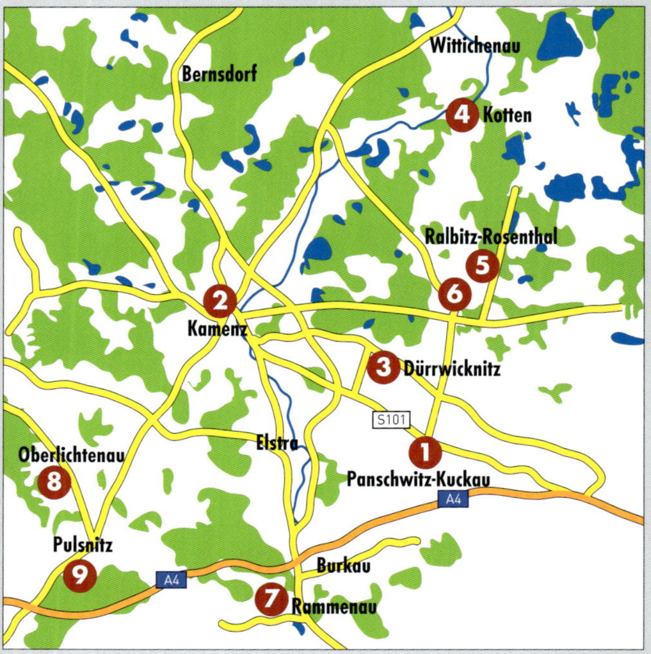

Bibelgarten und Barockschloss Oberlichtenau (18 / 12 km) ❽

Der Bibelgarten Oberlichtenau-Pulsnitz ist ein Freilichtmuseum mit der Atmosphäre des biblischen Israels. Im Sommer 2005 auf dem Gelände der ehemaligen Schlossgärtnerei eröffnet, kann der Besucher hier in Gestalt einer Olivenpresse, einer Weinkelter, eines Schafstalls und römischer Kreuze sowie Steinbruchtechnik verschiedene Elemente aus dem biblischen Lebensalltag kennenlernen. Ein Beduinenzelt und die Nachbildung eines jüdischen Felsengrabes gehören ebenso zur Ausstellung wie eine kleine byzantinische Basilika, eine Ikonensammlung, ein Brotbackofen, eine Keramikwerkstatt und ein Fasskeller. Empfehlenswert in Oberlichtenau ist auch ein Besuch von Park und Barockschloss (geöffnet nur für angemeldete Führungen und Veranstaltungen).
www.bibelgarten.de
www.schloss-oberlichtenau.com

Pfefferkuchenstadt Pulsnitz (18 / 12 km) ❾

1558 wurde die Pfefferkuchenbäckerei in Pulsnitz erstmals urkundlich in einem Bäckerinnungsbrief erwähnt. Seit Ende des 19. Jahrhunderts findet man Bäckereien, die ausschließlich Pfefferkuchen herstellen und immer weiter verfeinerte Rezepte verwenden. Nur die besten Gewürze, wie Zimt, Kardamom, Muskatblüte, Muskatnuss, Koriander, Fenchel und Anis, werden verarbeitet. Da man diese im Mittelalter wenig bekannten Gewürze allgemein als Pfeffer bezeichnete, hießen die Erzeugnisse im Volksmund «Pfefferkuchen».
www.pulsnitz.de

Das 500 Jahre alte «Lausitzer Jerusalem» – Heiliges Grab in Görlitz

Seit seiner Vollendung im frühen 16. Jahrhundert ist das Heilige Grab unmittelbar vor den Toren der Görlitzer Altstadt das Ziel ungezählter Pilger und Reisender. Mit Rötel und Bleistift eingekratzte Graffiti von Besuchern, die sich über Wände und Gewölbe erstrecken und selbst die Altäre nicht auslassen, belegen die Anziehungskraft dieses Monuments, das seit über 500 Jahren zu den Wahrzeichen und Kuriositäten der Stadt gehört und ihr den Ruhm eines «Lausitzer Jerusalem» verschaffte. Das Zentrum dieser Anlage bildet eine Kopie der Grabeskapelle Jesu in Jerusalem, wie sie im Lauf des Mittelalters und der Neuzeit vielfach in ganz Europa in Kirchen, auf Friedhöfen, einzeln oder als Teil von Kalvarienkomplexen errichtet wurden. Solche Nachbildungen gibt es auch in Janovice/Johnsdorf und in Mimoň/Niemes unweit der VIA SACRA*-Station Jablonné v P./Deutsch Gabel.*

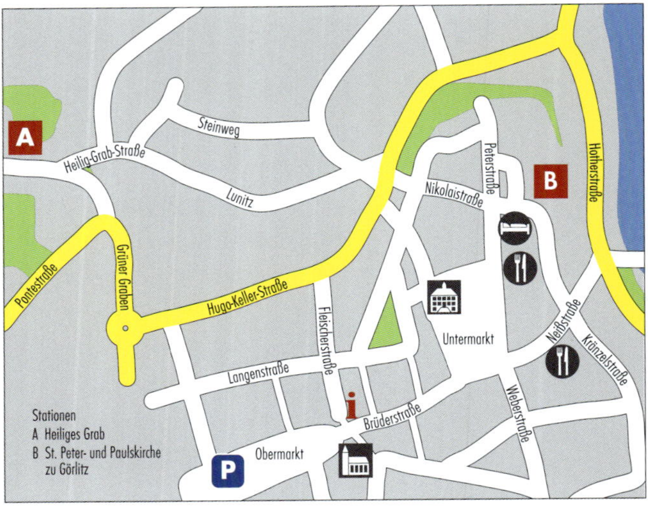

Zeugnis mittelalterlicher Frömmigkeit und Landschaftsarchitektur von europäischem Rang

In Görlitz vervollständigen die doppelgeschossige Kreuzkapelle und das kleine gewölbte Salbhäuschen das bauliche Ensemble, das in eine gestaltete und religiös gedeutete Landschaft eingebettet ist. Das Gelände gilt deshalb als ältester symbolischer Landschaftsgarten Europas. In seltener Kontinuität blieb der spätmittelalterliche Wallfahrtsort über die Reformation hinaus eine wichtige Andachtsstätte und war jahrhundertelang Stolz der Görlitzer Bürger.

Es ist schriftlich überliefert, dass auf der kaum bewachsenen Anhöhe westlich vor der Görlitzer Nikolaivorstadt im 14. und 15. Jahrhundert ungetaufte Kinder und zum Tode Verurteilte beigesetzt wurden. Ein Kreuz wies die Stätte aus. Für 1453 ist dann eine erste Kapelle an diesem Ort belegt, dessen Boden damals von der Stadt angekauft worden war. Im Johannesevangelium 19,41 steht, dass *«an dem Ort, wo man Jesus gekreuzigt hatte, ein Garten war, und im Garten ein neues Grab»*. In Jerusalem befand sich im Bereich der heutigen Grabeskirche bis ins 12./13. Jahrhundert der Garten Josephs von Arimathäa. In Görlitz verzichtete man auf einen Nachbau jener Kirche, doch legte man einen Garten an, in dem drei sakrale Gebäude an das Passionsgeschehen erinnern. Es wurden drei Linden gepflanzt, die symbolisch die drei

Kreuze vergegenwärtigen sollten und damit den von der Kreuzkapelle gekrönten Hügel zum Berg Golgatha machten. Der nördlich hinter der Grabkapelle fließende Lunitzbach erhielt schon im 16. Jahrhundert nach dem biblischen Vorbild den Namen Kidron. Das daran angrenzende, zum städtischen Besitz gehörende Hügelgelände mit Weiden und Obstgarten wurde zum Ölberg. Eine Stiftung sicherte, dass am Hügelabhang stets ein «Ölbaum» – zunächst eine Baumweide, später ein Ahorn – an den Garten Gethsemane erinnerte sowie östlich und etwas tiefer gelegen eine Jüngerwiese unbebaut blieb.

1480 genehmigte der zuständige Bischof von Meißen die Errichtung einer neuen Kapelle, nachdem ein Bürger einen Garten als Grundstück geschenkt hatte. Offenbar zog sich dieser Bau lange hin, obwohl bürgerliche Stiftungen eingerichtet und Ablässe ausgegeben wurden. Erst 1504 soll die Weihe erfolgt sein. Über die beiden anderen Kapellengebäude, das Salbhaus und die eigentliche Grabkapelle, schweigen die Quellen. So kann man nur vermuten, dass sie damals ebenfalls vollendet wurden.

Georg Emmerich – Dichtung und Wahrheit

Obwohl mehrere Bürger von Görlitz durch Stiftungen namentlich als Förderer der Kreuzkapelle bekannt sind, ist es bis heute vor allem ein Name, der in Zusammenhang mit der Entstehung des Heiligen Grabes immer wieder genannt wird: Georg Emmerich, studierter Jurist, Kaufmann, Bürgermeister und nach einem Ausspruch des ungarischen Königs Matthias Corvinus, der 1469 bis 1490 Landesherr der Oberlausitz war, «König von Görlitz». Zweifellos gehörte er zu den schillerndsten Gestalten der Görlitzer Geschichte des ausgehenden Mittelalters. Er war reich und mächtig, Mitstreiter der streng katholischen Partei und Anhänger des ungarischen Königs, der in den damaligen Auseinandersetzungen um die Landesherrschaft der Oberlausitz und Böhmens gegenüber dem hussitisch gesinnten König Georg Podiebrad als Sieger hervorgegangen war. Doch behinderte Georg Emmerich seinen Aufstieg zunächst selbst durch einen folgenschweren Fehltritt. 1464 schwängerte der 43-Jährige die Tochter seines Nachbarn Niklas Horschel. Als Emmerich der Benigna Horschel die Heirat verweigerte, führte dies in Görlitz zu einem politischen Skandal. 1465 trat er deshalb eine Wallfahrt ins

Heilige Land an, um dort vollständige Absolution seiner schweren Sünde zu erlangen und sich so der Konsequenz zu entziehen. Zusätzlich erhielt er am 11. Juli 1465 den Ritterschlag und kehrte solcherart erhöht nach Görlitz zurück. Dort schlug ein Verschwörungsversuch der Anhänger Georg Podiebrads, Verbündete der Familie Horschel, fehl, etliche Parteigänger wurden zum Tode verurteilt. Die Familie Horschel verlor allen Besitz und musste die Stadt verlassen. Damit war der Weg frei für Georg Emmerich, Ratsmitglied, Schöffe und Bürgermeister zu werden. In den Folgejahren setzte er sein ständig wachsendes Vermögen auch für soziale Zwecke ein. Doch über seine konkrete Unterstützung des Heiligen Grabes fehlt merkwürdigerweise jeglicher schriftliche Nachweis. Dennoch dürfte es nicht nur Erfindung der Nachfahren Georg Emmerichs gewesen sein, die – um kaiserliche Gunst zu erlangen – in der zweiten Hälfte des 16. Jahrhunderts das Heilige Grab als Werk ihres Ahnherrn herausstellten. Es ist vielmehr sehr wahrscheinlich, dass Emmerich als Jerusalemfahrer die Anlage mit befördert hat, als er selbst einflussreiches Ratsmitglied und Bürgermeister war und erfuhr, dass in anderen Städten – etwa auf dem Spitalfriedhof in Nürnberg, wo wichtige Handelsbeziehungen hinführten – ähnliche Anlagen als vornehme Stiftungen des Bürgertums entstanden waren. Ob er es dann war, der die quellenmäßig nicht belegten Bauten von Salbhaus und Grabkapelle finanzierte, ist nicht bekannt. Wahrscheinlich ist es jedoch, zumal die Familie Emmerich der Pfarrkirche St. Peter und Paul als Eigentümerin des Grundstückes einen Nutzungszins bezahlte.

Architektur und Symbolik der Baugruppe

Die Anlage ist baulich und liturgisch-funktional eng mit der Stadtkirche St. Peter und Paul verbunden. Diese von einer spätromanischen Basilika zu einer fünfschiffigen Halle gewachsene Hauptkirche der Stadt erlebte zur Entstehungszeit des Heiligen Grabes ihre Vollendung. Daran waren vertraglich mit Conrad Pflüger und Blasius Börer dieselben Werkmeister und Steinmetzen beteiligt, die auch für den Bauabschluss der Kreuzkapelle verantwortlich waren. Doch ist es nicht nur dieser baugeschichtliche Zusammenhang, der die Gebäude verbindet.

Bereits 1465 ist für die damals eben vollendete Georgenkapelle, die vierschiffige Krypta unter dem Chor der

Heiliges Grab

Peterskirche, eine besondere Stiftung von Gebeten *«zum ewigen Gedächtnis der Leiden Jesu»* überliefert. Wahrscheinlich bestand zudem ähnlich wie in Erfurt der liturgische Karfreitagsbrauch, dass die gewandelte Hostie in der Krypta zu Grabe getragen und erst in der Osternacht wieder hervorgebracht wurde. Es ist jedenfalls kein Zufall oder eine Neuerung evangelischer Zeit, wenn auch heute noch die Karfreitagsprozessionen zum Heiligen Grab dort ihren Ausgang nehmen. Doch nicht nur die Georgenkapelle spielt in Bezug zum Heiligen Grab eine besondere Rolle, auch die Peterskirche selbst erfuhr während ihres Baus eine solche Interpretation. So symbolisiert sie den Abendmahlssaal und das Haus des Pilatus. Letzteres kommt baulich am alten Hauptportal westlich an der Südfassade zum Ausdruck: Während unten ein niedriges Gewölbe das Gefängnis Christi vorstellt, bildet die Gewölbehalle darüber den Ort der Verspottung ab. Eine rote Marmorsäule erinnert an die Geißelung Christi, während die hohen, einst offenen Fenster der Vorhalle zum Waidhausplatz in den Passionsspielen für die Ecce-homo-Szene genutzt wurden. Dem unten stehenden Volk zugewandt, präsentierte Pilatus dort Christus und wusch nach dessen Verurteilung seine Hände in Unschuld. Dass es solche szenischen, bilderreichen Spiele wie in vielen Orten auch in Görlitz gegeben hat, ist aus spärlichen Nachrichten bekannt: Mit Einführung der Reformation 1525 wurde untersagt, am Palmsonntag einen Palmesel durch die Straßen zu führen sowie am Karfreitag eine

Nachbildung des Leichnams um das Salbhaus zu tragen und im Heiligen Grab zu bestatten.

Der Weg, der von der Peterskirche zum Heiligen Grab selbst führt, entspricht in seiner Distanz ungefähr der Via dolorosa in Jerusalem. Etwa in der Mitte der Strecke gibt es einen Bäcker, der im Volksmund bis heute Jesusbäcker genannt und in die Prozession einbezogen wird als Ort, wo man sogenannte Tränenbrötchen zur Stärkung erhalten kann. Das Gelände des Heiligen Grabes selbst erstreckt sich auf dem Hügel zwischen einer alten Landstraße nach Westen und dem erwähnten Kidronbach. Heute betritt man das Areal durch einen 2004 eingeweihten, architektonisch und funktional umstrittenen Eingangstrakt. Dahinter führt die Treppe zu den drei 1989 neu gepflanzten Linden hinauf. Ein backsteinernes Wächterhaus von 1853 diente lange Zeit als Wohnung der Wächter oder Wächterinnen, die für den Besucherverkehr zuständig waren, Erklärungen abgaben und die seit dem 16. Jahrhundert überlieferten Beschreibungen, Ansichten sowie Andenkenmedaillen in Form von Schekeln verkauften.

Größter und mit spitzem Dachreiter auch einziger weithin sichtbarer Bau der Anlage ist die zweigeschossige Kreuzkapelle, deren Bauidee wohl auf den Werkmeister Thomas Neukirch aus dem niederösterreichischen Krems an der Donau zurückgeht. Zunächst entstand zwischen 1481 und 1489 der untere, nach 1490 der obere Teil des symbolbeladenen Bauwerks. Die untere Kapelle, die Adamskapelle, bezieht sich auf das Grab Adams, worüber nach der legendarischen Überlieferung das Kreuz Christi aufgerichtet wurde. Der gedrückt wirkende Raum mit seinem grau gefassten Netzrippengewölbe steht demnach für das Alte Testament, der hinter dem Altar in der Mauer sichtbare, künstlich geschaffene Riss verweist auf den beim Tod Christi zerrissenen Tempelvorhang und den dabei geborstenen Felsen. Hier stellt dieser Riss zudem eine symbolische Verbindung ins Obergeschoss dar. Dieses ist als Golgathakapelle zentralraumartig mit großen Fenstern, einfarbig weißem Anstrich und Schleifrippengewölbe ganz als Abbild des Himmels ausgebildet. An der Ostseite markieren drei Löcher die Standorte der drei Kreuze. Bei den früher stattgefundenen Spielen wurde noch ein wirkliches Kreuz mit dem Gekreuzigten in die mittlere Öffnung eingesteckt. Eine Rinne seitlich des Kreuzloches diente zur Auffangung des – wie im Falle erhaltener beweglicher Christusfiguren vielleicht auch hier wirklich fließenden oder sonst durch den Wein des Messopfers vergossenen – Blutes Christi. Sie mündet in den Spalt der Adamskapelle, wodurch das im oberen Raum vergegenwärtigte Neue Testament mit dem unteren Alten verbunden wurde. So wird das Erlösungswerk Christi unmittelbar sichtbar und verständlich. Im Gegensatz zu dieser einmalig grandiosen Architektursymbolik ist der Gehalt der heute im ehemaligen Reliquiengrab des Altars hinter dem Gittertürchen sichtbaren Würfel höchstens anekdotisch zu verstehen, erinnern sie doch an die Würfel, mit denen die Soldaten um den roten Mantel Christi geschachert haben. Es handelt sich dabei um eine nachreformatorische Ergänzung.

Der zweite Bau des Areals, das Salbhaus, bezieht sich auf den in Jerusalem hochverehrten Stein, auf dem der Leichnam Christi vor der Grablegung gesalbt worden sein soll. Gleichzeitig war dies nach der Überlieferung der Ort der Beweinung, weshalb in Görlitz eine sandsteinerne Darstellung der Marienklage, eine Pieta, aufgestellt ist. Ein zierliches Netzgewölbe zeichnet das sonst eher unscheinbare Bauwerk aus, das zum Schutz ein prächtiges schmiedeeisernes Gitter erhalten hat.

Das dritte und als Architekturkopie inhaltlich bedeutendste, Namen gebende Gebäude der Anlage ist die Grabkapelle. Sie zeigt, im Maßstab nur geringfügig verkleinert, das Grab Christi weitgehend in der Form, wie es zwischen 1099 und 1555 in der Grabeskirche in Jerusalem gesehen werden konnte. Gestalt, Abmessungen und Details folgen dem Vorbild, das als wichtigste Reliquie der Christenheit gilt. Der Bau ist außen wie innen zweiteilig, mit Eingang und Vorraum sowie der Grabkammer, die außen als Apsis mit Bogenkranz gestaltet ist. Als charakteristische Bekrönung fungiert ein säulengetragener Kuppelaufsatz mit einem der islamischen Architektur entlehnten Ornamentgesims. Auf dem Kuppelknauf verwies jahrhundertelang sogar eine Mondsichel auf die orientalische Herkunft dieses Gebäudes und unterstrich somit dessen Authentizität. Seit der Barockzeit steht im Vorraum auf dem sogenannten Engelsstein eine hölzerne Engelsfigur. Vor der Kapelle bezeichnet ein großer Steinblock den hinweggewalzten Verschlussstein des Grabes.

Vorbild und Abbild

Nach einer seit der Barockzeit überlieferten Legende ist das Görlitzer Heilige Grab direkt nach Vorbild des Originals in Jerusalem errichtet worden, da Georg Emmerich von entsprechenden Werkleuten auf seiner Pilgerfahrt begleitet ge-

wesen sein soll: *«Zu dem Ende nahm er einen Mahler, einen Bauverständigen Zimmermann, und noch sonst einen Diener mit sich: damit der erste alle remarquable Sachen abschildern: der andere das H. Grab in Grundriss bringen, und nach dem verjüngten Massstabe aufsetzen: der letzte aber ihm nothdürfftige Handreichung thun konnte.»* Über die tatsächliche Reisegesellschaft Emmerichs ist jedoch keine Nachricht verbürgt. Wahrscheinlicher als die Mitnahme des genannten Hilfspersonals ist, dass die Grabkapelle nach Beschreibungen und Ansichten gebaut wurde. An erster Stelle ist dabei ein Holzschnitt des Utrechter Künstlers Erhard Reeuwich zu nennen, der das Jerusalemer Vorbild in sehr ähnlicher Form zeigt, wie es in Görlitz erbaut wurde. Reeuwich war selbst als Begleiter des Mainzer Domherrn Bernhard von Breydenbach 1483 im Heiligen Land gewesen und hatte dann seine authentischen Eindrücke für Breydenbachs 1486 erstmals erschienene Schilderung jener Reise bildlich verarbeitet. Das Buch fand weite Verbreitung und wurde mehrfach neu aufgelegt – in Görlitz gab es nachweislich mehrere Exemplare davon, so dass seine Kenntnis bereits zur Bauzeit um 1500 vorausgesetzt werden kann. Doch war es wohl nicht zuletzt die Sage von Emmerichs Reisebegleitern, die dazu geführt hat, dass die Görlitzer Grabkapelle schon früh als besonders genaues Abbild des Originals in Jerusalem galt, was zu einer überaus hohen Wertschätzung führte. Eindrücklich offenbart sich diese vor allem in dem Umstand, dass für vier weitere Nachbauten des Heiligen Grabes der Görlitzer Bau als Vorbild diente: in den schlesischen Orten Sagan/Żagań und Neuland/Niwnice bei Löwenberg/Lwówek Śląski, in der Warschauer Vorstadt Nowý Swiat bei Ujazdów sowie im böhmischen Reichenberg/Liberec.

Landschaftsgarten und Monument von europäischem Rang

Ungeachtet seiner vorreformatorischen Entstehung und kultischen Einbettung erfreute sich das Heilige Grab auch in evangelischer Zeit ungebrochenen Zuspruchs und großer Beliebtheit – als bauliches Kuriosum, aber auch als wichtige Andachtsstätte. Zwar wurden alle liturgischen Geräte und Gewänder 1528 entfernt und fanden die bilderreichen Spiele keine Fortsetzung, doch erhielt die Gesamtanlage weiterhin sorgsame Pflege. Mehrfach wurden Stiftungen für Andachten und Gottesdienste im Heiligen Grab getätigt. Im Verlauf des 19. Jahrhunderts wuchs jedoch der Druck aufgrund der schnell wachsenden Stadt, das Gelände am Kidronbach und seitlich der alten Straßenzüge der mittelalterlichen Nikolaivorstadt zu bebauen. Der Bachlauf wurde begradigt und ein Altarm abgezweigt. Auf privatem Grund, unmittelbar an das Areal des Heiligen Grabes angrenzend, erfolgte um 1860 der Bau einer Tuchfabrik, die fortan dem Kidrontal einen Teil seines Reizes nahm und das Landschaftsbild beeinträchtigte. Mit dem Wachstum der Stadt wuchs auch der nahe Friedhof, der nun über den Ölberg hinaus vergrößert wurde. Dabei fiel 1911 die Entscheidung, auf die Kuppe des Ölberges ein Krematorium zu bauen, das seit 1913 als Dominante den Ölberggarten in inhaltlich fragwürdiger, gestalterisch in strengen Jugendstilformen jedoch durchaus überzeugender Weise krönt. Um weitere Beeinträchtigungen und einschneidende Veränderungen zu verhindern, entschloss sich der Stadtrat nach dem Ersten Weltkrieg, das gesamte Gelände zu erwerben, mit einer neuen Parkgestaltung zu fassen und dadurch den Ölberggarten als Stadtpark in eine moderne Naherholungszone ohne vordergründig religiösen Bezug umzuwandeln. Obwohl sich der engere Kapellenbezirk seit dem 19. Jahrhundert in kirchlichem Eigentum befindet und der Ölberggarten zu den städtischen Grünanlagen gehört, gelang es in den letzten Jahren, diese beiden zusammengehörigen Areale durch Wegeführung und Sichtachsen gestalterisch und funktional erneut zusammenzubinden. Seit 1999 ist glücklicherweise die direkte Verbindung zwischen Ölberggarten und Heiligem Grab wiederhergestellt. Sie führt in der Nähe des am tiefsten Punkt der Anlage gelegenen Teiches über den Bach Kidron. Im Frühjahr wird der Weg von Tausenden von Osterglocken gesäumt – zur Freude all jener, die in den letzten Jahren in stets wachsender Zahl an der ohne Unterbruch gepflegten Karfreitagsprozession durch die gesamte Görlitzer Altstadt zum Gelände des Heiligen Grabes pilgern. So hat es als Ensemble ganz besonderer Prägung und Ausstrahlung architektonisch, landschaftlich und inhaltlich das Gewicht eines Monuments von europäischem Rang. MW

Evangelische Kulturstiftung Görlitz
02826 Görlitz, Heilige-Grab-Straße 79/80
Telefon +49 (0) 3581/315864
E-Mail heiligesgrabgr@web.de
http://kulturstiftung.kkvsol.net
Öffnungszeiten:
April bis September
Mo-Sa 10-18 Uhr,
Sonn- und Feiertage 11-18 Uhr
Januar/Februar und November/Dezember
Mo-Sa 10-16 Uhr,
Sonn- und Feiertage 11-16 Uhr
März und Oktober
Mo-Sa 10-17 Uhr,
Sonn- und Feiertage 11-17 Uhr
Geschlossen am 24. und 31. Dezember
Führungen:
Mo-Sa 11 Uhr, 15 Uhr,
Sonn- und Feiertage 11.30 Uhr, 15 Uhr

Tourist-Information Görlitz
02826 Görlitz, Obermarkt 32
Telefon +49 (0) 3581/47570
E-Mail willkommen@europastadt-goerlitz.de
www.goerlitz.de
Öffnungszeiten:
Mo-Fr 9.30-18 Uhr, Sa/So 9.30-14.30 Uhr

Besonders empfehlenswerte Angebote

Görlitzer Stadtrundgang

Görlitz, dessen erste Erwähnung auf das Jahr 1071 zurückgeht, liegt am Kreuzungspunkt zweier geschichtlich wichtiger Straßen. Diese topografisch günstige Lage, gepaart mit Handwerkerfleiß, kaufmännischem Unternehmergeist und landesherrlichen Privilegien, machten Görlitz schon bald zu einer blühenden Handelsstadt und kulturellen Metropole. Davon zeugt der nahezu vollständig erhaltene Altstadtkern mit seinen verwinkelten Gassen, den typischen weiträumigen Hallenhäusern und vielen weiteren repräsentativen profanen und sakralen Bauten aus Gotik, Renaissance und Barock. Erhalten blieben auch erhebliche Teile der Stadtbefestigung in Gestalt trutziger Bastionen, Türme und Mauern. Der Charme der Stadt liegt jedoch nicht nur in seiner alten Bausubstanz, sondern auch in den charaktervollen Straßen und Plätzen des ausgehenden 19. und beginnenden 20. Jahrhunderts. Geschlossene Straßenzüge und Wohnviertel, aber auch prachtvolle Villen aus der Gründerzeit und dem Jugendstil begeistern ebenso wie Einkaufspassagen, Kaufhäuser, Parkanlagen und Brunnen. Das alles macht Görlitz ganz ohne Zweifel zu einer der schönsten Städte Deutschlands, die zudem durch ihre Lage an der Neiße und die Verbindung zur polnischen Schwesterstadt Zgorzelec eine wichtige Brückenfunktion zwischen Ost und West besitzt.
www.goerlitz.de

Kulturhistorisches Museum

Reiche Sammlungen zur Wirtschafts- und Kulturgeschichte, Kunst, Archäologie und Wissenschaftsgeschichte (physikalisches Kabinett von Adolf Traugott von Gersdorf, Mitinitiator der 1779 gegründeten Oberlausitzischen Gesellschaft der Wissenschaften). Im Barockhaus befindet sich auch die Oberlausitzische Bibliothek der Wissenschaften; Kaisertrutz, Demianiplatz 1, Reichenbacher Turm und Barockhaus Neißstraße 30
Telefon +49 (0) 3581/671355
www.museum-goerlitz.de

Schlesisches Museum

Wertvolle Renaissancearchitektur und europäische Geschichte in einer modernen Ausstellung sind seit Mai 2006 im restaurierten Görlitzer Schönhof und im dahinterliegenden Mittelhaus aus dem 19. Jahrhundert zu erleben. Dargestellt wird auf 2 000 m² Ausstellungsfläche Geschichte und Kultur Schlesiens;
Brüderstraße 8
Telefon +49 (0) 3581/87910
www.schlesisches-museum.de

Stadtkirche St. Peter und Paul

Die Pfarrkirche St. Peter und Paul, das Wahrzeichen von Görlitz, thront hoch über der Neiße und ist deshalb schon weit vor den Toren der Stadt zu erblicken. Die fünfschiffige gotische Hallenkirche zeugt mit ihrer reich verzierten Außenfassade und den mächtigen Kirchtürmen vom einstigen Reichtum und Einfluss von Görlitz. Im Innenraum der Kirche beeindruckt neben dem prächtigem Barockaltar und reich gestalteten evangelischen Beichtstühlen vor allem die sogenannte Sonnenorgel. Die Bezeichnung des vom berühmten Lausitzer Orgelbauer Eugenio Casparini entworfenen und gebauten Instruments geht auf Gestaltung und Bau zurück, da einst Pfeifen strahlenförmig um goldene Sonnengesichter angeordnet sind.

Zgorzelec – Jakob Böhme und die Geschichte der Lausitz erleben

Zgorzelec liegt östlich der Neiße und stellt seit der gemeinsamen Proklamation mit Görlitz 1998 ein Beispiel für die Überwindung von Grenzen und ein geeintes Europa dar. Der bekannteste Sohn der Stadt war der Philosoph Jakob Böhme, der von 1599 bis 1610 im damaligen Stadtteil von Görlitz lebte. Eine Erinnerungskammer in seinem Familienhaus auf der Uferstraße berichtet von seinem Wirken und Lenken. Drei Häuser weiter, auf der ul. Daszynskiego 15, kann man sich im Museum der Lausitz (Muzeum Łużyckie) über die jüngere Geschichte und die Gegenwart, aber auch die Kultur und den Alltag der Lausitz der deutsch-polnischen Doppel- und Grenzstadt Görlitz/Zgorzelec informieren. Auch lohnt es sich beim Dom Kultury vorbeizuschauen. Hugo Behr entwarf dieses imposante Bauwerk an der Neiße, das zur Erinnerung an die deutschen Kaiser Wilhelm I. und Friedrich III. als Oberlausitzer Gedenkhalle mit Kaiser-Friedrich-Museum erbaut wurde. Besonders imposant ist die 42 Meter hohe Kuppel des Gebäudes.
www.zgorzelec.eu

Tipps für Gaststätten

Gasthaus «Bürgerstübl»

historisches Bierlokal mit deftiger Küche
02826 Görlitz, Neißstraße 27
Telefon +49 (0) 3581/879579
E-Mail kontakt@buergerstuebl-goerlitz.de
www.buergerstuebl-goerlitz.de

Patrizierhaus St. Jonathan

gute Küche in historischem Ambiente
02826 Görlitz, Peterstraße 16
Telefon +49 (0) 3581/421082
www.goerlitz-restaurant.de

Gasthaus «Obermühle» Görlitz

mit Hausbräu, eigens gebackenem Brot und selbst hergestellten Likören
02826 Görlitz, An der Obermühle 5
Telefon +49 (0) 3581/879832
www.obermuehle-goerlitz.de

Übernachtungen

Romantik Hotel «Tuchmacher» ****

02826 Görlitz, Peterstraße 8
Telefon +49 (0) 3581/47310
E-Mail hotel@tuchmacher.de
www.tuchmacher.de

Hotel «Silesia» ****

02826 Görlitz, Biesnitzer Straße 11
Telefon +49 (0) 3581/42140
E-Mail kontakt@hotel-silesia.net
www.hotel-silesia.net

Hotel «Zum Marschall Duroc» ***S

02829 Markersdorf / OT Holtendorf, Girbigsdorfer Straße 3 / Am Hoterberg
Telefon +49 (0) 3581/7344
E-Mail info@hotelmarschallduroc.de
www.hotelmarschallduroc.de

Unser Geheimtipp

St.-Wenzeslaus-Stift in Jauernick-Buschbach (11 km) ❷

Eine katholische Familienerholungsstätte mit Tagungshaus in Trägerschaft des Bistums Görlitz, ist Partner der VIA SACRA. Familiengruppen, Kinder, Jugendliche, Senioren, behinderte und kranke Menschen erfahren hier Ferien und Freizeit, Entspannung und Erholung.
02829 Markersdorf / OT Jauernick-Buschbach, Dorfstraße 30, Telefon +49 (0) 35829/6270
E-Mail st-wenzeslaus-stift@bistum-goerlitz.de
www.st-wenzeslaus-stift.de

Ausflugstipps

Dorfmuseum Markersdorf (5 km) ❸

In dem etwa 250 Jahre alten Vierseithof wird bäuerliche Lebensweise vor 100 Jahren wieder lebendig. Alle Wohn- und Wirtschaftsräume sind so gestaltet, als ob der Bauer mit dem Gesinde auf dem Acker sei und jeden Augenblick zurückkehren könnte. Der Bauerngarten mit fast vergessenen Gemüsesorten und würzigen Kräutern, die kürzlich angelegte Streuobstwiese mit regional typischen Apfelsorten sowie die Dorfschule um 1900 (in einem umgesetzten Ausgedingehaus) vervollständigen das Ensemble; Kirchstraße 2,
Telefon +49 (0) 35829/60329
www.oberlausitz-museum.de

Kulturinsel Einsiedel (15 km) ❹

Geheimnisvolle Wege schlängeln sich durch ein fantastisches Labyrinth voller Abenteuer: Zauberschloss mit Freifallrutsche, Wasserdämonental, höhenluftiger Kinderwagenbrückenweg, Schatzsucher- und Geländespiele. Wer will, kann in Deutschlands erstem Baumhaus-Hotel, im Erdhaus oder in einem Tipi übernachten;
Telefon +49 (0) 35891/49115
www.kulturinsel.de

Lauban/Lubań – östlichste Stadt des Oberlausitzer Sechsstädtebundes (25 km) ❺

Lauban gehört seit 1945 zu Polen und liegt im Isergebirgsvorland, am Flüsschen Queiss/Kwisa. Auch hier kreuzten sich im Mittelalter wichtige Handels- und Verkehrswege, die die Entwicklung Laubans zu einer Stadt der Kaufleute und Handwerker förderten. Von der einstigen Wehrhaftigkeit Laubans künden beachtliche Reste der 1318 errichteten Ringmauern aus Basalt und der 45 Meter hohe Brüderturm (Baszta Bracka). Zur wertvollen Bausubstanz gehören auch das Rathaus, das Salzhaus (Dom Solny) und die neogotische Dreifaltigkeitskirche (Kościół p.w. Trójci).
www.luban.pl/de

Glanz im Zeichen des böhmischen Barock – Zisterzienserinnenabtei Klosterstift St. Marienthal

«Die Situation oder das Lager dieses Closters ist ohnweit dem Städtlein Ostritz in einem anmuthigen Thale/wodurch die Neiße fließet … zwey Meilen von der Stadt Sittau/ und ebenso weit von der Stadt Görlitz/…», so beschreibt Augustinus Sartorius in seiner 1708 in Prag erschienenen Geschichte des Zisterzienserordens das Kloster St. Marienthal. Tatsächlich liegt das weitläufige Klosterareal nicht nur bemerkenswert im Ortsgefüge der Oberlausitz, sondern auch topografisch reizvoll und malerisch: östlich begrenzt vom Bogen des Flusses, der heute die Landesgrenze zu Polen markiert, westlich geschützt von einem Hügelzug, breiten sich die Gebäude auf einer Terrasse über dem Ufer aus, in Nordsüdrichtung durch eine alte Straße verbunden mit Ostritz und Görlitz sowie in der Gegenrichtung mit Hirschfelde und Zittau; die böhmische Grenze ist keine 15 Kilometer entfernt.

Konfessionell bildet St. Marienthal eine Insel, ist es doch mit Ausnahme der zugehörigen und ebenfalls traditionell katholischen Stadt Ostritz auf deutscher Seite von evangelischem Gebiet umgeben. Wie bereits in den Kapiteln über Herrnhut und Bautzen beschrieben, führte die ständische Verfassung der Oberlausitz und deren Bewahrung beim Übergang der Landesherrschaft von Böhmen an Sachsen im Jahre 1635 auch zur Bewahrung des konfessionellen Status quo. Dem ist das bemerkenswerte Faktum geschuldet, dass St. Marienthal heute das älteste, ununterbrochen bestehende Kloster des Zisterzienserordens in Deutschland ist. Den mittelalterlichen Ursprung sieht man der Anlage freilich bis auf Situation und Grundkonzept nicht mehr an. Sämtliche Baulichkeiten wurden im 17., 18. und 19. Jahrhundert weitestgehend neu aufgeführt. So zeigt sich das Kloster heute im heiteren Gewand eines ländlichen, südlich geprägten Barock. Durch die Qualität von Architektur und Ausstattung darf St. Marienthal als das bedeutendste Beispiel für die Ausstrahlung von Kunst und Baukultur Böhmens in die Oberlausitz im 18. Jahrhundert gelten.

Mittelalterliches St. Marienthal

Wie kam es zur Gründung dieses Klosters? Die unübersehbare lateinische Inschrift in der Blendnische des Westgiebels führt uns zu den Ursprüngen hin. In deutscher Übersetzung lautet sie: *«Im Jahre des Herrn 1234 senkte Königin Kunigundis im Einverständnis mit Wenzel I., dem 4. König der Böhmen, unter Zustimmung ihrer Kinder das Pflanztum ein. Die Freigebigkeit der Wohltäter hat es bewässert. Gott aber gab das Wachstum.»*

Nach klösterlicher Überlieferung hatte die böhmische Königin Kunigunde (1200–1248), Tochter des römisch-deutschen Königs Philipp von Schwaben, das Kloster als Sühnestiftung für ihren 1208 ermordeten Vater gegründet. Nach der ältesten Urkunde des Archivs schenkte sie 1234 dem Kloster das Dorf Syfridistorph (Seifersdorf?), das auf dem Felsplateau über dem späteren Kloster lokalisiert wird. Der Ort wurde in den Hussitenkriegen zerstört und nicht wieder aufgebaut. Nur ein einsamer Brunnen mitten im Klosterwald zeugt noch davon. Als die königliche Schenkung erfolgte, bestand das Kloster bereits. Es wurde vermutlich 1237 in den Zisterzienserorden inkorporiert und erhielt 1238 den Abt von Altzella (bei Nossen) als Visitator zugeordnet. Nach jüngster Forschungsmeinung gilt Königin Kunigunde allerdings nicht als eigentliche Stifterin, sondern vielmehr das in Ostritz ansässige Geschlecht der Burggrafen von Dohna/Donyn, aus deren Familie auch die erste Äbtissin Adelheid stammte. Kunigunde hatte demnach als Königin von Böhmen die Klostergründung ihrer Lehnsträger gemäß den rechtlichen Bestimmungen bestätigt, sich aber wiederum durch ihre Schenkung die Gründung zu eigen gemacht. St. Marienthal mit der Stadt Zittau im Rücken markierte von Böhmen beanspruchtes Gebiet, was König Wenzel I. noch dadurch unterstrich, dass auf seine Intervention hin das Kloster, das ursprünglich zur Diözese Meißen gehört hatte, nun dem Bistum Prag zugeschlagen wurde. 1244 weihte Bischof Nikolaus von Prag die Klosterkirche. Fortan gehörten die St. Marienthaler Patronatspfarreien, soweit sie nach der Reformation katholisch blieben, bis 1783 zum Prager Bistum bzw. Erzbistum. In der Klostertradition blieb die Erinnerung an die zweifachen Gründerpersönlichkeiten bewahrt, indem die böhmische Königin als «große» Stifterin, die Burggrafen von Dohna/Donyn jedoch als «kleine» Stifter bezeichnet wurden. Allerdings hat die Geschichtsschreibung seit der Barockzeit die «kleinen» Stifter mit jenen Abkömmlingen des Geschlechts gleichgesetzt, die 1379 in einer Urkunde Lehensrechte über Dörfer und Wälder dem Kloster übereigneten und dafür ein Seelgerät (Jenseitsvorsorge) beanspruchten. Gerade diese Urkunde spricht aber dafür, dass die enge Verbindung der Familie mit dem Kloster viel älter war und hier nur noch einmal neu betont wurde.

Ähnlich wie konkrete Nachrichten über die Gründungsumstände und Frühgeschichte des Klosters fehlen, bewahrte sich auch in der baulichen Hinterlassenschaft wenig aus der Anfangszeit klösterlichen Lebens. Ausdehnung und Aussehen der mittelalterlichen Anlage sind kaum mehr nachvollziehbar, so lange keine großflächigen archäologischen Untersuchungen vorliegen. Gesichert ist bislang nur, dass der westliche Teil der heutigen Klosterkirche auf den Ursprungsbau des 13. Jahrhunderts zurückgeht. Es handelte sich um einen schlichten einschiffigen Saal, der einen offenen Dachstuhl aufwies oder mit einer Holztonne abgeschlossen war, wie ein spitzbogiges Fenster im heutigen Dachbereich nahelegt. Südwestlich schlossen sich die Konventsgebäude an, wovon keine Reste erhalten blieben. Aufgrund späterer Ansichten und anhand des nachweisbaren Kirchenbaus kann man davon ausgehen, dass das mittelalterliche St. Marienthal eine baulich eher bescheidene Anlage war.

Von der Gründungsausstattung an Gerät und Handschriften für die Liturgie hat sich kaum etwas erhalten. Einzig ein frühgotisches Psalterium (Gebetbuch) aus der Zeit um 1230 könnte schon damals nach St. Marienthal gelangt sein, vielleicht sogar als Gabe Kunigundes, wobei dies eine Hypothese bleiben muss. Auf jeden Fall handelt es sich um eine bedeutende kostbare Handschrift. Ihr figürlich illustriertes Kalendarium, mehrere reich ornamentierte und figurativ geschmückte Initialen sowie sieben ganzseitige Bilder christologischen Inhalts, verweisen auf eine Herkunft aus einer Malerwerkstatt in der Diözese Bamberg, vielleicht in Bamberg selbst. Als Faksimile kann man dieses schöne Büchlein im Klosterladen kaufen.

Für das weitere Mittelalter ist die Klostergeschichte fast nur anhand von Besitzurkunden greifbar: Noch im Lauf des 13. und vor allem im 14. Jahrhundert erwarb das Kloster zahlreiche umliegende Güter und Ortschaften, darunter auch die Stadt Ostritz. Damit wuchs die Abtei bald zu einer großen und wichtigen Grundherrschaft von einigem wirtschaftlichen und politischen Gewicht. Die Quellen schweigen allerdings

über die Verbindungen des Klosters nach Böhmen und insbesondere zu den Nachkommen jener Königin, die zur Gründungsausstattung Wesentliches beigetragen hatte. Einzig Bestätigungsurkunden über Besitz und Rechte zeugen von unmittelbaren Kontakten. Die sorgsam in der Klausur gehütete Skulptur eines Auferstehungschristus macht aber wahrscheinlich, dass auch zur Zeit der Luxemburger in Böhmen die Beziehungen zum Machtzentrum enger waren, als auf den ersten Blick erkenntlich ist. Dieses wohl zwischen 1330 und 1340 entstandene Kunstwerk, das der Öffentlichkeit nicht zugänglich ist, stammt aus dem engsten Umkreis des sogenannten Meisters von Michle, der wichtigsten Bildhauerpersönlichkeit, die zur Zeit König Johanns von Luxemburg in Prag wirkte.

Legende von einer göttlichen Errettung

Das 15. Jahrhundert war in St. Marienthal geprägt von den Hussitenkriegen und ihren Folgen. Bei Streifzügen durch die südliche Oberlausitz kam ein hussitisches Heer mit marodierenden Truppen auch ins Neißetal und brandschatzte 1427 das Kloster. Nach der Legende war die damalige Äbtissin Agnes von Gersdorf als Letzte im Kloster verblieben, musste aber dann doch fliehen. Als sie sich in höchster Not nach ihrem Verfolger umwandte, stürzte dieser und erblindete, die Äbtissin entkam. In der öffentlich nicht zugänglichen Klosterbibliothek ist diese Überlieferung auf dem Deckenbild dargestellt. Verbürgt ist, dass Äbtissin und Konvent sich nach Görlitz retten konnten und dort bis 1452 verblieben. In der Zwischenzeit wurde das verwüstete Kloster wieder aufgebaut. Einige wenige in der Folgezeit entstandene Kunstwerke erinnern an diese Jahrzehnte, allen voran das um 1500 zu datierende eindrückliche große Kruzifix in der Kreuzkapelle, das mit seinen realistischen Zügen des Grauens, dem ausgemergelten Körper, mit echtem Haar und Dornenkrone ein Abbild von Erfahrungen des Schreckens und der Verlassenheit jener Zeit ist.

Wirren der Reformation und des Dreißigjährigen Krieges

Mit der Reformation und den Wirren des konfessionellen Zeitalters wurde das Klosterleben erneut auf die Probe und die Institution St. Marienthal infrage gestellt. Brände leiteten 1515 und 1542 die Krisenzeit ein. 1583 musste die damalige Äbtissin Ursula Laubig abgesetzt werden, weil sie evangelische Schulmädchen ins Kloster aufgenommen und ihren Bruder als protestantischen Pfarrer in eine klösterliche Pfarre berufen hatte. Wenige Jahre darauf kam es zur Amtsenthebung zweier weiterer Äbtissinnen, da unter deren Regentschaft Zucht und Ordnung schwer nachgelassen hatten und zudem St. Marienthal beinahe in ein weltliches Damenstift umgewandelt worden wäre. Erst den tatkräftigen und umsichtigen Nachfolgerinnen Sabina Sommer (regierend 1623–1649) und Anna Friedrich (1650–1690) gelang es, trotz schwerer äußerer Erschütterungen während und nach dem Dreißigjährigen Krieg das Kloster zu stabilisieren und zu stärken. Sie sorgten für eine gute wirtschaftliche Basis sowie für innerklösterliche Festigung und legten damit das Fundament für die Blütezeit St. Marienthals im 18. Jahrhundert. Von schweren Schicksalsschlägen blieb die Abtei jedoch auch weiterhin nicht verschont. In einer alten Chronik lesen wir: *«An: 1683. den 22ten Augusti ist daselbst eine unversehene Feuers=Brunst auskommen/dordurch das Closter völlig abgebronnen/dennoch aber durch beschehene Christliche Beytrage so wohl der Uncatholischen als Catholischen hinwiederum erbauet worden.»* Die Nachricht des Chronisten informiert nicht nur über diesen schrecklichen Brand, dem die mittelalterliche Bausubstanz des Klosters zum Opfer fiel, sondern sie enthält auch einen wichtigen Hinweis zur politischen Situation jener Zeit. Etliche Klosterdörfer waren zwar evangelisch geworden, doch unterstanden sie weiterhin der geistlichen Herrschaft der Äbtissin, die zum Beispiel für die Einsetzung der Pfarrer zuständig blieb, auch wenn diese nun dem evangelisch-lutherischen Glauben anhingen. Entsprechend waren es auch Untertanen beider Konfessionen, die den barocken Wiederaufbau des Klosters ermöglichten und bewerkstelligten.

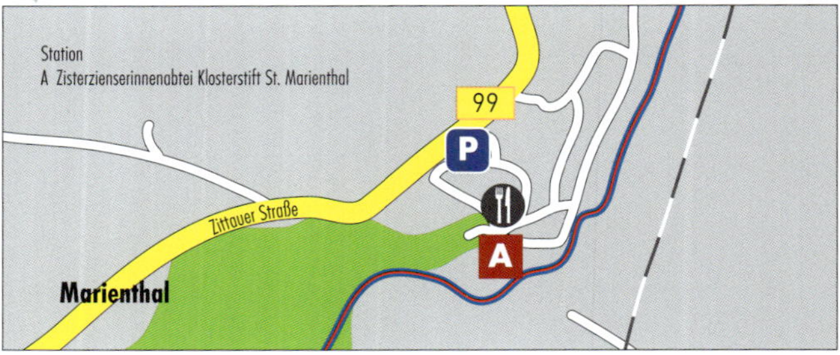

Barocker Glanz im Zeichen des böhmischen Barock

Die Aufbauarbeiten begannen unter Äbtissin Anna Friedrich (regierend 1650–1690) mit der Wiederherstellung der Kirche und dem Neubau von Abtei und Propstei. Bei Letzteren handelt es sich um großzügige, in der Erscheinung behäbige Baukörper unter hohen Walmdächern in der Art der damals entstandenen barocken Herrenhäuser in der Oberlausitz. Diese erste Bauphase war in erstaunlich kurzer Zeit bis 1685 abgeschlossen. Unter den folgenden Äbtissinnen Theresia Sommer, Martha Tanner und Agnes von Hayn wurden das kleine «Lust»- oder Festhaus im Klausurgarten und der Dreifaltigkeitsbrunnen im Hof errichtet – Letzterer übrigens nach dem Vorbild des Glaubens- und Siegesdenkmals Kaiser Leopolds I. in Wien – ein Signal für die Verbundenheit mit der

Habsburgerdynastie und Ausdruck eines Zugehörigkeitsgefühls zu Böhmen. Wenig später erfolgten die Erweiterung und Einwölbung der Kirche, der Anbau einer Sakristei (vollendet 1736) sowie die Erhöhung des für eine Zisterze ungewöhnlichen Kirchturmes mit seiner charakteristischen, doppelt geschweiften Haube (1743). An den Kirchenbauten war wohl der Baumeister Zacharias Hoffmann (um 1678–1754) aus Hainspach (Lipová) bei Schluckenau (Šluknov) federführend beteiligt, der auch in St. Marienstern die barocken Um- und Erweiterungsbauten realisierte. Beredtes Zeugnis für Frömmigkeit und geistigen Anspruch ist darüber hinaus der 1728 angelegte Kalvarienberg mit seiner monumentalen Kreuzigungsgruppe, die zweifellos ein böhmischer, bisher aber nicht benennbarer Meister ausgeführt hatte. Ausdruck stabiler und bedeutender Wirtschaftskraft sind insbesondere auch die hauptsächlich in der ersten Hälfte des 18. Jahrhunderts errichteten Wirtschaftsgebäude im äußeren Klosterhof: Beamtenhaus, Pferdestall, Wagenremise und Brauerei.

Doch erst unter Äbtissin Theresia Senftleben (regierend 1737–1753) konnte der bisher nur notdürftig in Stand gesetzte alte Konventbau umfassend erneuert werden. In mehreren Etappen entstand die heutige Klosteranlage, die mit dem Bau des Ehrenhofes und der reich instrumentierten Schaufront zum Klosterhof 1756 ihre Vollendung erfahren hat. Ausgeführt wurde die Gebäude hauptsächlich von böhmischen Bauleuten, Malern, Bildhauern und Stukkateuren, deren südlichheitere Sprache den architektonischen Charakter St. Marienthals bis heute bestimmt. Mit der Kreuzkapelle, einem überkuppelten Zentralbau nördlich am Ehrenhof und der Bibliothek, beide mit Fresken Franz Xaver Karl Palkos, besitzt das Kloster zwei köstliche Raumschöpfungen des Rokoko. In der Kreuzkapelle liegt die einst weltberühmte Opernsängerin Henriette Sontag / Gräfin Rossi begraben. Die Bauten zeigen Einflüsse der bedeutenden böhmischen Baumeister italienischer Herkunft Johann Blasius Santini-Aichl (Prag) und Octavio Broggio (Leitmeritz / Litoměřice).

Erneuerung und Rückbesinnung

Als durch die Zugehörigkeit zum Prager Erzbistum die Gefahr heraufzog, dass die Patronatspfarreien und der klösterliche Grundbesitz der Abtei St. Marienthal den Josephinischen Reformen zum Opfer fallen könnten, wurden diese 1783 von der Diözese Prag getrennt und der Apostolischen

Kreuzweg am Kloster

Administratur für die Lausitzen in Bautzen unterstellt (vgl. Kapitel über Bautzen, Seite 70). Die Klosterkirche erhielt im mittleren 19. Jahrhundert eine neue Ausstattung, die 1858 der Breslauer Architekt Alexis Langer entworfen hatte. Aus dem lichten barocken Saal machte er einen mystisch verdunkelten, reich ausgemalten Stimmungsraum im Sinn des romantischen Historismus. Ein umfangreiches ikonografisches Programm, das als Ausdruck von Reformbestrebungen des Ordens zu lesen ist, führt seither die heiligen Zisterzienserväter und die lokal besonders verehrten Vorbilder vor Augen. Nach Kartons des Malers Adolph Seidler schufen die Breslauer Maler Karl Schall und nach dessen Tod 1858 Theodor Hamacher Wandbilder spätnazarenischer Prägung. Diese verleihen dem Kircheninnern seither eine religiös aufgeladene Atmosphäre, die mit dem heiteren Barock der Klosteranlage kontrastiert.

Nach einem Neißehochwasser 1897 wurde das Innere der Klosterkirche in langwieriger Arbeit bis 1921 renoviert, wobei der barocke Hochaltar einem Glasfenster mit Darstellung der Himmelfahrt Mariens wich und eine Wandvertäfelung vorgenommen wurde. Ansonsten fehlen im Erscheinungsbild der Klosteranlage Zeichen des 20. Jahrhunderts weitgehend.

Unterdrückung und neuer Aufbruch

Die Weltereignisse jener Epoche hatten jedoch auch vor den Klostertoren nicht haltgemacht. 1938 verfügte die nationalsozialistische Staatsmacht die Auflösung der Klosterschule. Durch die Einquartierung von Kriegslazarett und Hitlerjugend war das Klosterleben während des Zweiten Weltkrieges stark beeinträchtigt. In den letzten Kriegstagen erfolgte die Zerstörung der Neißebrücke, die das Kloster von seinen östlich des Flusses gelegenen Ländereien abschnitt. Dass diese schon bald zu Polen gehören würden, hat damals keiner geahnt. Nur mit größtem Mut und unter Einsatz ihres Lebens gelang es der damaligen Äbtissin Celsa Gutte 1945, die drohende Sprengung des Klosters durch die SS abzuwenden.

Nach der Neugründung sozialer Einrichtungen 1955 und 1978 bestimmte die schrittweise Sanierung der Klosteranlage die jüngere Geschichte. Unter Leitung der Dresdner Denkmalpflegerin Elisabeth Hütter gelang mit westlicher Unterstützung die Restaurierung von Kirche, Konvent und Kreuzkapelle. Die schwere Luftverschmutzung durch die nahen Kohlekraftwerke verursachten aber weiterhin so große Schäden, dass nach 1989 erneut umfassende Maßnahmen nötig wurden. Mit der 1992 erfolgten Gründung des «Internationalen Begegnungszentrums St. Marienthal» als einer vom Kloster getragenen Stiftung erhielten die wirtschaftlich nicht mehr benötigten Nebengebäude neue Funktionen. Äußerlich kommt die Erneuerung durch ein vollständig gewandeltes Erscheinungsbild der Klostergebäude zum Ausdruck, das sich nun nicht mehr im kräftigen Rot-Weiß der achtziger Jahre, sondern in einem differenzierten und harmonischen Mehrklang von Rosa-Gelb-Grau zeigt.

Als bedeutendstes Zeugnis böhmischer Barockkunst in der Oberlausitz beeindruckt St. Marienstern durch seine schlossartige Erscheinung und reiche Ausstattung. Die meisten Kunstschätze werden allerdings in der Klausur gehütet und sind dem Besucher nicht zugänglich. Wie stark der Überlebenswille der Abtei pulsiert, mag man an dem Enthusiasmus ermessen, mit dem die Äbtissin und ihre 15 Schwestern an der Überwindung der verheerenden Schäden der Augustflut des Jahres 2010 arbeiten. Wie sehr sie in der Region verwurzelt sind, zeigt die vielfältige Unterstützung, die das Kloster dabei erfährt. Auch wenn äußerlich die meisten Schäden schon behoben scheinen, die Klosterkirche, die Kreuzkapelle und andere Bereiche sind noch nicht wieder zugänglich. MW / VD

Zisterzienserinnenabtei
Klosterstift St. Marienthal
02899 Ostritz, St. Marienthal 1
Telefon +49 (0) 35823/77368
E-Mail gaestepforte@kloster-marienthal.de
www.kloster-marienthal.de

Internationales Begegnungszentrum
St. Marienthal (IBZ)
02899 Ostritz, St. Marienthal 10
Telefon +49 (0) 35823/770
E-Mail info@ibz-marienthal.de
www.ibz-marienthal.de

Führungen:
Öffentliche Klosterführung
Ostermontag bis 31. Oktober, täglich 15 Uhr
November bis Ostersonntag, Sa/So 15 Uhr

Garten der Bibelpflanzen
Die Bibel und die Pflanzenwelt - Heilkräuter und Arzneipflanzen - Rosenhecken - Obstspalieranbau - Wassergarten - Marienpflanzen

Geführte Entdeckungsreise durch die Kulturlandschaft St. Marienthal
Dauer ca. 4 Stunden
Mindestteilnehmeranzahl 6 Personen

Tourist-Information Ostritz
Organisation von Führungen der Bausteine der Energieökologischen Modellstadt Ostritz
Kulturbüro Ostritz
02899 Ostritz, Markt 2
Telefon +49 (0) 35823/88424
E-Mail kulturostritzmarkt2@web.de
www.vereinshaus-ostritz.de
Öffnungszeiten:
Mo/Mi/Fr 8-16 Uhr, Di/Do 8-18 Uhr

Besonders empfehlenswerte Angebote

Deutschlands ältestes Zisterzienserinnenkloster erleben

Besichtigt werden die oben beschriebenen, aber nur zum Teil zugänglichen Klostergebäude. Auch die Ausstellung «ora et labora» und der «Garten der Bibelpflanzen» sind sehenswert. Im Jahreslauf laden die Zisterzienserinnen zu Stille und Einkehr in der Klosterkirche, zu Führungen, Konzerten, zu «Fastenwochen für Gesunde» und vier Klostermärkten, darunter dem «Kräuterfest», ein. Jährlich zum Ostersonntag lockt die Saatreiterprozession, das traditionelle Osterreiten, zahlreiche Besucher nach Ostritz. Mit prächtig geschmückten Pferden traben die Reiter von der katholischen Kirche Ostritz in das Kloster St. Marienthal, um dort die Osterbotschaft mit Gebeten und Gesängen zu verkünden.

Übernachten im Kloster St. Marienthal

Der Gast erlebt hier im romantischen Neißetal wohltuende Ruhe und Spiritualität. Für die Zisterzienserinnen hat Gastfreundschaft seit jeher einen hohen Stellenwert. Geprägt durch elegante Einfachheit und Liebe zum Detail, hat jedes Zimmer noch heute seinen ganz besonderen Charme. Das Gästehaus im Kloster und das von den Schwestern gestiftete Internationale Begegnungszentrum mit jährlich 20 000 Übernachtungen lassen die besondere Atmosphäre von St. Marienthal erspüren.

Tipps für Gaststätten

Ausflugsgaststätte
«Klosterschenke St. Marienthal»

Oberlausitzer Küche mit Zutaten aus dem Kloster: Brot, Kuchen und Bier sowie Gemüse und Kräuter aus der Klostergärtnerei
02899 Ostritz, Klosterstraße 138
Telefon +49 (0) 35823/87715
E-Mail klosterschenke-st.marienthal@t-online.de
www.kloster-service.de

Übernachtungen

Kloster St. Marienthal

02899 Ostritz, St. Marienthal 1
Telefon +49 (0) 35823/77368
E-Mail gaestepforte@kloster-marienthal.de
www.kloster-marienthal.de

Internationales Begegnungszentrum St. Marienthal (IBZ)

02899 Ostritz, St. Marienthal 10
Telefon +49 (0) 35823/770
E-Mail info@ibz-marienthal.de
www.ibz-marienthal.de

«Ostritzer Krug»

02899 Ostritz, Grunauer Straße 2
Telefon +49 (0) 35823/86241

Landhotel «Drausendorfer Krone»

02788 Zittau / OT Drausendorf,
An der B 99 Nr. 1
Telefon +49 (0) 3583/704016
E-Mail info@drausendorfer-krone.de
www.drausendorfer-krone.de

Extratipp

Original Oberlausitzer Baumkuchen aus Schlegel ❷

In traditioneller Handarbeit werden in Schlegel die Original Oberlausitzer Baumkuchen hergestellt. Die Produkte werden in ganz Deutschland und ins Ausland vertrieben. Die Baumkuchen und Baumkuchenspitzen werden nach einer originalen Rezeptur in Handarbeit und in bewährter Qualität mit hochwertigem Zartbitterschokoladeüberzug oder feiner Vollmilch-Schokolade gefertigt – ein immer wohlschmeckender Genuss.
www.original-oberlausitzer-baumkuchen.de

Ausflugstipps

Spaziergang vom Kloster nach Ostritz (3 km) ❸

Vom Kloster führt eine wenig befahrene Straße entlang der Neiße durch den dörflichen Ortsteil Klosterfreiheit mit seinen typischen Oberlausitzer Umgebindehäusern nach dem schmucken Städtchen Ostritz. Neben einem Rundgang durch den lange mit der Abtei verbundenen Ort lohnt ein Besuch der katholischen Pfarrkirche Mariä Himmelfahrt. An ihrer Nordseite ist ein spätromanisches Portal bemerkenswert, das wegen seines kunstgeschichtlichen Wertes durch eine Kopie ersetzt wurde. Das Original befindet sich am Kunstgewerbemuseum in Dresden. Der prächtige Hochaltar wurde um 1780 im Auftrag des aus Ostritz stammenden Bautzener Dekans Joseph Schüller von Ehrenthal vom böhmischen Bildhauer Johann Hajek aus Münchengrätz/ Mnichovo Hradiště geschaffen. Sein bewegter Aufbau ist mit reichem Schnitzwerk geschmückt und wird seitlich von zwei Durchgangstüren sowie lebensgroßen Figuren des Petrus und Paulus flankiert. Das große Altarbild «Mariä Himmelfahrt» schuf 1773 Philipp Leubner aus Reichenberg/Liberec.

Schlauchbootfahrt von Hirschfelde/Rosenthal zum Kloster St. Marienthal (8 km) ❹

Bei «Engemanns Schlauchbootverleih» im malerisch am Eingang des Neißetals gelegenen Hirschfelder Ortsteil Rosenthal kann man Boote mieten, die einen in einer etwa 2,5-stündigen Fahrt zum Kloster St. Marienthal bringen. Die Reise durch das romantische Tal auf dem maximal einen Meter tiefen klaren Wasser der Neiße ist traumhaft schön. Falls man mit dem Rad unterwegs ist, werden diese auf Wunsch an die Anlegestelle beim Zielort gebracht. Auch ein zünftiger Grillabend am Flussufer kann gebucht werden.
Engemanns Schlauchbootverleih
02788 Hirschfelde, Neißtalweg 5
Telefon +49 (0) 35843/25438
E-Mail info@engemanns.net

Stift Joachimstein in Radmeritz/ Radomierzyce/PL (9 km) ❺

Das ehemalige «Weltadelige Fräuleinstift Joachimstein» (poln. Pałac Radomierzyce) galt einst als das schönste Schloss der Oberlausitz. Es liegt auf einer künstlich angelegten Insel an der Mündung der Wittig/Witka in die Neiße. In den Jahren von 1722 bis 1728 von Joachim Sigismund von Ziegler und Klipphausen, dem Kammerherrn Augusts des Starken, auf der Grundlage von Plänen der wichtigsten Dresdner Hofbaumeister (u. a. Matthäus Daniel Pöppelmanns) erbaut, diente es jeweils zwölf unverheirateten evangelischen Adelsfräulein, die unverschuldet in wirtschaftliche Not geraten waren, als standesgemäße Heimstatt. 1945 geplündert, verfiel das Anwesen in der Folgezeit. Nach der politischen Wende kaufte es ein polnischer Geschäftsmann und begann 2003 mit der Sanierung. Als er im Jahr darauf starb, mussten die Arbeiten gestoppt werden. Trotz des unbefriedigenden Zustandes lohnt sich ein Spaziergang um die dennoch imposant wirkende Anlage.

Ein evangelisches Gotteshaus aus Holz, Lehm und Stroh – die Friedenskirche zum Heiligen Geist in Jawor/Jauer

Vom Kloster St. Marienthal geht die Reise nach Schlesien, Ziel ist die Friedenskirche in Jawor/Jauer. Mit reichlich 130 Kilometern ist das die größte Entfernung, die zwischen zwei Stationen der VIA SACRA *zu bewältigen ist. Seit die Autobahn A4 von Görlitz in Richtung Wrocław/Breslau durchgängig befahrbar ist, benötigt man dafür nur noch eineinhalb Stunden. An der Ausfahrt Legnica/Liegnitz führt die Straße Nr. 3 (E 65) in südlicher Richtung nach Jawor. Links tauchen in der Ferne die Türme der St.-Hedwigs-Kirche von Legnickie Pole/Wahlstatt auf. Hier wurde am 9. April 1241 in der sogenannten Tatarenschlacht das deutsch-polnische Ritterheer des Piastenherzogs Heinrichs des Frommen von den Mongolen Batu Khans vernichtend geschlagen. Nach zehn Minuten Fahrt ist der Stadtrand von Jawor erreicht. Zur Friedenskirche folgt man den Hinweisschildern «Kościół Pokoju».*

Eine Friedenskirche betritt man nicht bewaffnet!

Sie steht in einem schönen gepflegten Park, der ursprünglich ein Friedhof war. Wäre da nicht der erst Anfang des 18. Jahrhunderts vorgebaute niedrige Glockenturm, meinte man eher eine riesige Fachwerkscheune vor sich zu haben. Mit Stolz zeigt der Pfarrer der Friedenskirche auf das Schild am Eingang, das die Kirche als UNESCO Weltkulturerbe ausweist. Gemeinsam mit der Schwesterkirche in Świdnica/ Schweidnitz bekam sie 2001 einen der begehrten Plätze auf dieser Liste. Wenige Wochen zuvor, so erzählt der Pfarrer, sei der polnische Ministerpräsident hier gewesen, um sich über den Fortgang der Restaurierungsarbeiten zu informieren. Mit spitzbübischem Gesichtsausdruck fügt er hinzu: *«Als die Personenschützer an der Seite ihres Chefs die Kirche betreten wollten, habe ich sie gefragt, ob sie bewaffnet seien. Natürlich bejahten sie das. Worauf ich dem Ministerpräsidenten sagte, dass eine Friedenskirche Schutz genug sei. Waffen wären im Angesicht Gottes nicht erwünscht. Und stellen Sie sich vor, er entschuldigte sich und wies seine Bodyguards an, vor der Kirche zu warten.»*

So schlicht und bescheiden der Fachwerkbau von außen wirkt, so überwältigend ist sein Anblick im Inneren. Wir stehen in einem lichtdurchfluteten riesigen Kirchenraum von 43,30 Metern Länge und 26,80 Metern Breite. Mit seiner Höhe von mehr als 16 Metern und der blau-weißen Bauernmalerei an der Kassettendecke hat er etwas Himmlisches. Zudem bietet er vier umlaufenden Emporen Platz. Die unterste nimmt gleich links neben dem Eingang einen kleinen Kassen- und Verkaufsraum auf. Der kleine Obolus, den man außerhalb der Gottesdienstzeiten dort entrichten muss, ist mehr als gerechtfertigt. Aus einem CD-Player ertönt Glockengeläut, dann beginnt eine Männerstimme mit unverkennbar schlesischer Färbung etwas über die Geschichte des Protestantismus in Schlesien und die Entstehung der drei Friedenskirchen zu erzählen.

Glaubensspaltung in Schlesien

Die Lehre Martin Luthers fand in dem Land beiderseits der Oder rasch zahlreiche Anhänger. Immer mehr Menschen wandten sich von der alten Kirche ab. 1526, neun Jahre nach dem Thesenanschlag des Augustinermönches an der Schlosskirche zu Wittenberg, war den Habsburgern durch ihre glückliche Heiratspolitik die Krone Böhmen und damit auch die Herrschaft über Schlesien förmlich in den Schoß gefallen. Der Versuch, in ihren Ländern und im Reich die Reformation aufzuhalten, verlief weniger erfolgreich. 1555 sahen sie sich gezwungen, auf dem Augsburger Reichstag mit den evangelischen Reichsständen einen Vertrag abzuschließen, der als Augsburger Reichs- und Religionsfrieden in die Geschichte eingegangen ist. Es galt jetzt der Grundsatz *«Cuius regio, eius religio»* (wessen Land, dessen Religion). Damit hatte der Landesherr das Recht auf freie Wahl der Konfession. Seine Untertanen mussten sich anschließen, ob sie wollten oder nicht. Widersetzten sie sich, blieb ihnen meist nur das Exil in ein Land ihres religiösen Bekenntnisses. Im Ergebnis bestanden die zwei großen Kirchen: die römisch-katholische und die evangelisch-lutherische. Die rechtliche Stellung der evangelisch-reformierten Kirchen, die auch in Schlesien ihre Anhängerschaft hatten, blieb in Augsburg ungeklärt.

In den schlesischen Territorien gestaltete sich die Glaubensspaltung recht differenziert und äußerst kompliziert. Da waren einerseits der Breslauer Fürstbischof, der in seinem Herrschaftsgebiet den Katholizismus bewahren wollte und andererseits die schlesischen Fürsten sowie deren Ritterschaft, die sich mehrheitlich zur Reformation bekannten. Obwohl nicht sie, sondern der böhmische König als ihr Lehnsherr nach dem Augsburger Grundsatz das religiöse Bekenntnis zu bestimmen hatte, hielten sie sich zur evangelischen Lehre und erließen eigene Kirchenordnungen. Viele Städte akzeptierten die vom Breslauer Fürstbischof eingesetzten katholischen Geistlichen nicht mehr, sondern beanspruchten das Recht, selbst Pfarrer zu berufen. Sie jagten die «verordneten» Seelenhirten davon und setzten evangelische ein. Das war nur möglich, weil die neuen Habsburger Landesherren zu dieser Zeit durch den Kampf gegen die Türken und gegen Frankreich weitgehend die Hände gebunden waren. Sie verfügten noch nicht über die politische Macht, um in ihren Ländern die mächtige protestantische Bewegung aufzuhalten. Kaiser Rudolf II. (1552–1612) hatte zwar nach 1590 versucht, die katholische Kirche in Schlesien zu stärken, zum Beispiel durch die Gründung eines Jesuitenkollegs in Glatz / Kłodzko. Diese Handlungen brachten jedoch die schlesischen Stände gegen ihn auf. Auch auf anderen Gebieten der Politik eher glücklos, vergrub er sich auf der Prager Burg in seiner Alchimistenküche und Wunderkammer, um zu ergründen, was die Welt im Innersten zusammenhält. Derweil glitt ihm die Macht immer mehr aus der Hand. Infolge der zunehmenden politischen Bedrängnis hatte er 1609 in einem Majestätsbrief Böhmen und Schlesien gar die freie Wahl der Konfession und den Bau eige-

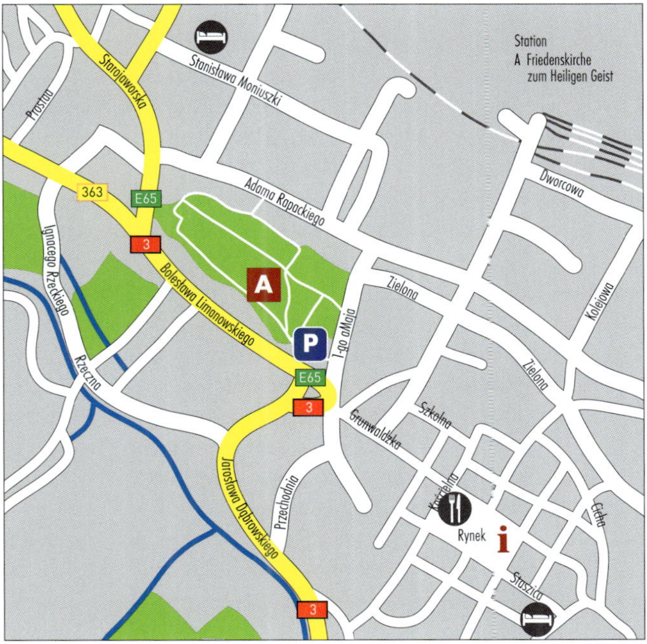

ner Kirchen zugestehen müssen. Einzig seinem Onkel, dem Erzherzog Karl von der Steiermark (1540–1590), war es gelungen, in seinem Herrschaftsbereich die Gegenreformation durchzusetzen. Ganz in den Fußstapfen des Vaters, führte sein ältester Sohn und spätere Kaiser Ferdinand II. (1578–1637) diese Politik fort. Gemeinsam mit der römischen Kurie konnte bereits 1608 die Wahl seines Bruders Karl zum Fürstbischof von Breslau durchgesetzt werden. Dieser ging nun daran, die ihm damit zugefallenen schlesischen Territorien mit Macht zu rekatholisieren.

Ein geschundenes Land

Der harte gegenreformatorische Kurs, den die Habsburger mit Ferdinand II. als König von Böhmen (1617) und später als römisch-deutscher Kaiser (1619) fortan in ihren Ländern betrieben, führte bekanntlich 1618 zum Prager Fenstersturz. Er wurde zum Fanal für den Aufstand der mehrheitlich protestantischen böhmischen Stände. Sie setzten den Habsburger kurzerhand als ihren König ab und wählten sich einen neuen – den calvinistisch gesinnten Kurfürsten Friedrich V. von der Pfalz. Die schlesischen Stände schlossen sich den böhmischen sogleich an. Im Februar 1620 huldigten sie in Breslau dem neuen König. Wenige Monate später wurden die rebellischen Böhmen in der Schlacht am Weißen Berg von den kaiserlichen Truppen vernichtend geschlagen. Der sächsische Kurfürst Johann Georg I., der in dieser Phase des Dreißigjährigen Krieges als Protestant an der Seite des Kaisers gekämpft hatte, sorgte dafür, dass die Schlesier nicht das gleiche brutale Strafgericht traf wie die Böhmen. Zwar hatten sie Kaiser Ferdinand II. als rechtmäßigen Landesherrn anzuerkennen und 300 000 Gulden Geldbuße an ihn zu zahlen, aber der Status quo in Glaubenssachen wurde vorerst gewahrt. Das änderte sich, als die katholische Liga durch die militärischen Erfolge des kaiserlichen Generalissimus Albrecht von Waldstein (Wallenstein) mehr und mehr die Oberhand gewann. Im April 1626 besiegte er den Feldherrn der protestantischen Union, Ernst von Mansfeld. Als der sich über Schlesien nach Ungarn zurückzog, setzten ihm die kaiserlichen Truppen nach, blieben sieben Monate im Land und hielten sich schadlos. Immer wieder zogen zahllose Heerhaufen plündernd und sengend durch Schlesien. Das Schicksal der Bevölkerung hing oftmals davon ab, welcher Konfession der jeweilige Kommandant anhing. Aber selbst das spielte in den letzten Jahren des großen Gemetzels kaum noch eine Rolle. Viele Menschen versteckten sich in den Wäldern, um der entfesselten Soldateska zu entkommen.

Besonders schlimm traf es Jauer. Schon frühzeitig hatte sich die Stadt mehrheitlich zum Luthertum bekannt. Immer wenn eine der Kriegsparteien die Oberhand gewann, kam es im konfessionellen Kräfteverhältnis zu Veränderungen. 1629 musste der evangelische Pfarrer Adam Henschel die Stadt verlassen. Drei Jahre später zogen die schwedischen Truppen unter der Führung Gustav Adolfs in Schlesien ein. Sie besetzten Jauer und setzten den Lutheraner Caspar Titus als Pfarrer ein. Vier Jahre später musste dieser vor den kaiserlichen Truppen fliehen. Der königlich böhmische Landeshauptmann gab 1638 dem Franziskanerorden Kloster und Kirche zurück. Wenige Jahre später standen die Schweden erneut im Lande und tauschten 1646 den katholischen gegen den evangelischen Geistlichen Wolfgang Ferentz aus. Als am 24. Oktober 1648 im katholischen Münster und im protestantischen Osnabrück der Westfälische Frieden geschlossen wurde, lag Schlesien in Schutt und Asche. Das Land hatte 25 Prozent seiner Bevölkerung verloren. Jauer hielt einen traurigen Rekord: Lebten hier vor dem Krieg 1 400 Menschen, waren es danach noch ganze 150.

Drei Friedenskirchen für die schlesischen Lutheraner

Durch den Friedensschluss ging endlich das Plündern und Morden zu Ende. Aber die Lage der Protestanten wurde immer schwieriger. Das galt besonders für die Fürstentümer Jauer, Schweidnitz und Glogau, die als böhmische Erbfürstentümer direkt den Habsburger Landesherren unterstanden. Die protestantischen Geistlichen wurden vertrieben und die Ausübung nicht katholischer Glaubenshandlungen unter Strafe gestellt. Die Lutheraner waren jedoch ihrem katholischen Landesherrn nicht völlig schutzlos ausgeliefert. Durch den Einfluss Sachsens und die Fürsprache Schwedens, das nach dem Krieg zu einer europäischen Großmacht geworden war, enthielt der Artikel V §§ 38–41 des Westfälischen Friedens einige spezielle Bestimmungen zum Schutz der schlesischen Protestanten. Sie betrafen die *«Fortdauer der Sonderrechte der Herzöge von Brieg, Liegnitz und Münsterberg-Oels sowie der Stadt Breslau einschließlich der Religionsausübung Augsburgischer Konfession, die Bleibegarantie für den Adel und*

die Untertanen in den schlesischen Erbfürstentümern sowie das Kirchenbaurecht der königlich-böhmischen Untertanen in den Erbfürstentümern Schweidnitz, Jauer und Glogau.»

Dem Bau dieser «Friedenskirchen» wurden jedoch eine Reihe Beschränkungen auferlegt: Der Bauplatz musste einen Kanonenschuss weit von der Stadtmauer entfernt sein. Steine als Baumaterial waren ebenso verboten wie Türme und Glocken. Zudem wurde die Zahl der evangelischen Geistlichen beschränkt und der Bau musste innerhalb eines Jahres abgeschlossen sein. All diesen schikanösen Bedingungen zum Trotz entstand 1652 in Glogau/Głogów die erste Friedenskirche. Zwei Jahre später stürzte sie ein und wurde 1655 wieder aufgebaut. Während des Siebenjährigen Krieges brannte sie 1758 nieder. 1654/55 wurde die Friedenskirche in Jauer und 1656/57 in Schweidnitz errichtet. Selbstverständlich mussten die evangelischen Gemeinden die Baukosten selbst tragen. Das galt auch für Jauer und war angesichts der wenigen Überlebenden und der bitteren Armut nur mit Hilfe von Spenden von Glaubensbrüdern in ganz Deutschland möglich.

Die Friedenskirche zum Heiligen Geist in Jauer

Nachdem bereits 1652 der Bauplatz abgesteckt worden war, konnte aber erst im April 1655 mit dem vom Breslauer Architekten Albrecht von Säbisch (1610–1688) entworfenen Bau begonnen werden. Der einheimische Zimmermeister Andreas Gamper (auch Kemptner) errichtete mit seinem Gehilfen die Holzkonstruktion. Schon am 30. September 1655 wurde das Dach fertiggestellt und am vierten Adventssonntag, der auf den 23. Dezember fiel, weihte Pfarrer Christian Hoppe das neue Gotteshaus dem Hl. Geist. 1656 wurde die Ausstattung durch ein hölzernes Taufbecken sowie das Gestühl ergänzt. Die 1670 gefertigte Kanzel stammt von dem Liegnitzer Bildhauer Matthias Knote. Der zwei Jahre später fertiggestellte Hochaltar ist ein Werk des Tischlermeisters Michael Schneider aus Landeshut/Kamienna Góra. Das Altarbild zeigt Jesus im Garten Gethsemane. Ungewohnt für eine evangelische Kirche mögen die vier Beichtstühle scheinen. Sie erinnern daran, dass bis ins 19. Jahrhundert im evangelischen Kultus die Einzelbeichte Voraussetzung für den Gang zum Abendmahl war. Auf einem von ihnen ist zu lesen: *«In den bittren Tränen der Buße findet man die Süßigkeit eines guten Gewissens.»* Die erste 1664 eingebaute Orgel stammte von J. Hoferichter aus Liegnitz. Sie wurde 1856 durch eine neue ersetzt, die Adolf Alexander Lummert aus Breslau schuf. Auch wenn die evangelische Gemeinde der Friedenskirche in der noch 87 Jahre währenden Herrschaftsperiode der Habsburger von Zeit zu Zeit gewissen Repressionen ausgesetzt war, wurde ihre Existenz nicht mehr in Frage gestellt.

Die Annexion des größten Teils Schlesiens durch Preußen brachte der evangelischen Kirche die Gleichstellung mit der katholischen. Ein tiefer Einschnitt erfolgte in der Zeit nach dem Zweiten Weltkrieg. Mit der Vertreibung der deutschen Bevölkerung und dem Zuzug der ebenfalls aus ihrer Heimat vertriebenen Polen verkleinerte sich die evangelische Gemeinde immer mehr. Am 16. September 1956 fand die letzte «große Konfirmation» statt, an der 26 Konfirmanden teilnahmen. Die evangelische Pfarrgemeinde im Kreis Jawor zählte damals immerhin noch etwa 1 500 Mitglieder. Ein neues Gesetz, das der noch im Lande gebliebenen deutschsprachigen Bevölkerung die Ausreise ermöglichte, führte jedoch zum Niedergang des Pfarrgemeindelebens. Nach und nach beraubte der Staat die evangelische Pfarrgemeinde ihres Besitzes. Sie verlor ihr Pfarrhaus, das Haus des Organisten, das Glöcknerhaus sowie das Augusta-Victoria-Haus, ein Geschenk der deutschen Kaiserin zum 250. Jubiläum der Friedenskirche. Ein stumpfsinniger Vandalismus mit stiller Duldung der Behörden setzte dem kostbaren Bauwerk immer stärker zu. Irma Krügler, die Witwe des letzten deutschen evangelischen Pfarrers in Jauer, nannte das geschundene Gotteshaus eine *«weinende Kirche»*. Bald darauf erstarb das evangelische Gemeindeleben ganz.

Das änderte sich, als 1988 der junge Vikar Ryszard Borski nach Jawor kam. Er arbeitete als Seelsorger der evangelischen deutschsprachigen Diaspora Niederschlesiens. Seine engagierte Tätigkeit führte dazu, dass wieder regelmäßig Gottesdienste stattfanden und das Verwaltungswesen geordnet wurde. Das Pfarrgemeindeleben entwickelte sich dermaßen gut, dass am 14. März 1991 das Konsistorium die Evangelische Pfarrgemeinde an der Friedenskirche zu Jawor offiziell wiederherstellte. Roman Kluz und Tomasz Stawiak setzten das Werk Ryszard Borskis fort, der nach Wrocław berufen

wurde und später als evangelischer Militärbischof in Warschau tätig war. Mit Hilfe des polnischen Staates und vielen Spenden aus Deutschland konnte die ehrwürdige Friedenskirche schließlich gerettet und saniert werden.

Auch wenn die Zahl der Touristen, die diese großartige Kirche besuchen, zunimmt, ist es kaum noch vorstellbar, dass es Zeiten gab, wo an manchen Sonn- und Feiertagen drei und mehr Gottesdienste gehalten werden mussten. Und sie kamen von weit her, denn zum Fürstentum Jauer gehörten auch die Städte Bunzlau/Bolesławiec, Löwenberg/Lwówek Śląski und Hirschberg/Jelenia Góra mit ihren umfangreichen Weichbildern. Beim genaueren Betrachten der Emporen in den beiden Seitenschiffen spürt man trotz des riesigen Raumes eine gewisse Enge. Das hat damit zu tun, dass die erste und dritte Empore nachträglich eingebaut wurden, um mehr Kirchenplätze zu schaffen. Die vielen Felder der Emporenbrüstungen boten sich als Bildflächen an. 143 Motive aus dem Alten und Neuen Testament schmücken in der Manier einer biblia pauperum den zweiten und vierten Rang. Die Felder des ersten und dritten sind der im Fürstentum ansässigen Ritterschaft und den Zünften vorbehalten. Sie zeigen sowohl Adelswappen und die damit verbundenen Schlösser und Burgen vor der schlesischen Landschaft als auch Zunftzeichen mit Bezügen der einzelnen Handwerke zur biblischen Geschichte. Gleichzeitig markieren sie die dazugehörigen Logen und Kirchenplätze. Ergänzt wird dieses Raum- und Bildprogramm durch kunstvoll geschnitzte Tafeln mit den Wappen der Adelsfamilien und Zünfte, die sich um den Bau der Friedenskirche besonders verdient gemacht haben. Sie sind an den Hauptständern des Mittelschiffes angebracht.

Auf diese Weise manifestiert sich in diesem Gotteshaus nicht nur ein Kapitel der Frömmigkeitsgeschichte, sondern auch der Hoffnung der Menschen jener Zeit, den früheren Wohlstand ihres geschundenen Landes wiederherzustellen. Die Ritterschaft hatte mit ihren Gütern und Bauern die Ernährung zu sichern, die Bürgerschaft das Gedeihen von Handwerk, Handel und Gewerbe. So sollte jeder Stand zum Gemeinwohl beitragen – die wohl wichtigste Art eines Gottesdienstes.

VD

Friedenskirche zum Heiligen Geist
Ansprechpartner: Pastor Tomasz Stawiak
PL 59-400 Jawor, Park Pokoju 2
Telefon +48 (0) 76/8703273
E-Mail jawor@luteranie.pl
Öffnungszeiten:
April bis Oktober
Mo–Sa 10–17 Uhr
November–März
nach telefonischer Voranmeldung
Außerhalb der Öffnungszeiten auf Voranmeldung
Gottesdienst:
Sonn- und Feiertag 11 Uhr
Auf Voranmeldung in deutscher Sprache

Informationen/Buchungen
Info-Center der Gemeinde Jawor
PL 59-400 Jawor, Rynek 3
Telefon +48 (0) 76/8703371
E-Mail gci.jawor@wp.pl
www.jawor.pl

Besonders empfehlenswerte Angebote

Stadtrundgang

Das sehenswerte historische Rathaus wurde um 1896 an der Stelle eines gotischen Vorgängerbaus aus dem 14. Jahrhundert neu errichtet. Der Turm stammt von 1537. Der rechteckige Ring mit seiner ursprünglichen Bebauung von Bürgerhäusern mit Laubengängen aus dem 16. bis 19. Jahrhundert misst 140 mal 65 Meter. Im Jahre 1945 brannten der östliche sowie ein Teil der nördlichen Häuser am Ring ab. In den sechziger und siebziger Jahren wurden sie wiederaufgebaut. Der Gebäudekomplex des ehemaligen Bernhardinerklosters und die Klosterkirche St. Maria wurden 1486–1492 errichtet. Heute beherbergt es ein Regionalmuseum und eine Galerie für schlesische Sakralkunst. Der Striegenturm aus dem 14. Jahrhundert ist der einzige erhaltene Wehrturm des ehemaligen Striegauer Tors. Er ist 24 Meter hoch, die Mauerstärke beträgt bis zu 1,9 Meter. Von der Stadtmauer aus dem 14. Jahrhundert sind Fragmente erhalten.
www.jawor.pl

Gaststätten

Restaurant Kameleon

Gaststätte im romantischen Ambiente mit deftiger Küche
PL 59-400 Jawor, ul. Kuziennicza 4
Telefon +48 (0) 76/8707777
E-Mail kontakt@kameleonrestauracja.pl
www.kameleonrestauracja.pl

Restauracja Ratuszowa

(Rathaus-Restaurant)
im ruhigen, historischen Ratskeller mit abwechslungsreichen Gerichten
PL 59-400 Jawor, Rynek 1
Telefon +48 (0) 76/8702131
E-Mail info@restauracjaratuszowa.pl
www.restauracjaratuszowa.pl

Restaurant und Bar Kaskada

gute Hausmannskost, außerdem Sommergarten
PL 59-411 Paszowice, Myślibórz 8a
Telefon +48 (0) 76/8703070
www.barkaskada.pl
(7 km südwestlich von Jawor)

Übernachtungen

HOTEL «Jawor» ***

PL 59-400 Jawor, ul. Staszica 10
Telefon + 48 (0) 76/8710624
E-Mail recepcja@hoteljawor.com.pl
www.hoteljawor.com.pl

Willa «Furtak»

PL 59-400 Jawor, ul. Moniuszki 10a
Telefon + 48 (0) 76/8711[illegible]21
E-Mail willafurtak@o2.pl
www.willafurtak.eu

Unser Geheimtipp

Herrenhaus in Morawa/Muhrau (23 km) ❷

Das Herrenhaus der Stiftung Heilige Hedwig (Fundacja św. Jadwigi) in Morawa/Muhrau verfügt über 45 Betten in 20 Zimmern. Der 12,3 Hektar umfassende historische Park ist denkmalgeschützt und in das Register der erhaltenswerten Parkanlagen Polens eingetragen. Besonders bemerkenswert sind die alten Eichen, Buchen und einige exotische Bäume. Die Stiftung ist Partner der VIA SACRA und Teil des deutsch-polnischen Gartenkulturpfades. Eine im Jahre 1927 in Muhrau geborene Nachfahrin der Erbauerfamilie von Wietersheim-Kramsta, Melitta Sallai, lebt und wirkt seit ihrer Pensionierung 1992 wieder in Morawa – mittlerweile gibt es hier einen Kindergarten in freier Trägerschaft und ein sehr aktives polnisch-deutsches Begegnungszentrum.

Kontakt:
Stiftung Heilige Hedwig (Fundacja św. Jadwigi)
PL 58-120 Jaroszów, Morawa 1
Telefon +48 (0) 74/8549730
E-Mail morawa@pro.onet.pl
www.morawa.org

Ausflugstipps

Klosterkirche St. Hedwig in Legnickie Pole/ Wahlstatt (19 km) ❸

Die Dreifaltigkeitskirche wurde an der Stelle errichtet, wo die hl. Hedwig den Leichnam ihres 1241 in der Schlacht bei Wahlstatt gegen die Mongolen gefallenen Sohnes Herzog Heinrich II. fand. Barocke Anlage der Benediktiner. Bilderzyklus (1733) von Cosmas Damian Asam aus dem Leben der heiligen Hedwig.
www.legnickiepole.pl

Legnica/Liegnitz (19 km) ❹

Die an der historischen Via Regia gelegene Stadt Legnica ist eine der ältesten und mit 104 000 Einwohnern die drittgrößte Stadt in Niederschlesien. Sie verfügt mit der gotischen Kathedralkirche St. Peter und Paul aus dem 14. Jahrhundert, der Pfarrkirche St. Johannes Baptist (gebaut im 14. Jahrhundert, 1714–1720 vermutlich nach Plänen Christoph und Kilian Ignaz Dientzenhofers barockisiert), dem Piastenschloss sowie dem sehenswerten barocken Rathaus und Bürgerhäusern am Ring über zahlreiche kulturhistorische Denkmäler. Interessant ist das 1962 im ehemaligen Haus der Leubuser Äbte gegründete Kupfermuseum, das sich Geschichte des Kupferbergbaus und der vielfältigen Einsatzmöglichkeiten des Werkstoffes Kupfer widmet.
www.portal.legnica.eu

Zisterzienserkloster Lubiąż/Leubus (49 km)

Ältestes und größtes Zisterzienserkloster Schlesiens (1681–1720). Zweitürmige Klosterkirche aus dem 14. Jahrhundert und 225 Meter lange Klosterfront. Barocker Fürstensaal mit riesigem Deckengemälde. Sommerrefektorium des Abts mit einem Fresko Michael Willmanns.
www.fundacjalubiaz.org.pl

Friedenskirche zur Heiligen Dreifaltigkeit Świdnica/Schweidnitz (34 km)

UNESCO-Weltkulturerbe seit 2001. Fachwerkbau für 7 500 Gläubige, gilt damit als größte Fachwerkkirche in Europa. Sie wurde - wie die Friedenskirchen in Jauer und in Glogau - nach dem Dreißigjährigen Krieg für schlesische Protestanten errichtet. Zweigeschossige Emporen mit 78 Bibelversen in Schmuckumrahmungen und 47 Illustrationen von Glaubensprinzipien, Decke in volkstümlichem Barock. In Świdnica gibt es eine gotische Stadtpfarrkirche aus dem 13. Jahrhundert, die mit 100 Metern Höhe einen der höchsten Türme Schlesiens besitzt.
www.kosciolpokoju.pl
www.um.swidnica.pl

Krzyżowa/Kreisau (58 km)

Früherer Gutshof der Familie von Moltke. «Kreisauer Kreis» im Zweiten Weltkrieg mit Plänen für ein demokratisches Deutschland, Helmuth James von Moltke wurde nach dem Hitler-Attentat hingerichtet. Heute befindet sich auf dem Hof die Tagungs- und Begegnungsstätte der Stiftung Kreisau für Europäische Verständigung, die sich für Toleranz, Frieden, Verständigung und von gegenseitiger Wertschätzung geprägter Zusammenarbeit aller europäischen Nationen einsetzt.
www.krzyzowa.org.pl

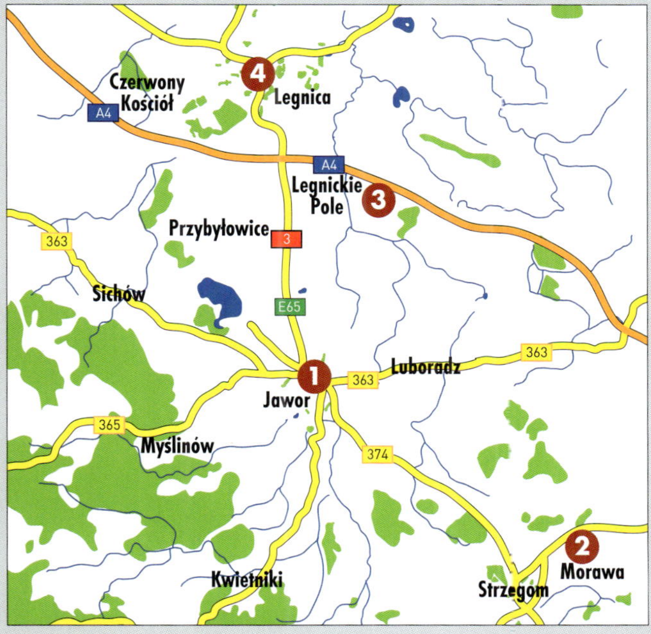

Eine europäische Barockperle – der Klosterkomplex in Krzeszów/Grüssau

Von Jawor/Jauer nach dem knapp 50 Kilometer südlich gelegenen Krzeszów/Grüssau fahren wir auf der Straße Nr. 3. Vor Bolków/Bolkenhain künden zwei trutzige Burgen von der einstigen strategischen Bedeutung der Gegend. Hier führte bereits in frühen Zeiten eine bei Legnica/Liegnitz von der via regia nach Süden abzweigende Handelsstraße östlich des Riesengebirges hinüber nach Böhmen. Über dem Dörfchen Świny/Schweinhaus erhebt sich die mächtige Schweinhausburg. Bereits 1108 in der «Chronica Bohemorum» des Cosmas von Prag erwähnt, ist sie eine der ältesten Festen Schlesiens. Hoch über der Stadt thront die 1277 erstmals erwähnte Bolkoburg/Zamek Bolków. Seit 1995 findet hier jedes Jahr Ende Juli ein Gothic-Festival statt, das inzwischen weit über die Grenzen Polens hinaus bekannt geworden ist. In Bolków fahren wir auf der Straße Nr. 5 Richtung Kamienna

St.-Josephs-Kirche

Góra/Landeshut. An der Kreuzung am Stadtrand von Kamienna Góra weisen bereits Schilder den Weg zum «Sanktuarium Krzeszów». Herrliche Ausblicke auf den Kamm des Riesengebirges und die Berge des Braunauer Ländchens/Broumovská vrchovina entzücken das Auge immer wieder. Bald tauchen die Kirchtürme des Klosters auf, das polnische Kunsthistoriker gern als eine «europäische Barockperle» rühmen. Wie oft bei solchen Klosterbauten zeugen auch die von Grüssau von einem wunderbaren Gespür der Erbauer für das Verhältnis zwischen Architektur und Landschaft. Majestätisch und dennoch nicht dominant fügt sich die Abtei in das Tal des Baches Zieder/Zdarna ein und steht in einem malerischen Kontrast zur bergigen Kulisse im Hintergrund.

Benediktinerinnenkloster

Klostergründung, Tatarenschlacht und andere Widrigkeiten

Kloster Grüssau, eine der am besten erhaltenen Klosteranlagen der Zisterzienser in Schlesien, kann auf eine bewegte Geschichte zurückblicken. 1240 hatte der schlesische Landesfürst Heinrich II., genannt der Fromme, den Entschluss gefasst, im Ziedertal, im Bereich der ehemaligen «Przesieka», dem urwaldartigen Grenzwald, der Schlesien von Böhmen trennte, ein Kloster zu gründen. Sein früher Tod in der Tatarenschlacht auf der Wahlstatt bei Liegnitz (Legnickie Pole) am 9. April 1241 vereitelte dieses Vorhaben. Die Absicht ihres für den christlichen Glauben gefallenen Gatten verwirklichte Fürstin Anna von Schlesien zusammen mit ihrem Sohn Boleslaw II. Nach der Gründungsabsprache am 8. Mai 1242 sollten aus Opatowitz in Böhmen / Opatovice nad Labem stammende Benediktinermönche so viel Land zu ihrem Besitz erhalten, wie sie durch ihrer Hände Arbeit oder mit ihrem Geld urbar machen konnten. Zwei Generationen später, im Jahre 1292, wurde das Kloster auf Betreiben Herzog Bolkos I. von Schweidnitz-Jauer durch Zisterzienser aus Heinrichau / Henryków bei Frankenstein / Ząbkowice Śląskie übernommen. Die wirtschaftlichen Aktivitäten der grauen Mönche waren, wie andernorts auch, von außerordentlichem Erfolg gekrönt. Im 14. Jahrhundert bestand der Klosterbesitz aus etwa 40 Ortschaften, darunter die Kleinstädte Liebau / Lubawka und Schömberg / Chełmsko Śląskie. Große Anziehungskraft besaß ein Madonnenbildnis, das nach einer 1318 aufgezeichneten Legende auf wundersame Weise vom italienischen Rimini nach Grüssau gelangt sein soll.

In den Hussitenkriegen litt das Kloster schwer. Bei einer Erstürmung durch die Anhänger des böhmischen Reformators im Jahre 1426 kamen fast alle Mönche ums Leben. Seither galt das Gnadenbild als verschollen. Erst 1454 konnte eine neue Klosterkirche fertiggestellt und geweiht werden. Auch im Dreißigjährigen Krieg hatte das Kloster als katholische Hochburg in einem nahezu ausschließlich evangelischen Umfeld nicht wenige Verluste zu verzeichnen. Nach einer kurzen Erholungsphase erlebten die Zisterzienser jedoch schon bald eine neue Blütezeit. Dazu dürfte nicht unwesentlich beigetragen haben, dass man am 8. Dezember 1622 bei Bauarbeiten unter den Dielen der Sakristei das Gnadenbild wiederfand. Die Katholiken deuteten das als ein Gotteszeichen. Das Kloster wurde fortan nicht nur zu einem Zentrum der Marienwallfahrten, sondern auch der Gegenreformation. Nicht zuletzt als eine Antwort auf die Errichtung der drei evangelischen Friedenskirchen in Schweidnitz / Świdnica, Jauer / Jawor und Glogau / Głogów wurde die Grüssauer Abtei unter dem in den Jahren 1660 bis 1696 regierenden Abt Bernhard Rosa prachtvoll ausgebaut.

Die Blütezeit dauerte bis zur Eroberung Schlesiens durch Preußen im Jahre 1741 an. Die kulturellen Aktivitäten beschränkten sich hierbei keineswegs auf das Kloster selbst. Auch an zahlreichen anderen Orten des Klosterlandes wurde gebaut, so im Filialkloster Würben / Wierzbna bei Saarau/Żarów, der Propstei Warmbrunn / Cieplice Śląskie oder in Altreichenau / Stare Bogaczowice, dem Sommersitz des Klosters, um nur einige zu nennen.

Josephsbruderschaft und Josephskirche

Der heutige Eindruck von Grüssau wird vor allem von seinen zwei Kirchen bestimmt. Die ältere von ihnen, die St.-Josephs-Kirche, ist in ihrer Anlage und Planung ein beeindruckendes Beispiel katholischer Barockfrömmigkeit. Im Jahre 1669 hatte Abt Bernhard Rosa im Zuge der angestrebten Rekatholisierung Schlesiens eine dem hl. Joseph geweihte Gebetsbrüderschaft gegründet, der jeder, vom Bauer bis zum Fürsten, beitreten konnte. 1684 besaß sie immerhin schon

4 300 Mitglieder. Die Frage nach einem eigenen Gotteshaus stellte sich also immer drängender. Das alte, baufällige Andreaskirchlein wurde 1690 abgerissen und der Klosterbaumeister Martin Urban beauftragt, an seiner Stelle eine Josephskirche zu errichten. Der Bau dieses neuen Gotteshauses schritt schnell, ja zu schnell voran. Bei der Fundamentierung der beiden Türme hatte man offensichtlich nicht sorgfältig genug gearbeitet – sie stürzten am 9. und am 12. Oktober 1693 ein. Urban wurde von der Bauleitung suspendiert und die Kirche vom Baumeister des Breslauer Bischofs, Michael Josef Klein († 1725), im selben Jahr turmlos vollendet. Der Autor des Bauplans der Kirche ist nicht sicher überliefert. Während die ältere deutsche Literatur auch einheimischen Künstlern, in diesem Fall konkret Urban, die Urheberschaft zutraut, schreibt die jüngere polnische Forschung, ohne nähere Begründung, einem anonymen Italiener die Autorenschaft zu.

Der überwältigende künstlerische Eindruck des Innenraums der Josephskirche wird vor allem von einem einzigen Element bestimmt. Der Saalbau mit eingezogenen Strebepfeilern und einem schmalen, apsidial geschlossenen Chor zeichnete sich durch große, geschlossene Wandflächen aus.

Deshalb erhielt der als Kupferstecher tätige Grüssauer Mönch Jakob Arlet (1661–1702) den Auftrag, zu erkunden, ob das berühmteste Mitglied der Josephsbrüderschaft, der Leubuser Klostermaler Michael Leopold Willmann (1630–1706) bereit wäre, die Kirche mit Werken seiner Hand zu schmücken. Ein Besuch in Leubus/Lubiąż im Mai 1692 verlief positiv und von nun an zierte der Meister mit seinen Mitarbeitern, seinem Stiefsohn Johann Christoph Lischka († 1712), seinem Sohn Michael Leopold Willmann (1669–1706) und einem Lehrling in den warmen Monaten der Jahre 1693 bis 1695 die Kirche mit Fresken. Die kalte Jahreszeit, die sich für die Freskomalerei nicht eignete, wurde sicherlich zur Projektierung genutzt. Auf diese Weise entstand die malerische Ausschmückung der Kirche, für die Abt Rosa dem Künstler 2 000 Taler zahlte. Die Einteilung der Decke orientiert sich an der Sixtinischen Kapelle und zeigt die Ahnen Christi, die Westseitenkapellen die Freuden, die der Ostseite die Schmerzen des hl. Joseph. Welchen Eindruck diese Gemälde und die Gesamtanlage des Klosters auf einen anderen Großen der internationalen Kunstgeschichte, Ludwig Meidner (1884–1966), machte, sei an dieser Stelle durch einige Zitate aus seinem Lobeshymnus auf Grüssau belegt: *«Willmann ist heute fast vergessen, aber ein unbefangener Liebhaber der Malerei wird an dieser echten und impulsiven Malerhand herzliche Freude haben. Man nennt heute die Maler jener Epoche etwas geringschätzig ‹Manieristen› und auch Willmann gehört hierzu. Dennoch ist hier eine Urwüchsigkeit und Vitalität, die an seinen späten Landsmann Corinth denken lässt; und es ist unrecht, dass unsere Kunstschreiber und Historiker die unwichtigsten und entlegensten Gebiete der Kunstgeschichte untersuchen, aber diesen Mann übergangen haben, der es verdient, dass man seinen Namen neben denen der tüchtigsten deutschen Maler nennt.*

Hier ist ein großartiger Zug, ein prachtvolles Ausgreifen und Gelingen – von diesen Wandbildern geht Rausch und Schwermut aus, ein Lodern aus Glut und Musik. Auch der Geist katholischer Mystik ist in ihnen spürbar, jener späten Mystik vom Ende des siebzehnten Jahrhunderts, denn ihr Schöpfer hat sie selbst gelebt und ist als frommer Mann gestorben.

Nicht seinesgleichen hat dieser Kirchenraum in Deutschland, und man wundert sich und freut sich, dass im Verborgenen ein Kleinod da ist, noch unversehrt, von wenigen gekannt.»

Klosterkirche Mariä Himmelfahrt

Fast genau ein Vierteljahrhundert nach der Errichtung der St.-Josephs-Kirche war es Zeit für den Bau der Abteikirche, das Hauptmünster der Klosteranlage. 1728 begann man mit dem Abriss des mittelalterlichen Vorgängerbaues und 1730 bis 1735 (Weihe) wurde der neue Bau unter der Leitung des Grüssauer Klosterbaumeisters Anton Joseph Jentsch (1698–1757) errichtet. Auch in diesem Fall traut die ältere Literatur das Projekt dem Ausführenden selbst zu, während die jüngere bereit ist, nach einem noch festzustellenden Autor zu fahnden. Zweifellos steht fest, dass ein Großteil der für die Innenausstattung verantwortlichen Künstler in böhmischen und mährischen Kunstzentren ihre Prägung erhalten hat. Ferdinand Maximilian Brokoff (1688–1731), Christoph Ferdinand Scharf (1702–1741) und vermutlich auch Anton Dorasil (1695/96–1759) kamen aus Prag, Ignaz König aus Raudnitz/Roudnice nad Labem, Joseph Anton Lachel (1731–1785) aus der Nähe von Budweis/České Budějovice, Matthias Paul aus Olmütz/Olomouc und Joseph Christian Schlesinger (1706–1782) aus Kuttenberg/Kutná Hora. Zum Leiter der künstlerischen Innenausstattung der Kirche hatte Abt Innozenz Fritsch den Prager Ferdinand Maximilian Brokoff ausgewählt, aber dessen früher Tod im Jahre 1731 bewirkte, dass fast alle bildhauerischen Elemente der Kirche von Anton Dorasil, einem Schüler des Meisters, und dessen Gehilfen ausgeführt wurden. Auch für das Hochaltargemälde hatte man in Grüssau einen Prager Künstler ausersehen, nämlich Peter Brandl (1668–1735). Aufgrund der guten Erfahrungen bei der Ausmalung der Josephskirche, wurden die Deckengemälde, unter anderem mit Szenen aus dem Leben Christi, bei einem weiteren Mitglied der Familie Willmann, dem Enkel von Michael Leopold, Georg Wilhelm Joseph Neunhertz (1689–1749) bestellt. Mit dem in den Jahren 1732 bis 1735 geschaffenen Werk war man offensichtlich so zufrieden, dass man Meister Neunhertz zu zahlreichen weiteren Aufgaben heranzog. Er porträtierte Abt Innozenz Fritsch kurz vor seinem Tod, malte ungefähr parallel zu den Deckenfresken der Kirche den Wassertempel des Grüssauer Abts in Bethlehem (Betlejem) mit Szenen aus dem Leben Davids aus, schuf 1736 die Wandmalereien des Piastenmausoleums und 1738 die Gemälde der Grabeskapelle und der Maria-Magdalena-Kapelle des Grüssauer Kreuzweges. Schon vor dem Deckengemälde der Kirche hatte er 1730/31 die fünf Freuden Annas, ein Leinwandgemälde für

Princeps pacis

die Pseudokuppel der Grüssauer Annakapelle geschaffen, das leider 1884 einem Brand zum Opfer fiel. Zeitgleich mit der malerischen und bildhauerischen Ausgestaltung des Kirchenraumes erfolgte der Bau der Orgel. Ihr Erbauer, der Breslauer Meister Michael Engler (1688–1760), schuf in den Jahren 1732 bis 1736 ein Werk mit 52 Registern und 2 606 Pfeifen – eines der bedeutendsten Instrumente Schlesiens, dem sich das Prospekt von Anton Dorasil kongenial anpasst. Nach der Vernichtung der Breslauer Elisabethkirchenorgel in einer Brandkatastrophe 1977 ist das Grüssauer Werk zusammen mit der Orgel in St. Moritz in Olomouc das letzte erhaltene große Instrument dieses hervorragenden schlesischen Orgelbaumeisters. Von 2007 bis 2008 wurde die Orgel von der renommierten Dresdner Firma Orgelbau Jehmlich umfassend restauriert.

Das Piastenmausoleum – einer der schönsten Sepulkralräume Mitteleuropas

Gleich nach der feierlichen Weihe der Klosterkirche am 3. Juli 1735 durch den Breslauer Kardinal Philipp Ludwig v. Sinzendorf konzentrierten die Grüssauer Mönche einen Teil der ihnen zur Verfügung stehenden künstlerischen Kapazitäten auf die nächste größere Aufgabe – das Piastenmausoleum. Mit der Errichtung dieses an das Presbyterium der Marienkirche anliegenden von zwei Kuppeln bekrönten Baues sollten offensichtlich zwei Ziele erreicht werden: Die so exponierte Zurschaustellung der Grabmäler der Gründerdynastie des Klosters lieferte den Beweis sowohl für die Pietät der Grüssauer Mönche gegenüber ihren Wohltätern als auch für die altehrwürdigen, ins Mittelalter zurückreichenden Wurzeln des Klosters. Dem auch hier tätigen Anton Dorasil und seinen Mitarbeitern, Ignaz Albrecht Provisor († 1743), der für 8 000 Floren die Marmorisierung besorgte, dem schon erwähnten Georg Wilhelm Neunhertz und dem Maler Felix Anton Scheffler (1701–1760), der für die Altargemälde verantwortlich zeichnete, gelang es, einen der schönsten Sepulkralräume Mitteleuropas zu gestalten, in dem die sterblichen Überreste der mittelalterlichen Gönner des Klosters am 30. Mai 1738 beigesetzt werden konnten.

Unter preußischer Herrschaft

Nachdem die Arbeiten in den sakralen Teilen der Anlage größtenteils abgeschlossen waren, stellte sich die Leitung des Klosters einer weiteren Aufgabe – das Kloster selbst sollte in neuer, prächtigerer Form entstehen. Der Grundstein zu diesem ambitionierten und aufwendigen Vorhaben wurde schon am 30. Mai des Jahres 1738 gelegt. In Kürze sollte sich allerdings zeigen, dass sich die Zeiten für die Bauherren entscheidend zum Schlechten gewandelt hatten. Die drei Schlesischen Kriege, die zu der Annexion von fast ganz Schlesien durch Friedrich II. führen sollten, nahmen dem Habsburgerstaat die Kraft zu einer großzügigen Unterstützung und Bevorzugung der katholischen Interessen in Schlesien. Den neuen Herren des Landes hingegen gelang es, durch eine entsprechende Steuerpolitik die ökonomische Macht der schlesischen Orden in kürzester Zeit zu brechen. Daher war es nicht verwunderlich, dass das letzte realisierte Element, der 1770 von Johann Gottlieb Fellner projektierte Südflügel des Klosters, erst 1788 durch den Grüssauer Baumeister Johann Georg Rudolf (1725 bis 1799) beendet werden konnte.

Wie wenig man sich in Grüssau den veränderten Herrschaftsverhältnissen beugen wollte, zeigt eine recht beachtliche Zahl von Neu- und Umbauten im Stiftsland aus der zweiten Hälfte des 18. Jahrhunderts.

Völlig wehrlos jedoch traf die Zisterzienser die Säkularisation des katholischen Kirchenbesitzes im Rahmen der Stein-Hardenbergschen Reformen im Jahre 1810. Das Stift

Klosterkirchhof mit Heilgem Grab

wurde aufgelöst, seine Insassen vertrieben und vor die Wahl gestellt, weiter als Weltpriester tätig zu sein oder gegen eine kleine Pension bis zum Ende ihrer Tage ein bescheidenes Dasein zu fristen. Fortan übte die Marienkirche nur noch Pfarrkirchenfunktionen aus, das Josephssanktuarium wurde zu einer Hilfskirche degradiert.

Hoffnungen und Tragödien des 20. Jahrhunderts

Nach dem Ersten Weltkrieg sollte noch einmal intensives geistliches und geistiges Leben in die altehrwürdigen Grüssauer Mauern einziehen. 1919 wurde die Anlage von aus ihrem Kloster Emmaus in Prag vertriebenen deutschen Benediktinern erworben. Schon 1924 konnte das Kloster erneut zur Abtei erhoben werden. Von nun an gingen von Grüssau wieder wichtige Impulse für das geistige Leben der Region aus. Zahlreiche Elemente der Gesamtanlage wurden in den Zwischenkriegsjahren restauriert oder renoviert. Dieser kurzen Zeit des Aufschwungs setzte die Diktatur des Hitlerregimes ein baldiges Ende. Nachdem die Mönche bereits vorher unter dem glaubensfeindlichen Kurs der neuen Machthaber zu leiden hatten, wurde die Abtei schon 1940 vom deutschen Staat als Umsiedlerlager beschlagnahmt. In der letzten Kriegsphase sollte Kloster Grüssau eine besondere Bedeutung dadurch erhalten, dass bedeutende Kulturgüter aus Mitteldeutschland, vor allem der Preußischen Staatsbibliothek, in die Klosterkirchen ausgelagert wurden. Kurz nach der Beendigung der Kampfhandlungen wurden diese Bestände vom polnischen Staat sichergestellt und befinden sich heute in der Universitätsbibliothek von Krakau. Leider konnte deren Rückgabe an den rechtmäßigen Besitzer bis heute nicht durchgesetzt werden. Die Grüssauer Benediktiner selbst wurden am 12. Mai 1946 zusammen mit der deutschen Bevölkerung ihres Stiftslandes nach dem Westen vertrieben. Sie erwarben den Ritterstift St. Peter in Bad Wimpfen am Neckar, in dem noch heute zahlreiche Altgrüssauer Traditionen fortgeführt werden. Den Platz der deutschen Mönche nahmen polnische Benediktinerinnen aus der galizischen Hauptstadt Lemberg / Lwiw ein, die ebenfalls aus ihrer Heimat vertrieben worden waren. Schon in relativ kurzer Zeit blühte in den alten Mauern neues religiöses Leben. Schlechter war es um den Erhalt der Kulturdenkmäler bestellt, denn selbst, wenn von Zeit zu Zeit an verschiedenen Stellen der Anlage restauriert wurde, geschah dies selten mit der notwendigen Sorgfalt. Auch in diesem Fall waren die politischen Veränderungen von 1989 von grundlegender Bedeutung. Seit dieser Zeit besitzt die katholische Kirche in Polen freie Entfaltungsmöglichkeiten, was sich auf den Erhaltungszustand nicht weniger Gotteshäuser äußerst positiv ausgewirkt hat. Als augenscheinlichstes Beispiel hierfür kann in Grüssau die vor wenigen Jahren erfolgte Rettung des Gästehauses des Abtes aus dem Jahre 1734 gelten, das schon kurz vor dem Zusammenfall stand.

Heute ist Kloster Grüssau der Hauptwallfahrtsort der am 25. März 1992 gegründeten Diözese Legnica/Liegnitz, was sich nicht zuletzt in einem von Jahr zu Jahr bessernden Zustand der Klosteranlage niederschlägt. RS

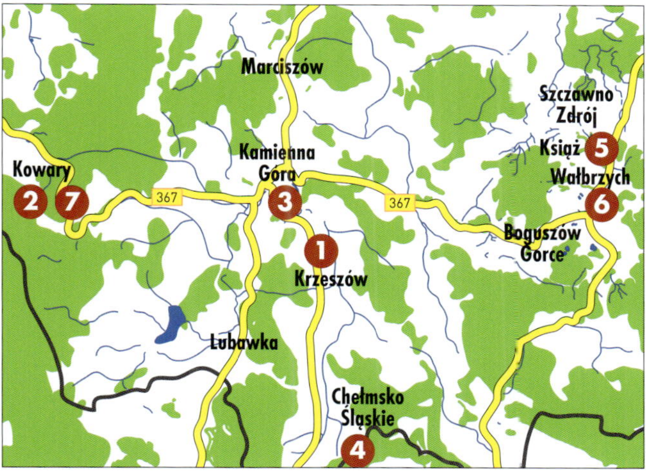

Sanktuarium w Krzeszów
Ansprechpartner: Kustos des Sanktuariums in Grüssau, Priester Marian Kopko
PL 58-405 Krzeszów, Plac Jana Pawła II 1
Informationspunkt Obsługa Pielgrzyma
Telefon +48 (0) 75/7423279
E-Mail sanktuarium.krzeszow@gmail.com
www.opactwo.eu
Besichtigung:
Mai bis Oktober
Mo-So 9-18 Uhr
Messe
Mo-Sa 7 Uhr, 12 Uhr, 18 Uhr
So 7.30 Uhr, 10 Uhr, 12 Uhr, 17 Uhr
November bis April
9-15 Uhr
Messe
Mo-Sa 7 Uhr, 17 Uhr
So 7.30 Uhr, 10 Uhr, 12 Uhr, 17 Uhr

Tipps für Gaststätten
Gruppen können auf Voranmeldung auch in der klostereigenen Gaststätte unmittelbar neben dem Informationspunkt verpflegt werden.
Obsługa Pielgrzyma
PL 58-405 Krzeszów, Plac Jana Pawła II 1
Telefon +48 (0) 75/7423279
E-Mail sanktuarium.krzeszow@gmail.com

Pizzeria – Restauracja «Rustykalna»

Restaurant mit guter italienischer Küche und polnischen Spezialitäten
PL 58-405 Krzeszów, ul. Brokoffa 14
Telefon +48 (0) 75/7423535
E-Mail rustykalna@krzeszow.net

Kawiarnia «U Leszka»

gemütliches Café
PL 58-400 Kamienna Góra, ul. Stara 2
Telefon +48 (0) 75/7442524

Übernachtungen
Seit 2010 sind überaus preiswerte Übernachtungen mit Frühstück auch im Kloster selbst möglich. Die Schwestern kümmern sich, soweit es die klösterlichen Regeln und Pflichten erlauben, rührend um ihre Gäste. Die Schwestern können auf Voranmeldung auch für Gruppen Mahlzeiten zubereiten.
Opactwo Sióstr Benedyktynek
PL 58-405 Krzeszów, Plac Jana Pawła II 5
Telefon +48 (0) 75/7423380
E-Mail opactwossbenedyktynek@poczta.onet.pl

Hotel Krokus **

PL 58-400 Kamienna Góra, ul. Parkowa 1b
Telefon +48 (0) 75/7443514

Hotel Lubavia

PL 58-420 Lubawka, pl. Wolności 14
Telefon +48 (0) 75/7411321
www.lubavia.pl

Gasthaus Betlejem

PL 58-405 Krzeszów, ul. Betlejemska 68
Telefon +48 (0) 75/7423324
E-Mail betlejem@betlejem.pl
www.betlejem.com

Unser Geheimtipp

Pałac Kowary (29 km) ❷

Stilvolles Haus mit Schlossrestaurant und ausgezeichnetem Blick auf die Schneekoppe und das Riesengebirge. Aufgrund seiner Lage nahe Karpacz/Krummhübel sowie an der Straße von Jelenia Góra/Hirschberg nach Kamienna Góra/Landeshut ist es ein optimaler Ausgangspunkt für die Erkundung der polnischen Stationen der VIA SACRA.
PL 58-530 Kowary, ul. Ogrodowa 21
Telefon + 48 (0) 75/7183284
E-Mail smyrna@op.pl
www.schlosskowary.pl

Ausflugstipps

Dreifaltigkeitskirche Kamienna Góra/Landeshut (8 km) ❸

Eine von sechs Gnadenkirchen, die den Protestanten Schlesiens aufgrund der Altranstädter Konvention zugestanden wurden. 1709 bis 1717 von Baumeister Martin Franz als evangelische Gnadenkirche der Heiligen Dreifaltigkeit nach dem Vorbild der Stockholmer Katharinenkirche errichtet. Heute Kościół Matki Boskiej Różańcowej/Katholische Pfarrkirche Maria Rosenkranz.
www.kamiennagora.pl

Chełmsko Śląskie/Schömberg (9 km) ❹

Hier befinden sich die Laubenhäuser der zwölf Apostel – aneinander gebaute hölzerne Weberhäuser von 1707, von denen elf erhalten geblieben sind. Das Ensemble erinnert an das einstige Zentrum der Leineweberei.
www.chelmskoslaskie.pl

Zamek Książ/Schloss Fürstenstein (28 km) ❺

Die größte Schlossanlage in Schlesien wird oft als «Perle Niederschlesiens» bezeichnet. Die ursprünglich mittelalterliche Burganlage (quadratischer Bergfried von 1290) wurde im 16. Jahrhundert zum Renaissanceschloss umgebaut und im 17./18. Jahrhundert barockisiert. Sie verfügt daher über Renaissanceteil, Barockflügel, aber auch wertvolle Steinmetzarbeiten und Deckenmalereien. Zu den Schlossgästen gehörte Winston Churchill.
www.ksiaz.de

Broumov/Braunau CZ (27 km)

In der böhmischen Stadt nahe dem landschaftlich reizvollen und geologisch interessantem Aderbacher und Weckelsdorfer Felsengebiet befindet sich eine Benediktinerabtei aus dem 13. Jahrhundert. Sie wurde im 17./18. Jahrhundert nach Plänen von Christoph und Kilian Ignaz Dientzenhofer sowie Martin Allio barockisiert und trägt Wandmalereien von Johann Jakob Stevens von Steinfels. Ende der neunziger Jahre entdeckte man hier eine Kopie des Turiner Grabtuchs aus dem 17. Jahrhundert.
www.broumov.net

Wałbrzych/Waldenburg (22 km) ❻

Nach Wrocław/Breslau zweitgrößte Stadt Niederschlesiens. Durch Friedrich den Großen geförderter Kohleabbau. Neogotisches Rathaus, Kirche der Evangelisch-Augsburgischen Gemeinde (1785–1789), katholische Heilig-Geist-Kirche (1848). Sehenswerte Bürgerhäuser am Ring. Schloss Alberti, 1801 nach Plänen von Carl Gotthard Langhans erbaut, kam 1834 in Besitz der Fabrikantenfamilie Alberti und ist heute Städtisches Museum mit wertvollen Beständen unter anderem an Porzellan und Mineralien. Das ehemalige Kaufhaus Schocken (wurde 1929 erbaut) ist auch heute noch ein Warenhaus («dom towarowy»).
www.um.walbrzych.pl/de/

Miniaturenpark der Niederschlesischen Denkmäler in Kowary (29 km) ❼

Auf dem Gelände einer ehemaligen Teppichfabrik in Kowary/Schmiedeberg schuf Marian Piasecki den Miniaturenpark der Niederschlesischen Denkmäler (Park Miniatur Zabytków Dolnego Śląska) – heute sowohl vielbesuchte touristische Attraktion mit mehr als 250 000 Besuchern jährlich als auch Informationszentrum für die Gäste Niederschlesiens. Die Besucher können bedeutende architektonischen Denkmäler, vor allem Paläste, Kirchen, Klöster und niederschlesische Altstädte als originalgetreue Modelle im Maßstab 1:25 kennenlernen. Die Parkführer und die ausführliche Beschreibungen an den Modellen informieren auch in deutscher Sprache über deren Historie. www.park-miniatur.com

Wikingerarchitektur am Fuße der Schneekoppe – die Kirche Wang in Karpacz/Krummhübel

Von Krzeszów/Grüssau nach dem 50 Kilometer entfernten Karpacz/Krummhübel fahren wir auf der kleinen Landstraße in nördlicher Richtung zurück bis zur Kreuzung am Stadtrand von Kamienna Góra/Landeshut. Hier biegen wir auf die nach Jelenia Góra/Hirschberg führende Straße Nr. 367 ab. Vom Schmiedeberger Pass/Przełęcz Kowarska bieten sich herrliche Ausblicke auf das Riesengebirge und die vorgelagerten Falkenberge/Sokole Góry. Von der 1 602 Meter hohen Schneekoppe/Śnieżka bekrönt, rückt der Kamm des Riesengebirges immer näher. In Kowary/Schmiedeberg biegen wir nach links auf die Nr. 366 ab, der wir bis Ściegny/Steinseiffen folgen. Im Ort geht es wieder links auf die Straße nach Karpacz/Krummhübel. Braune Schilder mit der Aufschrift «Kościół Wang» (Kirche Wang) weisen den Weg zum 885 Meter über N. N. gelegenen Ziel.

Der Exot auf der VIA SACRA stammt aus Norwegen

Sie ist der Exot unter den Stationen der VIA SACRA – eine Stabholzkirche aus dem 12. Jahrhundert. Im Auftrag des preußischen Königs Friedrich Wilhelm IV. 1841 in Norwegen ersteigert, fachgerecht demontiert, auf beschwerlichen Wegen ins Riesengebirge gebracht und dort wieder aufgebaut, dient sie seit 1844 als Gotteshaus. Ein berauschender Zauber umgibt den Platz. Günter Grundmann beschreibt dies in seinen 1969 erschienenen *«Kunstwanderungen im Riesengebirge»* mit sensibler Feder: *«Wahrhaftig – welche Landschaft ist so überraschend schön, blickt man von der Friedhofsmauer der Kirche Wang auf das Gebirge und die weitgewellte Ebene! Und inmitten dieser leuchtenden Schönheit, umflossen von Licht und farbiger Freude, steht das uralte nordische Kirchlein, unendlich bescheiden und rührend kostbar wie ein Wirklichkeit gewordenes Märchen. Es ist klein und eng, fremd und doch vertraut. Es ist wie ein Gruß aus romantischer Vergangenheit, um nordische Welt der Sage und den empfänglich empfindenden Geist des 19. Jahrhunderts zu einem der seltsamsten Gedichte miteinander zu verbinden.»*

Eine beschwerliche Reise

Doch der Reihe nach: Das hölzerne Kirchlein wurde um die Wende vom 12. zum 13. Jahrhundert in der kleinen norwegischen Ortschaft Vang, etwa in der Mitte zwischen Bergen und Lillehammer gelegen, erbaut. Anfang des 19. Jahrhundert hatte die Zeit so sehr an ihm genagt, dass aufwendige und teure Reparaturen notwendig geworden wären. Obendrein erwies sich das Gotteshaus für die wachsende Gemeinde als zu klein. So entschloss man sich, eine neue Kirche zu bauen und das Holz der alten zur Finanzierung der neuen zu versteigern.

Zu dieser Zeit lebte in Dresden der norwegische Landschaftsmaler Professor Johann Christian Dahl, ein Freund und Schüler Caspar David Friedrichs. Als Liebhaber nordischer Altertumskunde und Sammler von Zeugnissen dieses Kulturkreises reiste er häufig durch sein Heimatland, zeichnete alte Bauwerke und vermaß sie. Bei einer Reise im Jahre 1839 erfuhr er von der alten Stabholzkirche in Vang. Unverzüglich begab er sich zum Ort des Geschehens und suchte Pastor Schmitler, den Gemeindepfarrer, auf. Dieser erzählte ihm, dass sich ein gewisser Graf Wedell-Jarlsberg für die Rettung und Umsetzung des Bauwerkes eingesetzt habe und bereit gewesen wäre, die Hälfte der Kosten zu übernehmen. Als dieser plötzlich verstarb, habe man sich zu der Auktion gezwungen gesehen. Diese sei noch nicht erfolgt, deshalb könne Professor Dahl gern als Käufer auftreten. Wenn er bereit sei, das Altarbild für die neue Kirche zu malen, käme man ihm beim Aushandeln des Preises sicher entgegen.

Schließlich kam Johann Christian Dahl auf den Gedanken, sich an den Preußenkönig Friedrich Wilhelm IV. zu wenden, dessen Interesse an frühchristlicher Kunst Skandinaviens allgemein bekannt war. Als Vermittler wählte Dahl den Freiherrn Johann Heinrich von Minutoli, der als Prinzenerzieher Zugang zum preußischen Hof hatte und sowohl künstlerisch als auch volkskundlich interessiert war. Er hatte auf die richtige Karte gesetzt, denn mit Schreiben vom 25. November 1840 teilte man ihm mit, dass er insgeheim im Auftrag des Königs als Käufer auftreten solle. Und so geschah es. Bei der Versteigerung am 18. Januar 1841 bot Pastor Schmitler im Auftrag von Professor Dahl und erhielt für 95 norwegische Spezies (etwa 400 Reichsmark) den Zuschlag. Wäre bekannt gewesen, dass hinter dem Gebot der preußische König stand, hätten die Vanger den Preis sicher höher angesetzt.

Bei der Demontage und dem Abtransport war Eile geboten, denn der Käufer hatte sich verpflichten müssen, bin-

nen Jahresfrist den Bauplatz zu planieren und die bei der Kirche bestatteten Toten auf den neuen Friedhof umzubetten. Im Einvernehmen mit Berlin schickte Dahl seinen Schüler, den Maler und Architekten Friedrich Wilhelm Schierz, nach Vang. Mit ihm gemeinsam hatte er Norwegen schon mehrfach bereist. Schierz fertigte genaue Zeichnungen der Kirche und sämtlicher Teile an, dokumentierte sie und beaufsichtigte den komplizierten Transport mit Pferdewagen über das Gebirge Filesjeld nach Laerdalsören. Ende August 1841 kamen die letzten Wagen in der kleinen Hafenstadt an. Der preußische Konsul Konow in Bergen hatte einige Mühe, ein Schiff zu chartern, welches das demontierte Kirchlein über die Ostsee nach Stettin befördern sollte. Schließlich fand er in Kapitän Jacob Brun aus Saggandal einen Mann, der bereit war, den Auftrag auszuführen. Am 21. Oktober lief sein Segler «Haabet» im Stettiner Hafen ein. Dort lud man die Fracht auf einen Oderkahn um. Am 28. Dezember meldete Legationsrat Ignacz von Olfers, der Generaldirektor der königlichen Museen in Berlin, dass die kostbare Ladung wohlbehalten in Berlin eingetroffen sei.

Nicht auf die Pfaueninsel, sondern ins Riesengebirge

Eigentlich sollte das Kirchlein auf der in der Havel zwischen Berlin und Potsdam gelegenen Pfaueninsel aufgestellt werden. Doch es kam anders: In der ersten Hälfte des 19. Jahrhunderts verbrachte die preußische Königsfamilie den Sommer regelmäßig in der parkartigen Hügellandschaft des Hirschberger Tales. Hier genoss Friedrich Wilhelm IV. die grandiose Naturkulisse und pflegte den Umgang mit engen Freunden, Künstlern und Gelehrten. Zu diesem Kreis gehörte auch Friderike Gräfin von Reden auf Buchwald/Bukowiec, die der König als aufrichtige mütterliche Freundin verehrte. Als sie vom Kauf der norwegischen Stabholzkirche und den Plänen ihrer Aufrichtung auf der Pfaueninsel erfuhr, ergriff eine andere Idee von ihr Besitz. Die fromme Frau dachte daran, dass die Bewohner der Gebirgsdörfer und Bauden über dem Hirschberger Tal keine eigene Kirche hatten. Die nächsten gab es unten in Arnsdorf/Miłków oder Schmiedeberg/Kowary. Vor allem im Winter war es für die Leute aus den Bergen kaum möglich, dorthin zum Gottesdienst zu gelangen. Starb jemand, mussten die Familien ihre Toten oft wochenlang aufgebahrt in einem kalten Nebengelass liegen lassen. Der Leichenzug zur Kirche und zum Friedhof konnte erst vonstatten gehen, wenn Tauwetter einsetzte. Kam ein Kind im Winter zur Welt, blieb es so lange ungetauft, bis die Schnee- und Eismassen den Weg ins Tal endlich freigaben.

Angesichts dieses Ungemachs ließ sich der König von der Gräfin dazu bewegen, das hölzerne Kirchlein in 885 Meter Höhe, ungefähr auf halbem Wege zwischen Krummhübel und der Schneekoppe, aufbauen zu lassen. Dass er die Stabholzkirche von seinem Erdmannsdorfer Schloss bei gutem Wetter mit bloßem Auge sehen konnte, dürfte ein weiteres Argument gewesen sein, mit dem Friederike von Reden ihn diplomatisch geschickt überzeugte.

Der König übertrug ihr auch die Bauleitung. Das war für die bereits 68 Jahre alte Dame eine große Herausforderung. Zwar stand ihr der königliche Baumeister Hamann zur Seite, der aber in erster Linie mit dem Schlossumbau in Erdmannsdorf / Mysłakowice befasst war. Es ist nicht nur interessant, sondern nahezu rührend, die zahlreichen Briefe der Gräfin an den König zu lesen, in denen sie sich müht, selbst die kleinsten Details des Baus mit ihm abzustimmen. Günter Grundmann hat sie im Geheimen Staatsarchiv Berlin ausfindig gemacht und in dem bereits erwähnten Buch «Kunstwanderungen im Riesengebirge» veröffentlicht. Der erste Brief, datiert vom 28. Februar 1842, macht dieses Bestreben deutlich: *«Unser Ziel und Wunsch ist, dass der teure König der Ober-Bauherr bei diesem wichtigen lieblichen Bau werde, ohne seine Wahl, Angabe, gnädigen Fingerzeig möchten wir nichts vornehmen, ist doch sein Geschmack, sein richtiger Blick uns wohlbekannt …»*

Natürlich war der Geschmack des Königs wie auch jener der Gräfin von Reden vom Geist der Spätromantik geprägt. Auch wenn man sich redlich mühte, der mittelalterlich-norwegischen Baukunst verpflichtet zu bleiben, kann der Wiederaufbau der Kirche diesen Zeitgeist nicht verleugnen. Mit welchem Eifer sowohl die Handwerker als auch die Bauleiterin zu Werke gingen, mögen die Zeilen bezeugen, die Friederike von Reden über den Holzschnitzer Jacob aus Janowitz/ Janowice Wlk. schrieb: *«… außerordentlicher Schneefall und Gestöber, Stürme wie wir sie kaum erlebt, erlaubten keinen Versuch nach Wang zu gelangen, wo nur zwei Wächter und der künstlerisch fleißige Schnitzer Jacob jetzt noch hausen … soviel ist gewiß, daß Jacob das Unmögliche gemacht hat, den ganzen Winter allein oben kampiert und mit einer Liebe und*

Eifer zur Sache gearbeitet, die ihn mir wahrhaft recht empfohlen hat. Wie hätten die vielfachen verschiedenen Forderungen, Altes und Neues für die Kirche produziert werden können und die schweren Reparaturen, und was hätte ein anderer Künstler gekostet? Er erhält pro Tag 20 hl, ißt trockene Kartoffeln. Schläft auf der Streu und sammelt so viel er kann für Frau und Kinder. Ich werde mir demnächst erlauben, den braven Mann, der doch ein wahres Genie in seiner Art ist, dem König zu Gnaden zu empfehlen und vor allen Dingen bitten, daß er ihm eine geringe Summe zu einer Reise nach Tirol und dem Salzburgischen bewilligt, um seine Technik in den ganz feinen Schnitzwerken noch auszubilden, besser glaube ich könnte sobald eine ganz kleine Geldhilfe nicht angewendet werden.»

Am 2. August 1842 hatte Friedrich Wilhelm IV. persönlich den Grundstein gelegt und zwei Jahre später, am 28. Juli 1844, fand die feierliche Kirchweihe statt. Daran nahmen wiederum der preußische König, Prinz Friedrich der Niederlande und seine Gattin sowie viele andere Persönlichkeiten teil. Vom König erhielt das Gotteshaus den Namen «Bergkirche Unseres Erlösers – Wang», meist wurde sie jedoch mit der Abkürzung «Kirche Wang» bezeichnet, da sie in der Ortschaft Vang und an dem gleichnamigen See gestanden hatte. Vom Turm dieser höchstgelegenen Kirche in Schlesien ertönen seitdem die Glocken zum Zeichen, dass in diesem Kirchlein Gott ebenso gedient wird wie einst in Norwegen.

Friederike von Reden starb im Jahre 1854 im Alter von 80 Jahren. Zwei Jahre später ließ ihr Friedrich Wilhelm IV. auf der Bergseite des Kirchenvorplatzes ein kunstvoll gestaltetes Denkmal setzen. Darauf ist zu lesen: *«Johanne Juliane Friederike Gräfin v. Reden ..., eine treue und demüthige Jüngerin Gottes ihres Heilandes, treu im Kleinsten, klar und beharrlich im Schwierigsten, immer sich gleich vor Hohen wie vor Niedern, eine Mutter der Armen, eine Zuflucht allen für Rath und Hülfe war sie eine Stütze des Rettungshauses zu Schreiberhau, eine Pflegerin der Ansiedlung der um des Evangelischen Willen auswandernden Zillertaler, im Jahre 1815 stiftete sie mit ihrem Gemahl den Bibelverein in Schlesien, und stand dem demselben vor bis an ihr seelges Ende ... Die uralte Kirche von Wang in Norwegen vom Untergang gerettet, wurde auf ihren Rath hier neu aufgerichtet die Pfarrkirche der Bergbewohner ... Für Berg und Tal ein scheinendes Licht evangelischen Bekenntnisses ... König Friedrich Wilhelm IIII., seit Beginn des Jahrhunderts mit der Freundschaft der unvergesslichen beehrt, setzte ihr dieses Denkmal in unvergesslicher Liebe, Anerkennung und Dankbarkeit im Jahre 1856.»*

Zeugnis alter nordischer Holzbaukunst

Die Kirche folgt dem Muster früher skandinavischer Kirchen und stellt ein wertvolles Werk alter nordischer Holzbaukunst dar. Sie besteht aus mit Harz getränktem Kiefernholz, das eine ungewöhnliche Dauerhaftigkeit aufweist. Die äußere Tür, durch die man in das Kirchlein gelangt, fällt durch Halbsäulen auf, die mit in Rebschlingen verflochtenen Schlangen verziert sind. Die Kapitelle zieren naiv geschnitzte Löwen, die Torwächter symbolisieren. Man sieht ihnen an, dass der Schnitzer ein solches Tier aus eigener Anschauung nicht kannte. Bemerkenswert sind auch die beiden anderen Portale – das nördliche und das südliche. In ihren oberen Winkeln zerreißen geflügelte Drachen eine zu einer Acht verschlungene Schlange. Diese Szene könnte den unendlichen Kampf zwischen Gut und Böse darstellen. Auf den die Türrahmen schmückenden Halbsäulen schnitzten die Holzbildhauer Gesichter mit gespaltenen Zungen. Während dies in unserem Kulturkreis eher negativ besetzt ist, galt es bei den Wikingern als ein Symbol der Weisheit und Klugheit. Kunstvoll geschnitzt sind auch die Säulenkapitelle, die an byzantinische Ornamentik erinnern. Die vor dem Altar stehenden Säulen, auf denen der Sieg Davids über den Riesen Goliath sowie der Prophet Daniel in der Löwengrube dargestellt sind, wurden von dem bereits erwähnten Holzschnitzer Jacob gefertigt. Zu seinen Werken zählen ebenfalls das im Jahre 1844 aus einem Eichenholzstück geschnitzte Kreuz und der im Jahre 1846 aus Lindenholz gefertigte Körper des gekreuzigten Heilands.

Zu beiden Seiten des Altars, der 1980 von Ryszard Zając aus Jelenia Góra geschaffen wurde, stehen auf Postamenten zwei Kandelaber. Sie stellen einen Schwan als Symbol der Treue und ein Herz als Symbol der Liebe dar. Die Kerzen werden nur während einer Trauung angezündet. Das barocke Taufbecken entstand um 1740 und stammt aus der abgebauten Kirche in Dittmannsdorf/Dziećmorowice bei Waldenburg/Wałbrzych. Die Kanzel wurde aus altem Holz der Kirche gefertigt, das beim Wiederaufbau keine Verwendung mehr fand. Um den Innenraum der Kirche verläuft ein Laufgang, der isolierend wirkt und ursprünglich wohl vom Gottesdienst ausgeschlossenen Sündern als Ort der Buße diente. Die Wikinger stellten hier auch Waffen und Fischernetze ab. Die Dachspitzen schmücken geschnitzte Verlängerungen der Firstkämme. Sie stellen aufgerissene Drachenmäuler dar, wie sie die Bugspriete der Wikingerschiffe zierten. Der von Friedrich August Stüler entworfene Glockenturm neben der Kirche, der aus schlesischem Granit gemauert wurde, schützt das Kirchlein vor den starken Fallwinden, die häufig von der Schneekoppe her tosen.

Gemeindeleben

Um die Kirche Wang gibt es eine kleine evangelische Gemeinde, die es sich zur Aufgabe gemacht hat, dieses wertvolle Bauwerk zu erhalten, zu pflegen sowie Touristen aus aller Welt zugänglich zu machen. Außerdem hat die Kirche missionarische Aufgaben, wie zum Beispiel die Evangelisationswoche für die Familien. Es gibt einen ökumenischen und einen Gemeindechor. Sonntags treffen sich die Kinder der Gemeinde zur Sonntagsschule und mittwochs die Jugendlichen und Erwachsenen zur Bibelarbeit. An allen Sonn- und Feiertagen finden in der Kirche um 10 Uhr Gottesdienste in polnischer Sprache statt. Wenn ein deutscher Urlauberpfarrer vor Ort ist, gibt es von Mai bis September in der Regel zusätzlich sonntags um 9 Uhr Gottesdienste in deutscher Sprache. Die Gemeinde hat mit Hilfe des Schlesischen Johanniterordens 2001 eine Diakoniestation unweit der Kirche aufgebaut. Dort arbeiten inzwischen vier Krankenschwestern, die Langzeitpatienten in Karpacz und Umgebung betreuen. Außerdem verleiht die Diakoniestation Rehabilitationsgeräte und bildet Menschen in der Ersten Hilfe aus. Es gibt integrative Treffen und Ausflüge mit Menschen im Rollstuhl sowie einmal wöchentlich ein Treffen für Kinder aus dem Ort, die teilweise aus schwierigen Familien kommen und eine Nachmittagsbeschäftigung finden. Die Kirche Wang ist somit nicht nur eine Attraktion für jährlich 200 000 Touristen aus aller Welt, sondern auch eine lebendige evangelische Gemeinde.

Epilog

Der schlichte Kirchenraum liegt im Schummerlicht. Leise schwingt das Geläut vom Glockenturm herüber. Es riecht nach harzigem Holz. Am Altar hantiert ruhig und würdevoll der Pfarrer im evangelischen Habit. Allein das mutet im katholischen Polen exotisch an. In der ersten Reihe der gut gefüllten Kirche sitzt ein junges Paar, im Steckkissen das Kindchen. Nur mit Mühe können es die Eltern ruhig halten. Es spürt wohl, dass gleich etwas ganz Besonderes mit ihm geschehen soll. Der Pfarrer hatte zuvor erzählt, dass die jungen Leute aus dem fernen Gdańsk / Danzig gekommen seien. Er habe sie vor zwei Jahren hier getraut und freue sich, nun auch ihr erstes Kindlein taufen zu können. Während die Zeremonie beginnt, schweift der Blick durch den Raum.

Alles ist aus Kiefernholz gefertigt. Die Wände bestehen aus palisadenartig aneinander gereihten Pfosten, die mit Brettern verschalt sind. Das norwegische Wort für Pfosten bzw. Ständer heißt «stav». Deshalb nennt man diese Gotteshäuser in Skandinavien «Stavkirke» (Stabkirche). Kräftige Säulen stützen die hohe Balkendecke. Vielleicht dienten sie einst als Masten für die schnellen und wendigen Wikingerschiffe. Die mystisch anmutenden Schnitzereien auf den Kapitellen weisen in eine Zeit des Übergangs. Man wollte wohl den neuen Christengott verehren, war aber immer noch stark von alten heidnischen Vorstellungen geprägt. Eine Runeninschrift auf dem Türrand des Nordportals verrät uns den Künstler: *«Einredi schnitzte mich dem Heiligen Olaf.»* Als König Olaf II. Haraldsson Anfang des 11. Jahrhunderts die norwegischen Stämme einte und christianisierte, waren überall solche hölzerne Gotteshäuser errichtet worden. An die Tausend sollen es einmal gewesen sein. VD

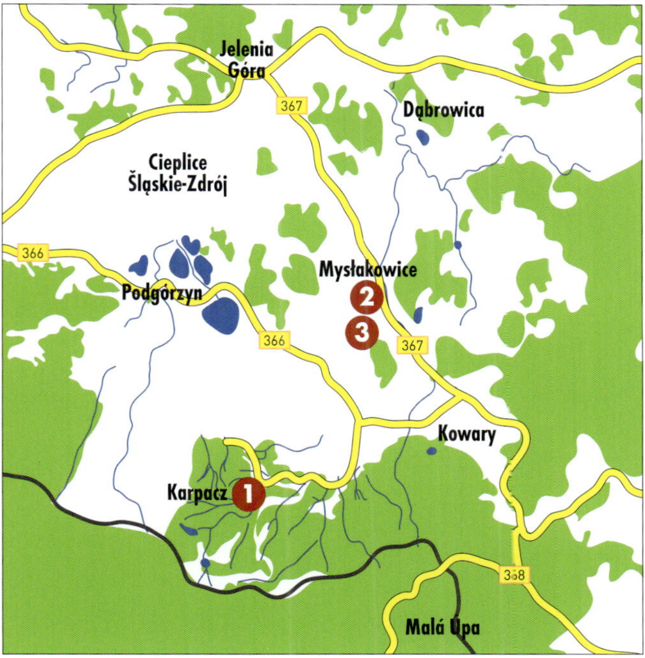

Kirche Wang
Evangelisch-Augsburgische Gemeinde Wang
Ansprechpartner: Pfarrer Edwin Pech
PL 58-540 Karpacz, ul. Na Śnieżkę 8
Telefon +48 (0) 75/7619228
E-Mail wang@wang.com.pl
www.wang.com.pl
Öffnungszeiten:
15. April–31. Oktober
Mo–Sa 9–18 Uhr
1. November–14. April
Mo–Sa 9–17 Uhr, So 11.30–17 Uhr
Gottesdienste:
Sonn- und Feiertage 10 Uhr
Mai bis September
So 9 Uhr in deutscher Sprache

Touristikinformation Karpacz
PL 58-540 Karpacz, ul. Konstytucji 3 Maja 25
Telefon +48 (0) 75/7618605
E-Mail it@karpacz.eu
www.karpacz.pl
Öffnungszeiten:
Mo–Sa 9–17 Uhr, So von 10–14 Uhr

Besonders empfehlenswerte Angebote
Karpacz (480 bis 900 m ü NN) ist das Ferien- und Wintersportzentrum des polnischen Riesengebirges am Fuße der Schneekoppe/Śnieżka (1 602 m). Neben dieser und der Kirche Wang besitzt der Ort weitere Sehenswürdigkeiten:

Städtisches Spielzeugmuseum

Sammlung von Puppen und Spielzeugen aus der ganzen Welt durch Henryk Tomaszewski, Gründer des Breslauer Pantomimetheaters

Museum für Sport und Tourismus

Sammlungen zur Entwicklung des Tourismus, des Wintersports und der Umwelt im Riesengebirge

Meteorologisches Observatorium

Ausstellung der meteorologischen Geräte in der Wetterstation auf der Schneekoppe

Skisprungschanze «Orlinek» (Konstruktionspunkt K-85)

Aussichtpunkt, Seilbrücke, Möglichkeiten für Bungee-Springen und Klettern

Bergsteiger-Spur-Park

Spuren der Expeditionsschuhe der polnischen Bergsteiger, unter anderem von Wanda Rutkiewicz (die erste Europäerin auf dem Mount Everest), Andrzej Zawada und Piotr Pustelnik

Tipps für Gaststätten

«Dwór Liczyrzepy» («Rübezahlhof»)

beeindruckende Innenarchitektur und regionale Küche mit heimischen Produkten
PL 58-540 Karpacz, Obrońców Pokoju 4b
Telefon +48 (0) 75/7619337
E-Mail dworliczyrzepy@dworliczyrzepy.pl
www.dworliczyrzepy.pl

«U ducha gor» («Zum Berggeist»)

bürgerliches Restaurant mit deftiger polnischer Küche
PL 58-540 Karpacz, Olimpijska 6
Telefon +48 (0) 75/76185-63/-64
E-Mail karpatka@karpatka.com
www.karpatka.com.pl

Classico Cafe

Eiscafé mit besonderem Flair und zahlreichen Eissorten nach mehr als hundert Jahre alten italienischen Originalrezepten
PL 58-540 Karpacz, ul. Konstytucji 3 Maja 50
Telefon +48 (0) 75/7618602
E-Mail info@classicocafe.pl
www.classicocafe.pl

Übernachtungen

Hotel «Alpejski»

PL 58-540 Karpacz, ul. Ogrodnicza 8
Telefon + 48 (0) 75/6457800
E-Mail hotel@alpejski.pl
www.alpejski.pl

Pałac Margot

PL 58-540 Karpacz, ul. Wielkopolska 4
Telefon + 48 (0) 75/7610927
E-Mail recepcja@palacmargot.pl
www.palacmargot.pl

Hotel Relaks ***

PL 58-540 Karpacz, Obrońców Pokoju 4
Telefon + 48 (0) 75/6480650
E-Mail recepcja@hotel-relaks.pl
www.hotel-trlaks.pl

Unser Geheimtipp

Hotel & Restaurant «Tarasy Wang»

«Tarasy Wang» ist Partner der VIA SACRA, wurde bereits im Jahr 1897 gebaut und entzückt mit malerischen Aussichten, komfortabler Übernachtung und hervorragendem Restaurant. Zur Verfügung stehen 24 komfortabel ausgestattete Zimmer mit Bädern, von denen die Mehrheit über eine eigene Terrasse verfügt. Die Aussicht direkt auf die Schneekoppe ist unvergesslich.
PL 58-540 Karpacz, ul. Na Śnieżkę 3,
Dolnośląskie
Telefon + 48 (0) 75/7619451
E-Mail rezerwacje@tarasywang.pl
www.tarasywang.pl

Ausflugstipps

Riesengebirge/Karkonosze

Gehört mit einer Ausdehnung von knapp 40 Kilometern Länge und 25 Kilometern Breite sowie mit seiner höchsten Erhebung, der Schneekoppe (1 602 Meter) zu den höchsten Gebirgen Mitteleuropas, Nationalpark auf polnischer und tschechischer Seite. Bekannte Sagenfigur ist der Berggeist Rübezahl.

Schloss Mysłakowice/Erdmannsdorf (10 km) ❷

Das Schloss befindet sich im Hirschberger Tal, das mit seinen 36 Burgen, Schlössern, Herrenhäusern und Parkanlagen (weithin bekannt sind unter anderem Łomnica/Lomnitz, Wojanów/Schildau, Staniszów/Stonsdorf) auch oft als «Das schlesische Elysium» bezeichnet wird. 1832 erfolgte der Umbau des Herrenhauses im Stil eines englischen Landschlosses durch Karl Friedrich Schinkel und wurde dann als Sommersitz der preußischen Könige genutzt. Heute befindet sich im Schloss eine Bildungseinrichtung.
www.dolinapalacow.pl

Tiroler Haus in Mysłakowice/Erdmannsdorf (10 km) ❸

Es ist eines von mehreren Häusern im Vorland des Riesengebirges, die im 19. Jahrhundert von protestantischen Exulanten aus Tirol in ihrem heimatlichen Stil erbaut wurden. Mitte der neunziger Jahre stand es leer und zerfiel zusehends. Auf Initiative des stellvertretenden Bürgermeisters von Mayrhofen im Zillertal wurde das Haus gekauft, um es zu sanieren. Im September 1998 als Museumsrestaurant eröffnet und der Öffentlichkeit zugänglich gemacht, gehört es seitdem zu den touristischen Attraktionen des Hirschberger Tales. Die zweisprachige Dauerausstellung auf der Empore des Restaurants führt durch die Geschichte der Tiroler Protestanten in Erdmannsdorf-Zillertal.
Zur Ausstellung gehören Texte, Fotografien, Bildreproduktionen, Landkarten, Dokumente und ein Balkongeländer des Tiroler Hauses mit der Aufschrift «Gott segne den König Friedrich Wilhelm III.»
Das Haus ist Zeichen der Verständigung und der Zusammenarbeit zwischen Polen, Österreichern und Deutschen.
www.domtyrolski.pl

20 Kilometer nördlich von Karpacz/Krummhübel liegt das nächste Ziel – Jelenia Góra/Hirschberg. Es wird empfohlen, über Miłków/Arnsdorf auf der Straße Nr. 366 bis Sosnówka/Seidorf zu fahren und dort die schmale Straße über Staniszów/Stonsdorf nach Jelenia Góra zu nehmen. Manch einer wird sich an den «Stonsdorfer» – einen früher recht beliebten Kräuterlikör – erinnern. Heute lohnt Pałac Staniszów (Schloss Stonsdorf) mit seiner hervorragenden Gastronomie und dem alten Park einen Besuch.

Nach Stockholmer Vorbild – die Gnadenkirche zum Heiligen Kreuz in Jelenia Góra/Hirschberg

Buschprediger, Zufluchts- und Friedenskirchen

Das Hirschberger Tal gehört nicht nur zu den landschaftlich schönsten Gebieten Niederschlesiens, sondern ist auch überaus reich an architektonischen Kostbarkeiten. Allein im Kreis und der Stadt Jelenia Góra stehen 196 historische Objekte auf der offiziellen Denkmalliste. Dazu gehört auch die Gnadenkirche «Zum Heiligen Kreuz». Schon die Bezeichnung macht neugierig. Wieso Gnadenkirche? Ein Blick in die Geschichte Schlesiens gibt Aufschluss.

Die Reformation fand in Schlesien sehr schnell Eingang. In der Landeshauptstadt Breslau / Wrocław hatte sie 1524, nach einem Streitgespräch zwischen den Vertretern der alten und der neuen Glaubensrichtungen weitgehend gesiegt. Anfänglich verlief das Nebeneinander von Anhängern beider Parteien ohne größere Schwierigkeiten. Der Majestätsbrief Kaiser Rudolfs II. (1552–1612) vom 20. August 1609 erbrachte sogar eine juristische Gleichstellung der Widersacher. Die Kursänderung unter seinem Bruder und Nachfolger, Kaiser Matthias I. (1557–1619), führte zum Dreißigjährigen Krieg mit seinen für ganz Mitteleuropa verheerenden Folgen. Mit maßgeblicher Unterstützung der Schweden gelang es der protestantischen Seite, in Paragraph 40 des dem am 24. Oktober 1648 in Münster unterzeichneten Westfälischen Friedens, dem Kaiser für Schlesien die sogenannten «Friedenskirchen» in Schweidnitz / Świdnica, Jauer / Jawor und Glogau / Głogów abzutrotzen. Alle anderen evangelischen Kirchen in den drei Fürstentümern, über 600 an der Zahl, wurden «reduziert», also den Gemeinden – oft unter Anwendung von Gewalt – weggenommen. Nach Paragraph 39 erhielten die Untertanen der als Kammergüter der böhmischen Krone unmittelbar unterstehenden schlesischen Territorien das Recht, evangelische Gottesdienste in Orten jenseits der Grenze zu besuchen. Auf diese Weise entstand ein weiterer, nur für die schlesische Religionsgeschichte charakteristischer Kirchentyp, die «Zufluchtskirchen», welche die sächsischen und brandenburgischen Landesherren in unmittelbarer Nähe zur schlesischen Grenze errichten ließen. Für viele linderte das den religiösen Notstand jedoch nicht, weil die Wege dorthin einfach zu weit waren. Vertriebene evangelische Geistliche, sogenannte «Buschprediger», hielten Gottesdienste unter freiem Himmel ab. Mehr als 200 000 Menschen verließen ihre schlesische Heimat, um der Rekatholisierung zu entgehen.

Schwedischer Druck und kaiserliche «Gnade»

Da die den evangelischen Gläubigen Schlesiens im Westfälischen Frieden zugesicherten Freiheiten immer weiter eingeschränkt wurden, beschlossen sie, sich an den Schwedenkönig Karl XII. (1682–1718) zu wenden, damit er in ihrer Sache interveniere. Der Zeitpunkt für diesen Vorstoß war äußerst günstig. Im Nordischen Krieg (1700–1721), in dem es um die Vorherrschaft im Ostseeraum ging, war Schweden in den ersten Jahren siegreich gewesen. Polen, das in Personalunion mit Sachsen verbunden war, hatte empfindliche Niederlagen einstecken müssen. Im Sommer 1706 zog Karl XII. durch Schlesien und besetzte Sachsen. Im Schloss Altranstädt bei Leipzig schlug er sein Hauptquartier auf. Hier liefen für ein Jahr maßgebliche Fäden europäischer Politik zusammen. Nachdem der schwedische König den sächsischen Kurfürsten Friedrich August I. (August den Starken) am 24. September 1706 im Frieden von Altranstädt zum Verzicht auf die polnische Krone gezwungen hatte, begann er eine diplomatische Offensive mit dem Ziel, die Protestanten in Schlesien zu unterstützen. Da die Kräfte des Habsburgerstaates durch den Spanischen Erbfolge-

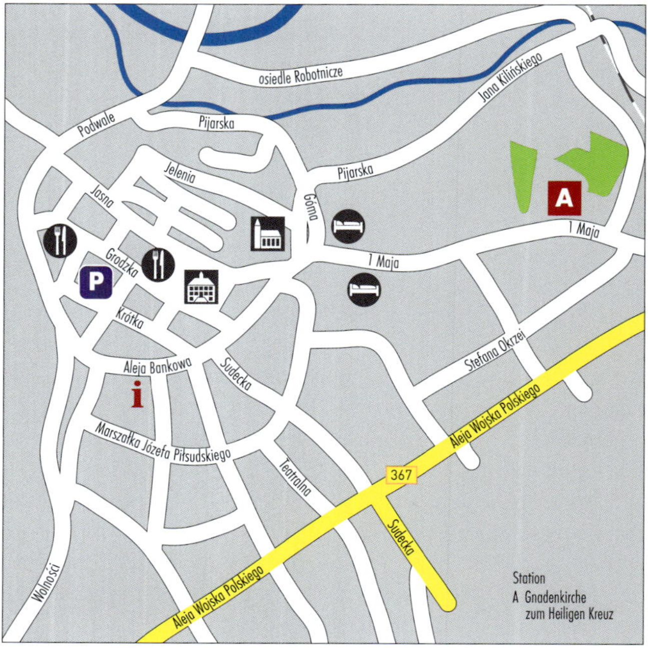

krieg und den Aufstand in Ungarn weitgehend gebunden waren, blieb Kaiser Joseph I. (1678–1711) nichts anderes übrig, als in der «Altranstädter Konvention» vom 1. September 1707 der evangelischen Seite wichtige Zugeständnisse zu machen. Eine der dem Kaiser abgerungenen Erleichterungen bestand in der Erlaubnis, in Schlesien weitere sechs evangelische Kirchen erbauen zu dürfen. Diese kaiserliche Huld war seinen Landeskindern im wahrsten Sinnes des Wortes teuer. Im Wettbewerb um die Gunst des Herrschers siegten die finanzstärksten Gemeinden. Durch den Handel mit den Produkten der im 17. Jahrhundert in diesem Teil des Riesengebirges heimisch gewordenen Schleierweberei war Hirschberg zu ansehnlichem Reichtum gekommen, so dass sich die evangelischen Bürger der Stadt mit einem Geschenk von 3 000 Dukaten und einem Kredit von 100 000 Floren an den Kaiser eine der sechs Baugenehmigungen sichern konnten. Die anderen fünf erhielten die Städte Landeshut/Kamienna Góra, Sagan/Żagań, Freystadt/Kożuchów, Militsch/Milicz und Teschen/Cieszyn. Aus Dankbarkeit für diese kaiserliche «Gnade», die den schlesischen Protestanten ohne schwedischen Druck kaum erwiesen worden wäre, wurden diese Gotteshäuser «Gnadenkirchen» genannt.

Eine Kirche nach Stockholmer Vorbild

Die offizielle, am 13. Februar 1709 vom Schweidnitzer Landeshauptmann Graf Schaffgotsch unterzeichnete Bestätigung der Bauerlaubnis wurde den Einwohnern der Stadt am 19. des Monats feierlich verkündet. Schon am 15. März wurde das erste Bauholz in die Stadt gebracht. Kurz danach suchte der mit dem Bau beauftragte, damals in Liegnitz/Legnica wohnende Architekt Martin Frantz (1679–1742) unter verschiedenen vorgeschlagenen Bauplätzen den seiner Ansicht nach am besten geeigneten aus. Seine Wahl fiel auf ein Areal vor dem Schildauer Stadttor. Am 29. März wurde es genau ausgemessen, am 5. April erhielt die Gemeinde den Auftrag, einen Kirchenrat zu konstituieren, der am 12. desselben Monats bestätigt wurde. Die feierliche Übergabe des Kirchengrundstücks erfolgte am 22. April im Beisein des kaiserlichen Kommissars Nikolaus Ludwig Graf von Zinzendorf, der dem Leser bereits durch das Kapitel über Herrnhut bekannt ist. Wie überall wurde sie entsprechend feierlich gestaltet. Als sichtbares Zeichen des Einverständnisses des Herrschers wurde den Gemeinden ein mit dem kaiserlichen Wappen bekrönter, sogenannter «Gnadenstab» übergeben, dem später im vollendeten Gotteshaus ein Ehrenplatz zugesichert wurde. Auch die evangelische Seite versuchte ihre Positionen durch entsprechende symbolische Akte zu demonstrieren. Schon die Wahl des Architekten war nicht zufällig. Der in dem damals zu Schweden gehörenden Reval geborene Martin Frantz verstand sich, nach einer eigenhändigen Vertragsunterzeichnung, als «Natione Svevus, sed incolatu Lignicensis» (Schwede, der aber in Liegnitz wohnt). Ein weiteres Zeichen der Dankbarkeit gegenüber dem Schwedenkönig war die Wahl der architektonischen Form des Gotteshauses. So wie die nicht weit entfernte, ebenfalls von Frantz errichtete Gnadenkirche in Landeshut ahmte es die 1656 bis 1676 von Jean de la Vallée erbaute evangelische Katharinenkirche in Stockholm nach. Mit der feierlichen Grundsteinlegung am 4. Juli 1709 begannen zehn Jahre reger Bautätigkeit. Da man nicht bis zur Fertigstellung der neuen Kirche warten wollte, errichtete man in unmittelbarer Nähe einen entfernt an die Friedenskirchen erinnernden Interimsbau in Fachwerk. Die Gnadenkirche konnte schließlich am 9. Mai 1718 festlich geweiht werden.

Grabmal auf dem ehemaligen Friedhof der Gnadenkirche

Schlesische Meister am Werk

Die grundlegenden Arbeiten wurden von ortsansässigen Handwerkern ausgeführt, die 1715 beendeten Steinmetzarbeiten beispielsweise von den Hirschberger Meistern Jakob Dollinger und Paul Noack. Die Kanzel war ein Werk des seit 1710 in Hirschberg wohnenden Schweidnitzer Bildhauers Franz Ferdinand Bechert (1660–1727). Die meisten der wichtigeren Bauabschnitte wurden mit kleinen Festen gefeiert, an denen – und das kann durchaus als Zeichen der Zeit gewertet werden – auch Künstler katholischen Glaubens teilnahmen. Der im böhmischen Leitmeritz/Litoměřice geborene Liegnitzer Steinmetzmeister Johann Christoph Ferdinand Bobersacher, der sowohl alle Steinmetzarbeiten der Liegnitzer Jesuitenkirche als auch der Benediktinerkirche auf der Wahlstatt/

Legnickie Pole ausführte, verfasste über die Turmknopfaufsetzung sogar einen eigenhändigen Bericht. Derart tolerante Haltungen gehörten im Schlesien dieser Zeit nicht mehr zu den Ausnahmen. Der schon erwähnte Jakob Dollinger beispielsweise spielte in seinen späteren Lebensjahren eine bedeutende Rolle bei der Errichtung der Klosterkirche in Liebenthal / Lubomierz und Martin Frantz selbst leitete nicht nur die Barockisierung der katholischen Stadtpfarrkirche in Sagan/Żagań, sondern war auch für die Leubuser Zisterzienser (Weinbergkirche im Städel Leubus / Lubiąż, katholische Pfarrkirche in Seitsch / Siciny) und die Breslauer Jesuiten tätig.

Zu den Ausstattungsgegenständen, die noch vor der Fertigstellung der Gnadenkirche angeschafft wurden und die liturgischen Feiern in der Interimskirche umrahmten, gehörten die 1709 und 1710 von dem Liegnitzer Glockengießer Christian Demminger (1670–1735) gefertigten Glocken. Pastor Primarius Neunhertz dichtete auf der kleinsten von ihnen: *«Wo Rind und Schaaf zuvor geschrien, / Da setzt man solche Glocken hin, / Die zu dem Worte laden. / Dank sei für diese Gnaden! / Dein Joseph sieht uns gnädig an, / O Höchster, das hast Du gethan. / Hilf lehren, beten, singen, / Wenn uns die Glocken klingen.»* Neuhertz folgte damit einer auch an anderen Orten anzutreffenden Tradition, die hier wieder aufgegriffen wurde, als das Demmingersche Geläute im Kirchenbrand vom 16. Oktober 1806 unterging und deshalb genau ein Jahr später der aus Nürnberg stammende Johann Gottfried Böhrer ein neues gießen musste. Dieses Mal verkündete die Inschrift der mittleren Glocke: *«Der Abend vor Sct. Gall zerstörte Glock' und Thürme, / Ihm folgte bald nachher des Krieges Unglücks-Stürme» und die der kleinen: «Doch in der schwersten Zeit schuf Gottes Güt' und Treu' / Der Glocken Harmonie zu seiner Ehr' aufs neu!»*

Die Innenausstattung

Eine Analyse der Innenausstattung unterstreicht eindrucksvoll, wie konsequent man seitens der evangelischen Gemeinde durch eine möglichst schnelle Einweihung des Gotteshauses Tatsachen schaffen wollte, die durch die Behörden schwer rückgängig zu machen waren. In der Praxis bedeutete dies, dass in der ersten Phase nahezu alle Elemente aus der Interimskirche übernommen wurden. Altar, Kanzel und Taufständer für diese hatte der Hirschberger Tischlermeister Ge-

Zostań z nami Panie
ROK EUCHARYSTII

org Menzel 1707 in kürzester Zeit geschaffen und dabei den Altar sogar noch selbst staffiert. Später wurden dann diese vermutlich sehr einfachen Elemente durch künstlerisch anspruchsvollere ersetzt – der Taufständer durch einen Taufengel, die Kanzel durch das schon erwähnte Werk Franz Ferdinand Becherts und 1729 der Altar. Hierbei war man augenscheinlich bemüht, zu diesen Arbeiten die besten zur Verfügung stehenden Künstler und Kunsthandwerker heranzuziehen, die man finden konnte. Der Schöpfer des Altars beispielsweise, David Hielscher, hatte sich schon durch den von 1713 bis 1718 errichteten Hochaltar der katholischen Pfarrkirche der Stadt empfohlen.

Die Orgel, das letzte für die Liturgie unabkömmliche Ausstattungselement, entstand in den Jahren 1725 bis 1729. Das Instrument wurde bei dem aus Berlin stammenden Breslauer Orgelbauer Johann Michael Röder bestellt, der im Moment der Auftragsübernahme gerade sein berühmtestes Werk, die Orgel der evangelischen Maria-Magdalena-Kirche in Breslau, beendet hatte. Die Kosten des Instruments, 30 000 Reichstaler, bestritt einer der reichsten Bürger der Stadt, der Schleierkaufmann Christian Menzel, allein. Ursprünglich besaß es 53 Stimmen, die durch mehrere Umbauten auf heute 68 (davon 62 klingende) auf vier Manualen erweitert wurden. Der erste größere Umbau erfolgte 1808 durch den Hirschberger Meister Samuel Gottfried Meinert (1762–1812), der die Orgel vor allem durch zwei Engelspauken, ein Glockenspiel und ein Echo erweiterte. Diese Maßnahme war nicht zuletzt deshalb notwendig, weil ein Blitzschlag am 26. Juli 1794 das Instrument stark beschädigt, Holzelemente zerstört und die Pfeifen deformiert hatte. Auch der schon erwähnte Kirchenbrand von 1806 dürfte kaum spurlos an dem Werk vorübergegangen sein. Als nächster vervollkommnete das Instrument im Jahre 1830 der bekannte Hirschberger Orgelbauer Carl Ferdinand Buckow (1801–1864). Wie gut sich dieser auf sein Fach verstand, unterstreicht die Tatsache, dass man ihm sogar den Bau der Orgel der Wiener Hofkapelle anvertraute. Weitere Umbauten erfolgten 1859 durch die Firma Schlag und 1905 durch Schlag & Söhne, beide aus Schweidnitz. Die letzte Restaurierung fand 1998 statt.

Bis heute nicht endgültig geklärt ist die Autorschaft des Orgelprospekts, das zumeist nur deshalb, weil er das Prospekt der Röder-Orgel in der evangelischen Maria Magdalena-Kirche in Breslau geschaffen hatte, dem Breslauer Bildhauer Johann Georg Urbanski zugeschrieben wird.

Mit der Errichtung der Orgel war zwar die liturgische Grundausstattung der Kirche komplett, die Ausschmückung des Gotteshauses jedoch dauerte noch an. Hans Christof Gutbier malte 1734/35 die Bibelsprüche auf die Emporenbrüstungen, die Gemälde der «halben Bühnen» schuf sein Kollege Johann Gottlieb Michael(is) 1736. Den wichtigsten Bilderschmuck, die Gewölbegemälde, verdankt die Kirche zwei katholischen Künstlern, Johann Franz Hoffmann (1699–1766) und Felix Anton Scheffler (1701–1760). Der erste von ihnen ist der Autor der Darstellungen von Jakobs Traum im südlichen bzw. der Bekehrung Sauls im nördlichen Transept (Querhaus). Scheffler malte die Fresken der Ost-West-Achse: die Auferstehung Christi (1737), die Himmelfahrt Christi (1738) und eine Glorifizierung der hl. Dreifaltigkeit (1751). Mit der Fertigstellung der Deckengemälde besaß die Gnadenkirche im Großen und Ganzen die Struktur, in der sie auf uns überkommen ist. Von nun an tauchten nur kleinere neue Elemente auf oder schon bestehende wurden entweder restauriert oder durch neue ersetzt.

Turmuhr und Friedhof

Noch in der Aufbauphase bemühte man sich in Hirschberg um den Ankauf einer Turmuhr. Am 5. Oktober 1730 wurden vier weiße Uhrtafeln in allen Himmelsrichtungen am Turm, eine fünfte im Inneren der Kuppel angebracht. Anfangs nutzte man die Mittelglocke als Uhrglocke, die allerdings nicht direkt von einem Hammerwerk angeschlagen wurde, sondern von Hand gezogen werden musste. Diesem unbequemen Zustand wurde 1737 durch die Anschaffung einer eigenen Uhrglocke ein Ende bereitet.

Der Komplex der evangelischen Gnadenkirche in Jelenia Góra besteht, ähnlich wie bei den Friedenskirchen, nicht nur aus dem Gotteshaus selbst. Den ihn umgebenden Friedhof gereichten die Grabkapellen der Hirschberger Leinenkaufleute als beeindruckende Beweise von großbürgerlichem Selbstbewusstsein, Kunstsinn und Reichtum zu einer besonderen Zier. Auch wenn davon heute nur noch bescheidene Reste übrig geblieben sind, werden sie den auf der VIA SACRA reisenden Besucher an den prachtvollen Nikolaifriedhof in Görlitz oder den Kreuzfriedhof in Zittau erinnern.

Epilog

Den schlimmsten Abschnitt ihrer Geschichte erlebte die Gnadenkirche in der Zeit nach dem Zweiten Weltkrieg. Obwohl Hirschberg und Umgebung nicht durch direkte Kampfhandlungen zu leiden hatten, gingen zahlreiche Kulturgüter durch Verwahrlosung und die von den neuen Machthabern angestrebte «Repolonisierung» verloren. Die evangelische Gnadenkirche wurde in ein katholisches Sanktuarium für die Garnison der Stadt umgewandelt. Vor allem wurden auch alle historischen Inschriften übermalt. Später kamen Probleme mit der Erhaltung der Bausubstanz hinzu. Schon vorher hatten Sowjetsoldaten von dem Küster der Kirche unter Androhung von Folterung die Nachricht erpresst, an welcher Stelle das liturgische Gerät des Gotteshauses versteckt war und dieses geraubt. Ein Abendmahlskelch aus der Erstausstattung von 1707, ein Werk des Hirschbergers Georg Thamm († 1715), befindet sich heute im Historischen Museum in Kiew. Eine grundlegende Wende zum Besseren brachte die politische Umwälzung 1989. Von einem neuen, gesunden Selbstbewusstsein und Patriotismus der Bürger der Stadt, welche die Kirche nach der Auflösung der Garnison übernommen haben, zeugt die Tatsache, dass alle reversiblen Übermalungen und Verschandlungen inzwischen beseitigt wurden und das Gotteshaus dank jahrelanger, aufwendiger Restaurierungsarbeiten wieder in neuem, alten Glanz erstrahlt. Ein Problem sind nach wie vor die bedeutenden Grabkapellen des Friedhofs, von denen einige leider kurz nach der Restaurierung durch anonyme Akte von Vandalismus schwer beschädigt wurden. Möge es der Gemeinde in Jelenia Góra gelingen, auch dieses Problem zu überwinden!

RS

Gnadenkirche zum Heiligen Kreuz
Ansprechpartner: Kanzleichef Adam Miedzinski
PL 58-500 Jelenia Góra, ul. 1 Maja 45
Telefon +48 (0) 75/6423282
(Kanzlei Mo-Fr 16-18 Uhr)
Besichtigung:
nach telefonischer Absprache oder
jeweils 30 Minuten vor den Messen
Der Eintritt ist kostenlos, weitere Informationen und einen Audio-Guide erhält man im Pilgerpunkt.
Führung:
5 bis 20 Minuten
Anmeldung von Gruppen mindestens 1 Tag vor der Führung
Messen:
Mo-Sa 7 Uhr, 7.30 Uhr, 18 Uhr,
Fr zusätzlich 10 Uhr
Samstag Hochzeiten 14-17 Uhr
So 7 Uhr, 8.30 Uhr, 10 Uhr, 11.30 Uhr, 13 Uhr, 16 Uhr, 18 Uhr und 20 Uhr

Touristisches Informationszentrum Jelenia Gora
Centrum Informacji Turystycznej i Kulturalnej
PL 58-500 Jelenia Góra, ul. Bankowa 27
Telefon +48 (0) 75/7676925
E-Mail it@jeleniagora.pl
www.jeleniagora.pl

Besonders empfehlenswerte Angebote

Stadtpfarrkirche St. Erasmus und Pankratius

Ältestes Bauwerk von Jelenia Góra aus dem 14. Jahrhundert. Bruchsteinbasilika mit barocker Turmhaube (1736), barockem Hochaltar (1718) und Mariensäule (1712).

Riesengebirgsmuseum Jelenia Góra

Anfänge Ende des 19. Jahrhunderts. 1912-1914 Bau des jetzigen Gebäudes. Wertvolle Schaustücke, darunter eine wertvolle Glassammlung mit 8 000 Exponaten (Schwerpunkt böhmisch-schlesisches Glas).
www.muzeumkarkonoskie.pl

Tipps für Gaststätten

Karczma Grodzka – Hotel Baron

gemütliche Gaststuben mit polnischer und internationaler Küche
PL 58-500 Jelenia Góra, ul. Grodzka 4/5
Telefon +48 (0) 75/7525391 oder 7523351
E-Mail recepcja@hotelbaron.pl
www.hotelbaron.pl

Mazurkowa Chata

rustikales Ambiente und deftige Hausmannskost
PL 58-500 Jelenia Góra, ul. Sudecka 72
Telefon +48 (0) 75/6457255
E-Mail mazurkowachata@gazeta.pl
www.mazurkowachata.pl

Restaurant & Drink-Bar Sorrento

gemütliches Restaurant im Herzen der Stadt mit italienischer und polnischer Küche
PL 58-500 Jelenia Góra, Pl. Ratuszowy 15-17
Telefon +48 (0) 75/7525928
E-Mail kontakt@sorrento.pl
www.sorrento.pl

Übernachtungen

Hotel «Europa» ***

PL 58-500 Jelenia Góra, ul. 1 Maja 16/18
Telefon +48 (0) 75/6495500
E-Mail europa@ptkarkonosze.pl
www.ptkarkonosze.pl

Hotel «Fenix» ***

PL 58-500 Jelenia Góra, ul. 1. Maja 88
Telefon +48 (0) 75/6416600
E-Mail recepcja@hotelfenix.pl
www.hotelefenix.pl

Hotel «Jelonek» ***

PL 58-500 Jelenia Góra, ul. 1 Maja 5
Telefon +48 (0) 75/7646541
E-Mail recepcja@hoteljelonek.pl
www.hoteljelonek.pl

Hotel «Mercure Jelenia Gora» ***

PL 58-500 Jelenia Góra, ul. Sudecka 63
Telefon +48 (0) 75/7549148
E-Mail mer.jgora @ orbis.pl
www.mercure.com, www.orbis.pl

Unser Geheimtipp

«Schlosshotel Paulinum» Jelenia Góra (2 km) ❷

Das «Schloss Paulinum» (Pałac Paulinum) ist ein luxuriöses Hotel in einer im 19. Jahrhundert vom berühmten Hirschberger Fabrikbesitzer Richard von Kramst erbauten Residenz. 1870 beauftragte er den Dresdener Architekten Kurt Spate mit der Planung des Gebäudes im Stil der Neorenaissance. Seinen schlossartigen Charakter erhält es durch zwei Schlosstürme und durch die prachtvolle Außenfassade. Das Schlosshotel verfügt über 29 stilvoll ausgestattete historische Zimmer und Appartements. Der wunderschöne Schlosspark bietet Erholung und Entspannung weitab von der Hektik des Alltags. Das Angebot des Schlosshotels wird durch eine ausgezeichnete Küche und einen Wellnessbereich abgerundet. Pałac Paulinum gehört zur Stiftung der Schlösser und Gärten im Hirschberger Tal.
PL 58-500 Jelenia Góra, ul. Nowowiejska 62
Telefon +48 (0) 75/6494400
E-Mail biuro@paulinum.pl
www.paulinum.pl

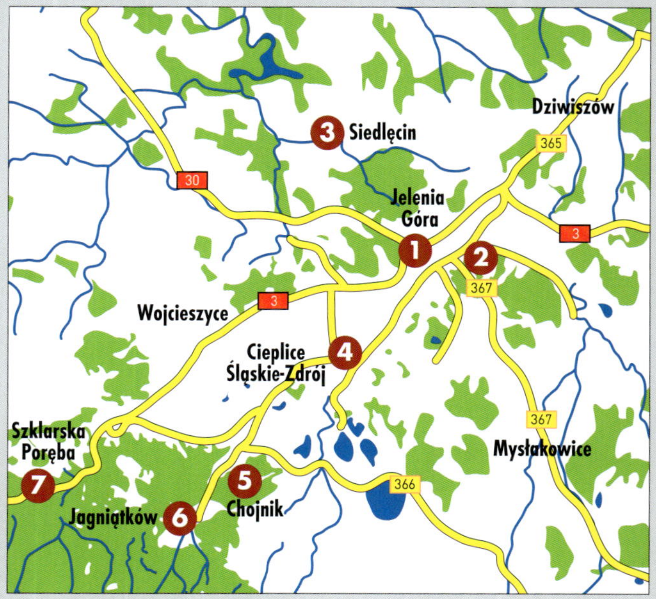

Ausflugstipps

Wohnturm Siedlęcin/Boberröhrsdorf (4 km) ❸

Bedeutendes mittelalterliches Baudenkmal. Der Wohnturm ist eines der prachtvollsten Bauwerke dieser Art in Mitteleuropa. Die meisten Forscher datieren seine Erbauung auf 1313/14 und bringen sie mit der Bauherrentätigkeit des Fürsten Heinrich I. von Jauer/Jawor in Verbindung. Wandmalereien im Rittersaal als einzig erhaltenes Beispiel profaner Fresken Mitte des 14. Jahrhunderts in Schlesien.

Cieplice Śląskie Zdrój/Bad Warmbrunn (7 km) ❹

Der älteste schlesische Kurort ist ein Stadtteil von Jelenia Góra. Mineralquellen bis zu 90 °C, Indikationen: Rheuma, Bewegungsapparat, Urologie, Neurologie, Augenkrankheiten. Das «Lange Haus», ein barock umgestalteter Zisterzienserbau von 1546, ist das älteste Kurgebäude.
www.cieplice.pl

Burgruine Chojnik/Kynast (10 km) ❺

Die Burgruine befindet sich in Sobieszow/Hermsdorf im Umland von Jelenia Góra. Im 14. Jahrhundert auf einem steilen und markanten, 627 m hohen Granitfelsen errichtet. Uneinnehmbare Festung, 1675 durch Blitzschlag zerstört.
http://zamki.net.pl/zamki/jelenia-gora2/jelenia-gora2.php

Gerhart-Hauptmann-Haus «Villa Wiesenstein» in Jagniątków/Agnetendorf (14 km) ❻

Die 1900/1901 errichtete Villa diente dem Literaturnobelpreisträger bis zu seinem Tod im Jahre 1946 als Wohnhaus, er bezeichnete es als «eine Burg zu Schutz und Trutz». Beeindruckend die Eingangshalle mit Fresken von Avenarius (1922).
www.gerhart-hauptmann.de/Museum_Agnetendorf

Szklarska Poręba/Schreiberhau (18 km) ❼

1366 erstmals erwähnt, liegt es in einer Höhe zwischen 440 und 886 Metern malerisch im Flusstal des Zacken / Kamienna. Untrennbar mit der Geschichte des Ortes verbunden ist die Herstellung von Glas. Bereits im 14. Jahrhundert entstand die erste Glashütte am Kochelbach. Im 19. Jahrhundert war die 1842 erbaute Josephinenhütte für ihre Glaserzeugnisse weit bekannt. Im Museum «Carl und Gerhart Hauptmann Haus» (Dom Carla i Gerharta Hauptmannów) erinnern zahlreiche Fotos und Manuskripte an das Leben der Dramatiker, es ist zudem eine Außenstelle des Riesengebirgsmuseums in Jelenia Góra. Schreiberhau ist ein idealer Ausgangspunkt für Wanderungen in das Riesengebirge. Ein Doppelsessellift führt zur Reifträger-Baude (Schronisko «Na Szrenicy») auf dem 1 326 Meter hohen Gipfel Reifträger / Szrenica. Die sogenannten «Schneegruben» liegen in einem 150 Hektar großen Gletscherkessel, dessen Granitwände 200 Meter tief sind.
www.szklarskaporeba.pl

Malerischer Gnadenort im Isergebirge – die Wallfahrtskirche Mariä Heimsuchung in Hejnice/ Haindorf

Zum ersten Ziel der böhmischen Stationen der VIA SACRA *geht es auf der gut ausgebauten Straße Nr. 3 (E65) in südwestlicher Richtung nach Szklarska Poręba/ Schreiberhau. In etwa der Mitte des Ortes zweigt die Straße 404 rechts nach Świeradów Zdrój/ Bad Flinsberg ab. Die Straße führt am Nordhang des Riesengebirges ins malerische Tal des Queiss/Kwisa und erreicht nach etwa 20 Kilometern das auch bei deutschen Gästen zunehmend beliebte Kurbad. Unterhalb des Ortes mündet die Straße auf die nach links zur tschechischen Grenze führende 361. Am Grenzübergang sind die Abfertigungsgebäude verwaist. Auf der Straße 291 ist bald das verträumte Städtchen Nové Město pod Smrkem/ Neustadt an der Tafelfichte erreicht. Hier geht links eine schmale, aber landschaftlich sehr reizvolle Straße nach Lázně Libverda/Bad Liebwerda und Hejnice ab.*

Wallfahrtskirche Mariä Heimsuchung vor der Sanierung

Erste Erinnerungen

Als die Tschechoslowakei im Jahre 1967 die Grenzbefestigungsanlagen zur DDR abbaute und der sogenannte kleine Grenzverkehr eingerichtet wurde, strömten ganze Heerscharen von deutschen Touristen ins böhmische Iser- und Riesengebirge. Auch wir entdeckten damals «Rübezahls Reich», von dem unsere Eltern schon geschwärmt hatten. Von Haindorf erzählten sie besonders gern. Dieses kleine Städtchen, das man von Zittau schon früher gut mit der Eisenbahn erreichen konnte, übte als Ausflugsziel seit jeher einen besonderen Reiz aus.

1975 machten wir in Bílý Potok/Weißbach einige Tage Urlaub. In einer Campinghütte nahe der Bartelbaude/Bártlova Bouda fand sich eine bescheidene Unterkunft, die unserem schmalen Geldbeutel entsprach. Natürlich stand damals auch ein Abstecher nach Hejnice auf dem Programm. Über die Geschichte des Städtchens wussten wir wenig. Seine einstige Bedeutung als Wallfahrtsort aber hallte noch immer nach. Der Besuch fiel ernüchternd aus. Längst waren die Pilgerströme versiegt. Die imposante Kirche fanden wir verschlossen und ihren Zustand besorgniserregend: defekte Dachrinnen, feuchtes Mauerwerk und überall bröckelnder Putz. Aus dem Gebäude des ehemaligen Franziskanerklosters jedoch tönte Lärm und Kinderlachen. Es diente damals als Kindergarten und Schulhort. Ganz in der Nähe gab es eine Gaststätte. Alle Tische waren besetzt. Am Fenster mit Blick auf die Kirche saß eine ältere Dame. Nach der in holprigem Tschechisch gestellten Frage: *«Zde je volno?»* (Ist hier frei?) antwortete sie in charmantem sudetendeutsch gefärbten Dialekt: *«Aber bitt schön, nehmen's doch Platz.»* Als wir fragten, woher sie so gut Deutsch könne, erzählte sie uns, dass das ihre Muttersprache sei. Sie stamme aus Liberec/Reichenberg und sei mit einem Tschechen verheiratet gewesen. So habe sie das Land nach dem Krieg nicht verlassen müssen. Inzwischen sei sie schon lange Witwe. *«Seit meine beiden Söhne aus dem Haus sind, zieht es mich immer wieder nach Haindorf. Schon als Kind bin ich jedes Jahr Anfang Juli mit den Eltern und Geschwistern am Tag Mariä Heimsuchung zur Wallfahrt gekommen. Die Kirche konnte die große Zahl der Pilger kaum fassen. Als Böhmen noch zu Österreich gehörte, galt Haindorf nach Mariazell in der Steiermark als der wichtigste Wallfahrtsort in der gesamten Donaumonarchie. Jetzt kommen keine Pilger mehr. Es ist traurig, diesen Verfall zu sehen.»* Es muss der Dame wohl etwas naiv vorgekommen sein, als wir sie nach den Ursachen fragten. Mit deutlich leiserer Stimme fuhr sie fort: *«Ach, wissen Sie, 1950 wurden bei uns in einer Nacht- und Nebelaktion alle Klöster geschlossen und die Ordensleute vertrieben. In Haindorf richtete der Staatssicherheitsdienst ein Internierungs- und Umerziehungslager für Geistliche ein. Erst nach Stalins Tod ist es aufgelöst worden. Es brauchte viel Mut, sich der Gehirnwäsche nicht zu beugen.»* Nach einer kleinen Pause fuhr sie nachdenklich fort: *«Seit die Wallfahrten verboten wurden und das Kloster geschlossen ist, verkommt dieser schöne Ort zusehends. Es ist, als würde nach segensreichen Jahrhunderten nun ein Fluch darauf liegen.»*

Die Gründungslegende

Die Frau spürte wohl, dass uns ihre Worte berührten. Sie fragte, woher wir denn kämen. Bei unserer Antwort: *«aus Zittau»*, trat ein Leuchten in ihre Augen. *«Ja wissen Sie denn, was Zittau und Haindorf miteinander verbindet?»* Als wir verneinten, erzählte sie uns eine rührende Geschichte, die wie ein Märchen anmutete:

«In Mildeneichen, einem Dorf ganz in der Nähe, heute heißt es Lužec, lebte am Anfang des 13. Jahrhunderts ein Siebmacher, der seine Familie nur notdürftig ernähren konnte. Als Frau und Kind krank wurden, bedrückten ihn die Sorgen noch mehr. Eines Tages legte er sich in den Schatten einer Linde zur Mittagsruhe. Im Traum sprach eine Stimme zu ihm und sagte, dass Frau und Kind genesen könnten. Er solle nach Zittau gehen, dort eine geschnitzte Figur der Muttergottes kaufen und sie in den hohlen Lindenbaum setzen, unter welchem er schlafe. Dann möge er mit den Seinen vor dem Bilde andächtig beten. Der Mann tat, wie ihm geheißen wurde. In Zittau suchte er jedoch vergeblich, für seine wenigen Groschen eine Marienfigur zu bekommen. Der Verzweiflung nahe, fand er einen Bildschnitzer, bei dem er noch nicht nachgefragt hatte. Als auch dieser die Achseln zuckte und meinte, für so wenig Geld könne er das Gewünschte nicht verkaufen, kam dessen Frau hinzu. Sie nahm ihn beiseite und flüsterte ihm ins Ohr, er habe doch in der Bodenkammer noch eine Figur, die ihm missraten sei. Die würde sowieso keiner kaufen, und von dem Mann aus Böhmen bekäme er wenigstens noch etwas dafür. Gesagt getan. Eher traurig als beglückt über das Geschäft, machte sich der Mann auf den Heimweg. Die ganze Zeit plagte ihn die Sorge, dass er sich mit dieser Figur eher den Zorn als die Hilfe der Muttergottes zuziehen würde. In seiner ärmlichen Behausung angekommen, führte er seine

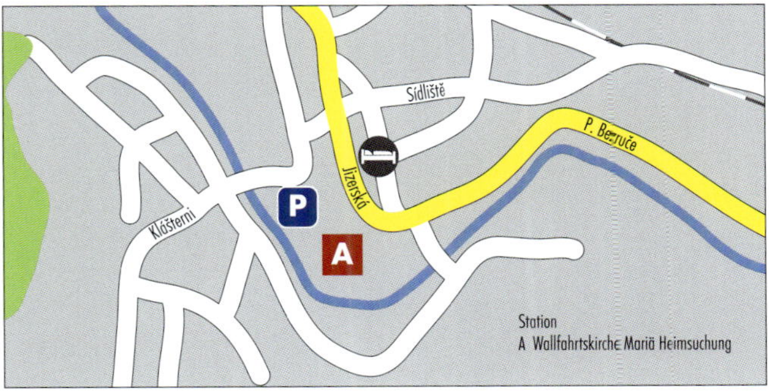

beiden Kranken zu der Linde und stellte die Maria mit dem Christusknaben in den hohlen Baumstamm. Dann begannen alle drei inbrünstig zu beten. Und siehe da, auf die Fürbitte Marias wurden Frau und Kind wieder gesund. Zur großen Freude des Vaters hatte sich zudem die missratene Figur zu einer ‚Mater formosa', zu einer liebreizenden Muttergottes gewandelt.

Die Geschichte sprach sich schnell herum. Schon bald kamen die ersten Pilger. Sie verehrten das Gnadenbild und vertrauten ihm ihre Sorgen und Nöte an. Als der Pilgerstrom immer weiter wuchs, fällte man die Linde, nutzte den Stumpf als Altar und errichtete darüber eine hölzerne Kapelle. Später baute man eine steinerne Kirche und schließlich Anfang des 18. Jahrhunderts die jetzige große Basilika.»

Sichtlich zufrieden, dass sie uns jungen Leuten auf die Sprünge geholfen hatte, blickte sie auf den Regulator an der Wand. *«Oje, jetzt muss ich mich aber beeilen. Mein Zug fährt in zwanzig Minuten, und bis zum Bahnhof ist es ein gutes Stück zu laufen. Ihren Kaffee und den Kuchen zahle ich,*

weil Sie mir so nett zugehört haben. Lassen Sie es sich gut gehen, servus.» Ganz verdutzt schauten wir sie an und wollten abwehren. Aber da war die Dame schon mit einem freundlichen Lächeln in Richtung Zahlkellner unterwegs. Uns blieb gerade noch Zeit, ihr ein *«Vielen Dank!»* nachzurufen.

Jedes Mal, wenn wir wieder nach Haindorf kamen, erinnerten wir uns an diese nette Begegnung. Und jedes Mal war der Verfall augenscheinlicher. Ende der achtziger Jahre drang nicht einmal mehr das Kinderlachen aus dem Klostergebäude. Schulhort und Kindergarten waren ausgezogen. An der Gaststätte unweit der Kirche hing ein Schild mit der Aufschrift «zavřeno» (geschlossen).

Der Wundertäter

Nach der politischen Wende war in einem Zeitungsbericht zu lesen, dass die Kirche samt Kloster dem Franziskanerorden zurückgegeben werden soll. Der aber habe angesichts des schlimmen Bauzustandes das «Erbe» ausgeschlagen. Vom Bischof in Litoměřice/Leitmeritz sei jedoch ein überaus rühriger Pater gewonnen worden, der sich um die Sanierung kümmern und ein «Internationales Zentrum für geistliche Erneuerung» gründen wolle. Bald lernten wir den rührigen Pater Miloš Raban kennen, der sich schnell von der Idee anstecken ließ, Hejnice in die VIA SACRA einzubeziehen.

Ursprünglich Ingenieur am Prager Institut für Arbeitsschutz, spürte er eine andere Berufung und ging 1977 nach Rom. Dort studierte er Theologie und Philosophie an der Lateranuniversität, promovierte und wurde 1985 zum Priester geweiht. Nach fünfjähriger Tätigkeit in Frankfurt am Main holte ihn Bischof Josef Koukl 1990 in die Diözese Litoměřice und bat ihn, sich um die Wiederbelebung des Wallfahrtsortes Hejnice zu kümmern. Die Technische Universität Liberec berief ihn zum Dozenten und die Fakultät für Naturwissenschaften, Sozialwesen und Pädagogik wählte ihn zum Dekan. Darüber hinaus übernahm er einen Lehrauftrag an der Universität von Hradec Králové/Königgrätz, war Vorsitzender der Tschechischen Gesellschaft für katholische Theologie – ein wirklich viel beschäftigter Mann. Sein Lebensmittelpunkt aber wurde Hejnice. Hier wirkte er nicht nur als Seelsorger, sondern vor allem als spiritus rector des Internationalen Zentrums für geistliche Erneuerung. Wenn man bedenkt, in welchem Zustand er Kirche und Kloster 1990 vorfand und wie es heute hier aussieht, ist man geneigt, an ein zweites «Haindorfer Wunder» zu glauben. Miloš Raban vollbrachte es in seiner liebenswürdig bescheidenen Art, die ein wenig mit schwejkischer Schlitzohrigkeit gepaart war. Als wir ihn einmal bei einem Glas Wein fragten, wie er denn das viele Geld beschaffen konnte, antwortete er mit einem verschmitzten Lächeln, aus dem wirklich der «brave Soldat» herausschaute: *«Ja wissen Sie, der Herrgott hat mir gesagt, ich soll die Haindorfer Wallfahrtsstätte wieder aufbauen. Da hab ich zum Herrgott gesagt: Nun gut, dann musst Du Dich aber auch um die Finanzierung kümmern.»* Danach erzählte er uns, welche Inspirationen der Herrgott ihm dazu eingegeben hatte. Durch seine Tätigkeit in Deutschland kannte er die Deutsche Bundesstiftung Umwelt, die sich im benachbarten Kloster St. Marienthal sehr engagierte. Als die Herren vom Stiftungsrat auf seine Einladung hin zu Besuch kamen, versuchte er, sie für eine Förderung seines Projekts zu gewinnen. Man habe ihm zwar geduldig zugehört, dann aber mit höflichem Bedauern zu verstehen gegeben, dass die Satzung die Unterstützung eines solchen Vorhabens nicht zulasse. Gefördert werden könnten geschädigte Wälder, Projekte zur Verbesserung von Gewässern und Luft etc. Während er dies sagte, trat ein Funkeln in die dunklen Augen des Paters. Mit seinem liebenswerten tschechischen Akzent platzierte er die Pointe: *«Ja wissen Sie, da habe ich den Herren aus Deutschland gesagt: Es ist ja schön, wenn sie etwas für die kranken Wälder, für sauberes Wasser und für saubere Luft tun können. Aber was nutzt das alles, wenn es in den Köpfen der Menschen schmutzig ist? Da haben sie etwas betreten aus ihren dunklen Nadelstreifenanzügen geschaut und gemeint, sie würden sich das mal überlegen. Bald darauf bekam ich einen Brief aus Osnabrück. Man habe sich die Satzung noch einmal genau angeschaut und doch einen Weg zur Förderung gefunden.»*

Die Haindorfer Mater formosa

Geschichtliches

Pater Raban hat viel dazu beigetragen, unsere Wissenslücken über Haindorf zu schließen. Über die Entstehung und die frühe Zeit des Wallfahrtsortes erzählte er uns fast das Gleiche wie seinerzeit die Dame aus Liberec, wies aber darauf hin, dass dies alles eben nur Legende sei. Die ältesten schriftlichen Aufzeichnungen über die Ursprünge stammen von 1655 und 1699, als der Gnadenort nach dem Niedergang in der Zeit der Reformation und des Dreißigjährigen Krieges mit der Rekatholisierung Böhmens eine neue Blüte erlebte. Darin wurde berichtet, dass der Andrang der Pilger in der nach der Wunderheilung errichteten Kapelle schon bald die Anstellung eines Geistlichen und ein größeres Gotteshaus notwendig machte.

Der erste Kirchenbau datiert allerdings schon aus dem Jahre 1352. Bereits zwanzig Jahre später musste die Kirche erweitert werden und dürfte sich von der Gruftkapelle bis zur Antoniuskapelle der heutigen Basilika erstreckt haben. Diese Kirche wurde am 2. September 1498 durch den Meißner Bischof Johann von Salhausen «zu Ehren der Heimsuchung der fröhlichen Jungfrau» geweiht. Auf dem Hauptaltar stand die Madonnenfigur – keineswegs ein missratenes Bildwerk, sondern ein sehr schönes Beispiel böhmischer Schnitzkunst des mittleren 14. Jahrhunderts – in einem vergoldeten, mit einem Glasfenster versehenen Holzkästchen. Im Mittelalter war Haindorf der wichtigste Wallfahrtsort für die Oberlausitzer Sechsstädte, die alle einen eigenen Altar in der Kirche hatten und deren Bürger regelmäßig hierher pilgerten. Die Entwicklung des Ortes war schon immer eng mit dem Auf und Ab der Wallfahrten verbunden. Von 1558 bis 1621 gehörte die Herrschaft Friedland der protestantischen Adelsfamilie von Redern, die am Fortbestand der Wallfahrten wenig Interesse hatte und die Kirche schließen ließ. Bittschriften des Oberstlandrichters von Böhmen, Georg von Martinitz, des Appellationspräsidenten Georg von Lobkowitz sowie des Prager Erzbischofs aus dem Jahre 1589, die Wallfahrtskirche für den katholischen Gottesdienst wieder freizugeben, blieben erfolglos. Selbst eine diesbezügliche Anordnung Kaiser Rudolfs II. wussten die Familie Redern zu umgehen. Erst als nach der Niederschlagung des Aufstandes der Böhmischen Stände die Gegenreformation einsetzte und Albrecht von Waldstein 1622 Herr auf Friedland wurde, bekamen die Katholiken die Kirche zurück. Auf den Generalissimus geht nach der Überlieferung auch der spätgotische Altar in der Gruftkapelle zurück, der

Wallensteins Feldaltar

ihm als Feldaltar gedient haben soll und dann nach Haindorf geschenkt wurde. Bald danach führte man die Prozession am Fest Mariä Heimsuchung wieder ein. In der Nähe der Kirche errichtete man das sogenannte Wallfahrtshaus, um den nach Haindorf kommenden Geistlichen eine angemessene Unterkunft zu bieten.

Einen großen Förderer gewann der Gnadenort in der gräflichen Familie Gallas, die nach der Ermordung Albrechts von Waldstein die Herrschaft Friedland erwarb. 1680 ließ Franz Ferdinand Graf Gallas um die Kirche herum einen gewölbten Gang (Ambit) mit vier Kapellen, neun Beichtstühlen und einer Gruft für die Kirchenwohltäter errichten. Zudem erinnert eine bemerkenswerte Sandsteinfigur daran, dass im Mittelalter die Herren von Biberstein die Herrschaft Friedland besaßen und damit auch das Patronat von Haindorf ausübten: Dargestellt ist ein Mitglied der Familie in Anbetung der Muttergottes. Zehn Jahre später rief Franz Ferdinand Graf Gallas die Franziskaner nach Haindorf und vertraute ihnen die Kirche und die Wallfahrtsseelsorge an. Bis zur Errichtung des Klosters 1698 lebten die Ordensmänner im Wallfahrtshaus. Der Zustrom der Pilger schwoll danach beträchtlich an. Schon 1692 kamen rund 18 000. Bis 1721 erhöhte sich deren Zahl auf 53 000. Einem solchen Ansturm war die Kirche nicht mehr gewachsen, zumal ihr baulicher Zustand inzwischen sehr zu wünschen übrig ließ. Am 8. September 1722, dem Fest der Geburt Mariens, begann der Bau des jetzigen Gotteshauses nach Plänen des bekannten Barockarchitekten Johann Bernard Fischer von Erlach, der auch das Palais Clam-Gallas in Prag erbaut hatte. Mit der Bauausführung wurde der Prager Baumeister Thomas Hafenecker betraut. Die Einweihung der Kirche erfolgte 1725 am Fest Mariä Heimsuchung. Sie fasst 7 000 Gläubige, hat die Form eines nach Süden gerichteten Kreuzes und unterscheidet sich dadurch von den meist geosteten Gotteshäusern. Zwischen 1900 und 1908 erfolgte eine gründliche Renovierung. Die Deckenfresken sind das letzte Werk des Wiener Malers und Professors an der Kunstakademie, Andreas Groll, der 1907 verstarb. Die Kirche verfügt neben dem in Illusionsmalerei gestalteten Hochaltar über sechs Seitenaltäre. In der linken Seitenkapelle steht der bereits erwähnte Flügelaltar, den Albrecht von Waldstein auf seinen Feldzügen mitgeführt haben soll. Unter ihr befindet sich die Familiengruft der Clam-Gallas.

Ein segensreicher Pakt

Wenn es gewünscht wurde, ging Pater Raban mit Pilgergruppen zu den Särgen hinab. Nachdem er einiges zu den dort bestatteten Personen gesagt hatte, sprach er immer ein Gebet. Danach erklärte er: *«Zwischen der Familie und dem Gnadenort bestand mehr als 300 Jahre ein Pakt. Die Grafen sorgten für die Erhaltung des Klosters und der Kirche. Die Franziskaner sorgten sich um das Seelenheil der Patrone und der Pilger. Als dieser Pakt gebrochen wurde, begann der Niedergang des Ortes. Ich möchte ihn für alle erneuern, die in Haindorf Besinnung und geistliche Erneuerung suchen.»* Am 7. Januar 2011 hörte das nimmermüde Herz von Miloš Raban auf zu schlagen. Zehn Tage später wurde er in eben dieser Gruft zur letzten Ruhe gebettet. Der Bischof von Leitmeritz las das Requiem. Die Kirche konnte die Zahl der Trauergäste kaum fassen. Wie uns, hat sein Tod Tausende Menschen auf beiden Seiten der Grenze sehr betroffen gemacht. Möge sein segensreiches Wirken mit derselben Hingabe fortgeführt werden.

VD

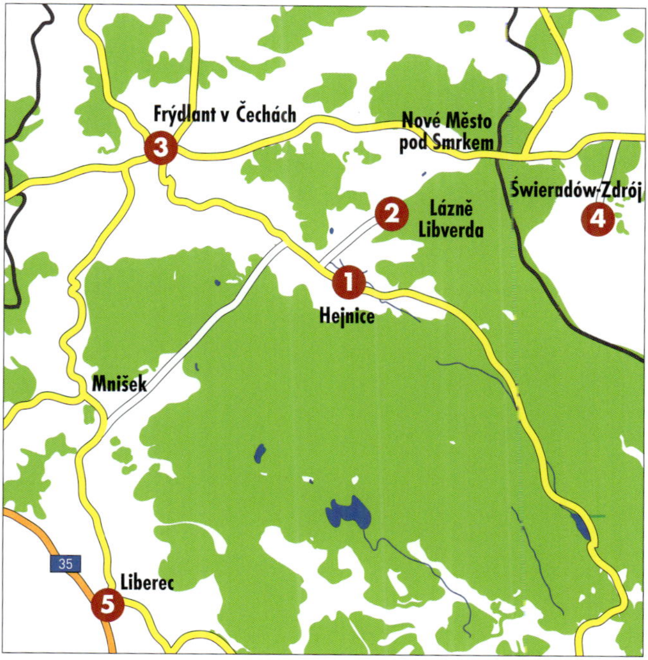

Internationales Zentrum für geistliche Erneuerung
CZ 463 62 Hejníce, Klášterní 1
Telefon +420 (0) 482/360211
E-Mail mcdo@mcdo.cz
www.mcdo.cz
Öffnungszeiten:
Besichtigung Mo-So 8-18 Uhr
Führung in Tschechisch, Deutsch und Englisch (Dauer ca. 1,5 Stunden)
Möglichkeit von Abend- und Nachtführungen
Gottesdienste:
in tschechischer, polnischer und deutscher Sprache
Hauptwallfahrten:
1. Juli - Fest zur Einweihung der Kirche für tschechische Pilger
2. Juli - Fest zur Einweihung der Kirche für deutsche Pilger
8. Mai - Wallfahrt zur Versöhnung
Veranstaltungen:
Frühlings-, Sommer- und Herbstkonzerte der Orgel- und geistlichen Musik

Tipps für Gaststätten

Restaurace U Zeleného stromu

rustikale Gaststätte mit besonderen böhmischen Spezialitäten
CZ 463 62 Hejnice, Lázně Libverda 94
Telefon +420 (0) 777/636424
E-Mail qiky@seznam.cz
www.uzelenehostromu.info

Restaurace U Wéwody Fridlantského

uriger Gasthof mit traditionell böhmischer Küche
CZ 434 01 Frýdlant v Čechách, ul. Míru 34
Telefon +420 (0) 482/311296
+420 (0) 602/131473
E-Mail u_wewody@email.cz
www.wewoda.xf.cz

Übernachtungen
Im einstigen Franziskanerkloster - heute «Internationales Zentrum für geistliche Erneuerung».
CZ 463 62 Hejníce, Klášterní 1
Telefon +420 (0) 482/360211
E-Mail mcdo@mcdo.cz
www.mcdo.cz

Hotel Zvon

CZ 463 62 Hejnice, Jizerská 279
Telefon +420 (0) 482/322339
E-Mail hotel-zvon@hotel-zvon.com
www.hotelzvon.euroregin.cz

Hotel Bílý kůň

CZ 464 01 Frýdlant, nám. T. G. Masaryka 92
Telefon +420 (0) 482/312168
Mobil +420 (0) 605/267216
E-Mail info@hotel-horse.cz
www.putorius.cz/hotel-bily-kun

Ausflugstipps

Isergebirge/Jizerské Hory, CZ/PL

Viel besuchtes Sommer- und Wintererholungsgebiet mit Bergen bis zu 1 126 Meter Höhe (Hinterberg/Wysoka Kopa auf polnischer Seite). Bekanntester Gipfel ist die Tafelfichte/Smrk mit 1 124 Meter Höhe. Sehenswerte Felsen, Wasserfälle, ausgedehnte Torfmoore und Bergwiesen.
www.jizerky.cz

Lázně Libverda/Bad Liebwerda (2 km) ❷

Ortsteil von Hejníce/Haindorf. Ende des 16. Jahrhunderts wurden kohlensäurehaltige Heilquellen entdeckt, seit 1782 Kurort. Indikationen: Herz-Kreislauferkrankungen, Nervenleiden; Kurhäuser im Empire-Stil. Berühmte Kurgäste waren unter anderem Carl Maria von Weber und Alexander von Humboldt.
www.laznelibverda.cz

Schloss Frýdlant/Friedland (10 km) ❸

Verbindung von frühgotischer Burg und Renaissanceschloss. Im Dreißigjährigen Krieg war die Herrschaft für einige Jahre im Besitz des kaiserlichen Generalissimus Albrecht von Waldstein (Wallenstein), der als «der Friedländer» damals in ganz Europa bekannt war. Über 50 zugängliche Interieurs. Das Schloss gilt als eines der Vorbilder für Kafkas Roman «Das Schloss».
www.mesto-frydlant.cz

Świeradów-Zdrój/Bad Flinsberg, PL (20 km) ❹

Gelegen im Tal des Flusses Queis auf einer Höhe von 450 bis 650 Metern ü.M. ist Bad Flinsberg einer der ältesten Kurorte in Niederschlesien, dessen Tradition bis ins 18. Jahrhundert zurückreicht. Aus dieser Zeit haben sich viele Juwele der Baukunst erhalten, in denen sich heute Hotels und Pensionen unterschiedlichsten Standards befinden. Auf dem heutigen Stadtgebiet liegen zwei Badeorte: Świeradów Zdrój/Bad Flinsberg und Czerniawa Zdrój/Bad Schwarzbach. Jeder von ihnen hat ihren ganz eigenen Charakter und eigenen medizinischen Anwendungsbereich. Świeradów bietet eine große Zahl verschiedener Radonbehandlungen (Indikationen: Herz-Kreislauf, Bewegungsapparat, Rheuma, Frauenleiden), Czerniawa ist spezialisiert auf Erkrankungen Atemwege, Asthma und Allergien. Anziehungspunkt für Aktivurlauber ist die moderne Kabinenbahn zum 1 107 Meter hohen Heufuder/Stóg Izerski und die mit 2 500 Metern längste beleuchtete Skiabfahrtsstrecke in Polen. www.swieradowzdroj.pl

Liberec/Reichenberg (26 km) ❺

Der um 1300 entstandene und zur Herrschaft Friedland gehörende Ort war im Mittelalter eher unbedeutend. Nach der Ansiedlung flämischer Leineweber und deutscher Tuchmacher sowie der Freigabe der Straße von Prag nach Görlitz für den Handelsverkehr entwickelte er sich im 16. Jahrhundert zu einem Zentrum des Textilgewerbes. Im 19. Jahrhundert gesellten sich weitere Industriezweige wie Metallverarbeitung und Maschinenbau hinzu und Liberec stieg zur größten und bedeutendsten Stadt in Nordböhmen auf. Mit über 100 000 Einwohnern zählt es heute zu den Großstädten. Als geistig-kulturelles Zentrum der Region besitzt die Stadt ein hervorragendes Drei-Sparten-Theater, die Technische Universität, ein bedeutendes Kunstgewerbemuseum, eine Gemäldegalerie, eine Bibliothek mit der größten deutschsprachigen Büchersammlung Tschechiens sowie einen sehenswerten Zoologischen- und Botanischen Garten. Der Liberecer Hausberg ist der Jeschken/Ještěd (1 012 Meter) mit dem charakteristischen und von der Internationalen Architektenunion als «Bauwerk des Jahrhunderts» ausgezeichneten Fernsehturm auf dem Gipfel, der zum Wahrzeichen der Stadt und der gesamten Region geworden ist.
www.infolbc.cz

Burg Czocha/Tzschocha, PL (28 km)

Im 13. Jahrhundert auf Initiative des Böhmischen Königs Wenzel II. als Schutzfestung am Steilufer des Queis errichtet. Im 16. Jahrhundert wurde die Burg zu einem Renaissanceschloss umgebaut und war bis 1703 im Besitz der Oberlausitzer Adelsfamilie von Nostitz. Im Jahre 1909 erwarb es Ernst Gütschow, der Generaldirektor der Jasmatzi Zigarettenfabrik Dresden. Das Anwesen war bis 1945 in seinem Besitz. Schloss Tzschocha ein heute ein exklusives Hotel, das auch für Besichtigungen offen steht.
www.zamekczocha.pl

Abseits vom Weltengetriebe – die wiederentdeckte Johanniterkommende in Český Dub/ Böhmisch Aicha

Für die Fahrt von Hejnice/Haindorf nach Český Dub/Böhmisch Aicha empfehlen wir die Strecke Frýdlant/Friedland, Chrastava/Kratzau und Kryštofovo Údolí/Christophsgrund. Die Strecke ist 55 Kilometer lang, landschaftlich überaus reizvoll und auch historisch interessant. Der erste Teil des Wegs führt durch das Tal der Wittig/ Smědá nach Frydlant. Der Fluss ist sehr wasserreich, glasklar und bei Hochwasser tückisch. Nach wenigen Minuten Fahrt kommt die Burg Frydlant in Sicht. Wir fahren nun auf der Straße nach Liberec/Reichenberg, bis sie bei Mníšek/ Einsiedel rechts auf die Nr. 592 nach Chrastava abzweigt. Von dort geht es nach Kryštofovo Údolí und hinauf auf den Kamm des Jeschkengebirges/ Ještědsko. An einem klaren Gebirgsbach und den Talhängen reihen sich malerische hölzerne Umgebindehäuser. Selbst die Kirche ist als großes, außen verschiefertes

Blockhaus erbaut, der Glockenturm steht daneben. Linker Hand fällt eine hohe schwungvolle Eisenbahnbrücke ins Auge. Die seinerzeit technisch sehr anspruchsvolle und landschaftlich wunderschöne Strecke führt durch zahlreiche Tunnel von Liberec nach Česká Lípa/Böhmisch Leipa. Auf der Südseite des Gebirges bieten sich Ausblicke, die schon die Maler der Romantik faszinierten. Schaut man ins Land hinein, könnte man meinen, hier sei ein überirdischer Parkgestalter am Werk gewesen. Einige der spitzen Vulkankegel tragen die Reste mächtiger Burgen, die einst die hier verlaufenden Handelsstraßen schützten. In Osečná/Oschitz folgen wie der Straße Nr. 278 bis Česky Dub.

Statue der heiligen Zdislava in einer Nische des Konventsaales

Sensationeller Fund unter einem Wohnhaus

Er muss 1996 gewesen sein, unser erster Besuch in Český Dub. Das «Podještědské Muzeum» befindet sich am westlichen Stadtrand in einer Ende des 19. Jahrhunderts erbauten Fabrikantenvilla. Direktor Dr. Tomáš Edel empfing uns freundlich. Obwohl der Name «Edel» deutsch ist und «Dudeck» tschechisch, hatten wir leider ein Sprachproblem. Für ernsthafte Gespräche musste immer ein Dolmetscher bemüht werden. Das Museum hatte viel Staunenswertes zu bieten, so die Ausstellung zur böhmischen Schriftstellerin Karolina Světlá (1830–1899). Besonders interessant fanden wir einen gotischen Schrank mit Schablonenmalerei, den Nachbau einer alten böhmischen Schulstube und zahlreiche Zeugnisse der ehemaligen jüdischen Gemeinde, darunter eine Thora und Rollen des Buches Esther aus dem 18. Jahrhundert.

Nach einer Stunde intensiven Schauens spürten wir, dass der Museumsdirektor den Rundgang nicht weiter ausdehnen wollte. Er drängte zum Aufbruch. Offensichtlich hatte er uns noch etwas zu zeigen, was ihm wichtiger erschien. Wir gingen hinaus in die strahlende Frühlingssonne, durchquerten einen alten Park, der wohl einst zur Villa gehört hatte, und erreichten die höher gelegene Altstadt. Neben einem unscheinbaren Wohnhaus machten wir an einer eisernen Kellertür halt. Sie erinnerte uns an den Eingang eines Eiskellers aus Kindertagen. Damit lagen wir gar nicht so falsch, denn Dr. Edel erzählte uns, dass früher in den gegenüberliegenden Gebäuden eine Brauerei gewesen sei. Doch nicht das mache diesen Ort so herausragend, sondern die Tatsache, dass wir hier am Eingang zu den erst 1991 entdeckten Überresten der alten Johanniterkommende aus der ersten Hälfte des 13. Jahrhunderts stünden. Er zeigte auf ein unscheinbares Kellerfenster, das eine klar erkennbare frühgotische Form aufwies. Das habe ihn stutzig gemacht. *«Das, was Sie hier sehen»,* begann er zu erklären, *«sind die spärlichen Überreste eines Schlosses aus der Mitte des 16. Jahrhunderts, das der damalige Besitzer der Herrschaft von Český Dub, Johann von Oppersdorf, errichten ließ. Zuvor stand hier eine bereits zu Beginn des 12. Jahrhunderts erbaute Burg, in der zwischen 1240 und 1429 die Kommende der Johanniter ihr Domizil hatte. Ausgelöst durch ein Feuer in der Brauerei, brannte das Schloss 1858 völlig aus. Aus den Ruinen baute man einige Wohngebäude, zum größten Teil aber trug man sie ab und nutzte die Fläche zur Anlage*

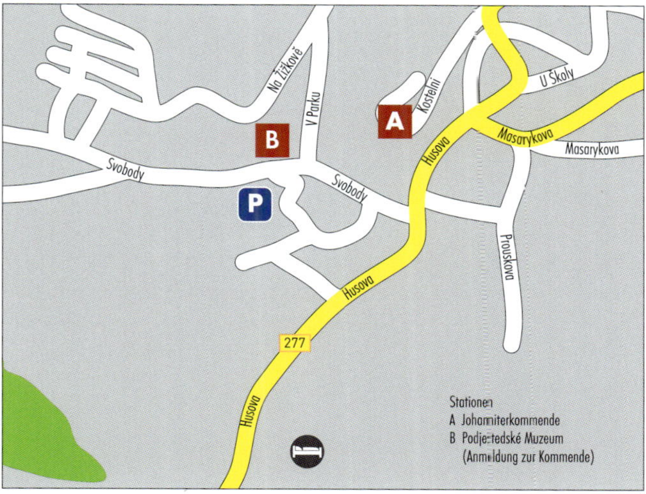

von Gemüsegärten für die Bewohner. Nach dem Krieg pflegte man die Ortsgeschichte kaum und die Erinnerung verblasste. In der Stadt wusste bald kaum noch jemand etwas über diese alte Zeit. Als ich 1985 die Leitung des Museums übernahm, hat mich als Archäologen gerade die frühe Geschichte der Region interessiert. Ja, und da sah ich 1991 dieses Fenster, das damals noch innen vermauert war. Dahinter mussten die von den Mietern des Wohnhauses genutzten Kellerräume liegen. Ich fragte einen im Garten werkelnden Mann, ob man sich dort mal umschauen dürfe. Unwillig schaute er auf, brummte irgendetwas vor sich hin und bedeutete mir nach einer Weile dann doch, ihm zu folgen. Außer neuzeitlichem Mauerwerk und Holzverschlägen, in denen Kartoffeln, Kohlen und Gerümpel lagerten, konnte ich erst einmal nichts Spektakuläres entdecken.» Tomáš Edel hielt inne und schaute unserer Dolmetscherin ins Gesicht. Die junge Frau, die als Deutschlehrerin an der hiesigen Schule arbeitete, zeigte erste Erschöpfungserscheinungen. Er spürte, dass eine Pause nötig war, zog einen archaischen Schlüssel hervor und öffnete die Eisentür. Uns schlug uns ein kalter Luftzug entgegen. Über eine steile Treppe gelangte man hinab in einen eindrucksvoll beleuchteten noch romanisch anmutenden großen Raum mit drei hintereinander liegenden Kreuzgewölben. Niemals hätten wir hinter dieser unscheinbaren Tür so etwas vermutet. Sichtlich genoss Dr. Edel unsere Überraschung. Dann zeigte er auf das bewusste Fenster und meinte: *«Das habe ich damals von innen gar nicht sehen können, weil der ganze Raum durch Trennwände in einzelne Kellergelasse unterteilt und hier eine schwache Ziegelmauer vorgeblendet war. Ich klopfte sie mit einem herumliegenden Hammer ab. Es klang hohl. Später habe ich aus dem darüber liegenden Raum eine Sonde herabgelassen, die meine Vermutung bestätigte. Von da an war mir klar, dass ich hier nach den Resten der Johanniterkommende suchen musste. Die Hausbewohner beobachteten mein Tun mit Argwohn. Wäre da nach 1990 nicht die Unterstützung unseres jungen gebildeten Bürgermeisters gewesen, hätten sie mich wohl am liebsten davongejagt. Der ließ sich glücklicherweise von meinem Forscherdrang anstecken und erhoffte sich von der Entdeckung einen Schub für Entwicklung des Tourismus in unserem abgeschiedenen Städtchen».*

Ein menschliches Gesicht ohne Nase und Lippen

So interessant es in dieser kalten Unterwelt auch war, Übertage genossen wir die wärmende Frühlingssonne und gingen zur nahe gelegenen Heilig-Geist-Kirche. Sie gehörte ursprünglich zur Johanniterkommende und wurde 1291 erstmals erwähnt. Als die Hussiten 1425 und 1429 die Stadt einnahmen, zerstörten sie nicht nur die Kommende, sondern auch die Kirche. 1530 baute man das Gotteshaus im Renaissancestil wieder auf und barockisierte es später. Unser Gastgeber zog einen weiteren Schlüssel aus der Tasche und sagte: *«Warten Sie, ich habe da noch etwas, das Sie bestimmt überraschen wird.»* Er öffnete ein Tor, durch das wir in einen nördlich an die Kirche angrenzenden Hof mit alten Mauerresten gelangten: *«Hier war das Hospital der Johanniter. Meiner Meinung nach wirkte die heilige Zdislava vor allem an diesem Ort. Ihr Mann, Havel von Lämberg, hatte 1237 die hiesige Grundherrschaft gekauft und die Johanniterkommende gegründet. Sie wissen ja, dass der Orden aus einem Pilgerhospital in Jerusalem hervorging und sich ‹Ordo Hospitalis Sancti Johannis Ierosolimitani› (Orden vom Spital des Heiligen Johannes zu Jerusalem) nannte. Er bestand aus Rittern, die für den militärischen Schutz der Kreuzfahrerstaaten und der Pilger zuständig waren, Priestern, die den Kirchendienst und die Seelsorge übernahmen, und nicht adeligen Laienbrüdern, die Kranke und Verwundete pflegten. Stiftungen vieler Adeliger aus ganz Europa mehrten das Vermögen der Johanniter. Davon wurden der Unterhalt der Mitglieder, aber auch die Errichtung von Niederlassungen und Hospitälern an den Pilgerwegen finanziert. Als 1187 Jerusalem fiel und sich die Johanniter schließlich 1291 gänzlich aus dem Heiligen Land zurückziehen mussten, suchten sie sich neue Aufgaben an den Straßen und Pilgerwegen Europas. Damals entstanden an der Straße von Zittau nach Prag drei Johanniterkommenden: in Zittau, in Český Dub und in Mladá Boleslav/Jungbunzlau.»* Nach diesem Exkurs in die Geschichte des Johanniterordens und der uns von Jablonné/Deutsch Gabel bereits bekannten Zdislava zeigte er uns noch etwas wirklich Außergewöhnliches, nämlich eine Ritzzeichnung hoch oben an der Wand. Deutlich war ein menschliches Gesicht ohne Nase und Lippen zu erkennen. *«Damit sollten die Reisenden schon von weitem vor der Lepragefahr gewarnt werden»*, war Dr. Edels Deutung.

Unterirdischer Fluchtgang, romanische Kapelle und das Kreuz eines Johanniterkomturs

In den Jahren danach hat es in Český Dub immer wieder spannende Entdeckungen gegeben. Mit seinem nimmermüden Enthusiasmus ist es Dr. Edel sogar gelungen, die Mieter des Hauses zum Umzug zu bewegen, so konnte er sich danach mit ganzer Kraft «seiner Johanitská Komenda», wie er

Konventsaal der Johanniter

sie immer nannte, widmen. Er legte nicht nur den von ihm als großen Konventssaal der Johanniter interpretierten Raum frei, sondern entdeckte wenig später darunter einen 80 Meter langen in den Fels gehauenen Gang mit mehreren Verzweigungen und Kammern, den er als Fluchtgang deutete. Schon 1996 hatte er uns am Ende des Konventssaales eine Wand gezeigt und gemeint, dass dahinter noch etwas sein müsse. Er fand eine Johannes dem Täufer geweihte romanische Kapelle und legte unter den Putzschichten mehrere Weihekreuze frei. 2001 wurde sie durch den zuständigen Bischof von Litoměřice/Leitmeritz neu geweiht, so dass seither wieder Gottesdienste stattfinden können.

Am Rande der Eröffnungsveranstaltung für die VIA SACRA 2005 in Zittau gab er uns zu verstehen, dass wir ihn unbedingt bald wieder einmal besuchen sollten. Zur Begegnung in Český Dub war auch der Bürgermeister zugegen, der über die Aufnahme seiner Stadt in die VIA SACRA sichtlich erfreut war. Während des Gesprächs verließ Dr. Edel den Raum. Nach wenigen Minuten kam er mit einem Etui zurück und legte es auf den Tisch. Es enthielt seine jüngste und wohl kostbarste Entdeckung: ein mit Edelsteinen verziertes Bronzekreuz. Bei den Grabungen war er auf die Gruft eines Johanniters gestoßen, in dem er einen frühen Komtur vermutete. Dass wir das Kreuz – natürlich mit weißen Museumshandschuhen – anfassen durften, betrachteten wir als eine schöne Geste der über Jahre gewachsenen vertrauensvollen Zusammenarbeit.

In memoriam

Dr. Tomaš Edel ist 2010 im Alter von 58 Jahren verstorben. Die Nachricht war ein Schock für uns. Zum Gedenken an diesen verdienstvollen Museumsdirektor und rastlosen Forscher soll hier ein redaktionell bearbeiteter Extrakt aus seinem unveröffentlichten Manuskript angefügt werden, das die Ursprünge der Johanniterkommende verdeutlichen hilft.

«Das Gebiet um Český Dub/Böhmisch Aicha wurde noch bis in die neuere Zeit als Peripherie des frühmittelalterlichen Nordböhmen betrachtet, die abseits der wichtigen Zittauer Straße lag, die von Prag über Mladá Boleslav/Jungbunzlau und Jablonné v Podještědí/Deutsch Gabel in die Oberlausitz führte. Parallel verlief eine Trasse jedoch auch über Český Dub. Als Kommunikationsrückgrat des nordböhmischen Isergebietes können wir sie aufgrund von schriftlichen Quellen, archäologischen Sachzeugen, erhalten gebliebenen Architekturrelikten und Münzfunden rekonstruieren. Die Landstraße begann in Prag und verfolgte die Linie Prag–Prosek–Stará Boleslav/Altbunzlau mit der fürstlichen Residenz Kostelní Hlavno–Zdětín–die Furt in Brodec an der Iser und führte von hier in die wichtige Siedlungskammer von Mladá Boleslav. Weiter ging es dann über Kosmonosy und Kněžmost/Fürstenbruck entlang der monumentalen Sandsteinfelsgruppe Mužský. Die Straße querte dann die Iser durch eine Furt nördlich von Hradec, wo sie im 9. und 10. Jahrhundert von einer kleinen slawischen Burgstätte bewacht wurde. 20 Siedlungen, die durch archäologische Funde in das 9. bis 12. Jahrhundert datiert werden können, verweisen auf den Straßenverlauf in der Gegend von Český Dub zum Lubokeier Kamm/Hlubocky hřebet. Wie archäologische Forschungen beweisen, entstand hier um 1110 in Gestalt einer bisher unbekannten přemyslidischen Burg namens Vladislavice ein regionales politisches Machtzentrum. Es geht auf Herzog Vladislav I. zurück, der von 1109 bis 1117 und von 1120 bis 1125 in Böhmen herrschte. Vladislavs Regierung war in den ersten Jahren von politischen Unruhen begleitet. Umsturzversuche und nachfolgende Racheakte erschütterten das Land. Diese Situation zwang den Herzog, die Verteidigung Nordböhmens durch eine neue Burg am südlichen Abhang des Jeschken/Ještěd zu stärken. Die Burg stand auf einem nicht gerade hohen, aber ziemlich steilen Landrücken, auf drei Seiten umgeben von Sümpfen und Mooren des Ještědka- und des Rašovka-Baches. Auf der verwundbaren Seite des nördlichen Vorfeldes

war sie ohne Zweifel durch einen, bislang allerdings noch nicht gefundenen, Halsgraben geschützt. Das bedeutendste Gebäude war eine steinerne Kirche mit einem unbekannten Patrozinium, deren Grundriss – ein längliches Schiff und eine schmalere Apsis – bei den archäologischen Untersuchungen des Jahres 1994 entdeckt wurde. Die eigentliche Baumasse des Gotteshauses aus Bruchsteinen wurde von einer qualitätsvollen Steinmetzarbeit begleitet, wie der Fund eines kleinen Würfelkapitells beweist.

Die südöstliche und südliche Grenze des Burgbezirkes Vladislavice bildete höchstwahrscheinlich der Lauf der Iser, an deren Furten am rechten Ufer zwei Adelssitze entstanden, in Nudvojovice und Mohelnice. Das Dorf Nudvojovice ist 13 Kilometer Luftlinie von Vladislavice (dem späteren Český Dub) entfernt. Im Areal der frühgotischen Kirche des Heiligen Johannes des Täufers wird ein Sitz der Markwartinger aus dem 12. Jahrhundert vermutet. Der Herrensitz in Mohelnice mit der romanischen Marienkirche geht auf den mächtigen Markwartinger Hermann zurück, der in der Zeit Herzog Soběslavs II. (1173–1178) die Ämter des Hofmarschalls und des Hofkämmerers innehatte. Die ursprüngliche Trasse der Landstraße von Prag in die Oberlausitz über Mladá Boleslav und Vladislavice weckte das Interesse des Johanniterordens, der hier seit den achtziger Jahren des 12. Jahrhunderts folgende Orte erwarb: Kosmonosy (1186), Kostelní Hlavno (1189), Zdětín (1189) und sechs weitere Dörfer 1225, nämlich Chlum, Lažany, Koryta, Olšina, Loukovec und Březina. Während der Regierungszeit von König Wenzel I. (1230–1253) realisierten die nordböhmischen Adelsgeschlechter der Markwartinger und der Ronowitzer an der Landstraße ein großzügiges Programm von drei Johanniterkommenden, nämlich nach 1237 in Vladislavice, dem späteren Český Dub, 1259 in Mladá Boleslav und um 1260 in Zittau. Sie bildeten ein imposantes Ordensrückgrat. Die Besitzungen um Vladislavice erwarb 1237 der Markwartinger Havel, der sich später von Löwenberg/Lämberg/Lemberk nannte. Im Areal der einstigen Verwaltungsburg Vladislavice mit der Burgkirche vom Anfang des 12. Jahrhunderts gründete er die schon erwähnte Johanniterkommende. Um 1240 begann der Bau des ersten östlichen Konventflügels noch im romanischen Stil, überraschend 1991 entdeckt im Torso des späteren Renaissanceschlosses. Diese neuen Tatsachen erklären auch die Spitalsaktivitäten von Havels Gattin, der Zdislava († 1252), über die der ebenfalls dem Johanniterorden angehörende Autor der Dalimil Chronik be-

richtet. Archäologische Untersuchungen im Areal der anliegenden Pfarrkirche zum Heiligen Geist in den Jahren 1995/96 erfassten sogar Überreste des ursprünglich hölzernen Johanniterspitals aus der Mitte des 13. Jahrhunderts.

Um 1230 wurde mit der umfassenden Kolonisation der riesigen Urwälder westlich von Český Dub begonnen. Dieser große Bauplatz mit den neu gegründeten Burgen Lemberk/Lämberg, Děvin/Dewin oder Bezděz/Bösig führte dazu, dass der nördliche Abschnitt der Lausitzer Straße nun dort verlief. Die Johanniter in Vladislavice gerieten ins Abseits. Ihre große Herrschaft mit einem Ausmaß von 11 500 Hektar, mehr als 50 Dörfern und einer Klostermarktgemeinde, die Karl IV. 1357 zur Stadt Dub/Aicha erhob, hat sich bis 1425 oder 1429 hier gehalten. Dann jedoch erlag ihr Konvent dem Ansturm der Hussiten.» VD

Johanniterkommende

Podještedské Muzeum
CZ 463 43 Český Dub, ul. Svobody 32/IV
Telefon +420 (0) 485/147090
E-Mail muzeumceskydub@iol.cz
www.muzeumceskydub.cz
Öffnungszeiten:
April bis September
Mi-So 9-12 Uhr und 13-17 Uhr
Die letzte Führung beginnt um 15.30 Uhr.
Oktober bis März auf Anfrage

Tipps für Gaststätten

Hospoda Slunce

gutbürgerliches Restaurant mit großer Auswahl an böhmischen Speisen und Getränken
CZ 463 52 Osečná, Svatovítské náměstí 13
Telefon +420 (0) 605/770426

Übernachtungen

Hotel Penalta

CZ 463 43 Český Dub, Husova 159/III
Telefon +420 (0) 728685758
E-Mail info@hotel-penalta.cz

Apartments Jaroslav Goldman (8 km von Český Dub)

CZ 463 52 Osečná, Osečná 7
Telefon +420 (0) 731/463248
E-Mail jar.goldy@seznam.cz

Hotel Karel IV.

CZ 511 01 Turnov, Žižkova 501
Telefon +420 (0) 481/323855
E-Mail info@hotelkareliv.cz
www.hotelkareliv.cz

Hotel Galatea ****

CZ 293 06 Kosmonosy, Pod Koupalištěm 881
Telefon +420 (0) 326/721920
E-Mail hotel@galatea.cz
www.galatea.cz

Unser Geheimtipp

Schlosshotel Hrubá Skála (30 km) ❷

Das Hotel ist ein romantisches Schloss aus dem 14. Jahrhundert, das auf einem monumentalen Sandsteinfelsen des Böhmischen Paradieses gebaut wurde. Es verfügt über ein eigenes Schlossrestaurant mit der besten Weinauswahl aus dem gotischen Keller, Café mit Sommerterrasse, Jagdsalon und Konferenzräume. Zwei Appartements in den exklusiven Räumen des Schlosses mit einmaliger Aussicht auf die Felsenstadt und die Burgruine Trosky.
Hotel Zámek Hrubá Skála
CZ 511 01 Turnov, Hrubá Skála 1
Telefon +420 (0) 481/659111
E-Mail info@hrubaskala.cz

Ausflugstipps

Kirche zum Heiligen Jakobus Letařovice/Letarschowitz (5 km) ❸

Die 1363 erstmals urkundlich erwähnte Kirche bildet eine Station des Jakobswegs Posen-Görlitz-Prag (Zittauer Jakobsweg). Sehenswert ist insbesondere die Kassettendecke von 1722 mit 91 Bildfeldern, 60 davon mit volkstümlichen Malereien zur Jakobslegende. Auf dem Friedhof gibt es ein altes Beinhaus. Durch ein Fensterchen kann man ins Innere schauen und sieht im Schummerlicht, neben Hacke, Schaufel und Schubkarre des Totengräbers, einen über 200 Jahre alten Altar aus Menschenknochen.

Schloss Sychrov/Sichrow (13 km) ❹

Das Ende des 17. Jahrhunderts erbaute Barockschloss erwarb 1820 die Familie von Rohan, die nach 1789 aus dem revolutionären Frankreich nach Böhmen emigriert war. Vorbesitzer waren die Herren von Waldstein. Die Rohans ließen das Schloss großzügig in neogotischen Stil umbauen. Zugänglich sind 40 Räume und Säle mit der bedeutendsten französischen Porträtgalerie außerhalb Frankreichs. Schöner englischer Landschaftspark, Schlosshotel, Schlossrestaurant und Bohemian Garnet Restaurant - eine Empfehlung für Gourmets
www.zamek-sychrov.cz

Mohelnice nad Jizerou (15 km) ❺

Das kleine Dorf mit rund 75 Einwohnern liegt am Zusammenfluss der Iser/Jizera und der Mohelka, nur etwa 5 Kilometer von der Stadt Mnichovo Hradiště/Münchengrätz entfernt. Durch den Ort verläuft der Zittauer Jakobsweg. Die beeindruckende, sehr gut erhaltene romanische Mariä-Himmelfahrt-Kirche aus hohen Sandsteinquadern prägt das Dorf. Sie stammt aus der zweiten Hälfte des 12. Jahrhunderts und wurde in der zweiten Hälfte des 19. Jahrhunderts restauriert. Der pseudoromanische Altar stammt von 1876. Ende des 19. Jahrhunderts entstand auch die Kassettendecke.
http://www.mohelnice.unas.cz/kostel.html, www.mohelnice.mysteria.cz

Turnov/Turnau (23 km) ❻

Der Ort wurde um 1250 durch Jaroslav, Burggraf von Mladá Boleslav/Jungbunzlau, und Havel von Lemberk/Lämberg, zwei Brüdern aus dem Geschlecht der Markwartinger, an der Iser gegründet. Eine von Havel und seiner Gattin Zdislava initiierte Klostergründung des Dominikanerordens trug zum Aufschwung der Siedlung bei, die 1352 zur Stadt erhoben wurde. 1424 zerstörten die Hussiten das Kloster. Aus der Klosterkirche wurde danach ein Bethaus der Böhmischen Brüder, die bis 1547 in der Stadt ein Zentrum hatten. Im Zuge der 1622 einsetzenden Gegenreformation wurde das Gotteshaus als Mariä-Himmelfahrtskirche wieder katholisch.
Von 1838 bis 1853 erhielt es nach Plänen des Zittauer Architekten Carl August Schramm seine heutige neogotische Gestalt und gehört zu den größten neugotischen Basiliken Böhmens. Ihr unvollendeter Turm bildet die charakteristische Dominante der Stadt. Zur Kirche gehört ein Friedhof mit künstlerisch wertvollen Grabsteinen.
In Turnov wird schon 1527 eine jüdische Gemeinde erwähnt. Mitte des 19. Jahrhunderts zählte sie 300 Mitglieder, was einem Bevölkerungsanteil von 6 Prozent entsprach. Dadurch erklärt sich auch die im Jahr 1719 erbaute spätbarocke Synagoge und der jüdische Friedhof. Die Synagoge ist die einzige in Nordböhmen, die während der deutschen Besatzungszeit nicht zerstört wurde. Nach aufwendigen Renovierungsarbeiten wurde die Synagoge im Herbst 2008 wiedereröffnet und kann besucht werden (Mai-September täglich außer Montag von 9-17 Uhr, April/Oktober samstags, sonntags und feiertags jeweils 9-17 Uhr, Juli/August dienstags 10.45-11.30 Uhr und 14.45-15.30 Uhr geschlossen). Am 12. September 2009 fand – nach fast sechzig Jahren – in der Synagoge erstmals wieder ein Gottesdienst statt, für die Mitglieder der Reformgemeinde Prag und der Jüdischen Gemeinde Liberec. Die Synagoge ist heute auch Veranstaltungsort für Konzerte und Ausstellungen.
Besuchenswert ist das bereits seit 1886 bestehende Muzeum Českého ráje (Museum des Böhmischen Paradieses). Einzigartige Expositionen sind den Edelsteinen und dem Schmuck gewidmet. Außerdem gibt es Abteilungen für Archäologie, Geschichte und Ethnographie. Im Juli 2008 wurde nach vollständiger Rekonstruktion die mineralogisch-geologische Ausstellung wieder eröffnet, welche die 500 Millionen Jahre umfassende geologischen Entwicklung des Böhmischen Paradieses (seit Oktober 2005 erster Europäischer Geopark in der Tschechischen Republik) eindrucksvoll belegt.
www.turnov.cz
www.synagoga-turnov.cz
www.muzeum-turnov.cz

Ein rastloser Toter – Wallensteins Grab in der St.-Anna-Kapelle von Mnichovo Hradiště/ Münchengrätz

Alle Welt kennt Wallenstein. Vor allem Friedrich Schillers gleichnamiges Drama hat diesen Ruhm begründet. Auch wenn viele noch wissen, dass der kaiserliche Generalissimus eigentlich Waldstein hieß und 1634 in Eger/Cheb ermordet wurde, so dürfte den wenigsten bekannt sein, dass seine Gebeine in der St.-Anna-Kapelle von Mnichovo Hradiště/ Münchengrätz ihre letzte Ruhestätte gefunden haben. – Von Český Dub/ Böhmisch Aicha führt die wenig befahrene Straße 277 direkt zu dem knapp 20 Kilometer entfernten Ziel. Sie verläuft durch das liebliche Tal der Mohelka, einem kleinen naturbelassenen Flüsschen, das bei Mohelnice/ Mohelnitz in die Iser/Jizera mündet. Einige Berge tragen Reste mächtiger Burgen, die den alten Weg von Prag nach Zittau schützten. Die kleinen, noch recht archaisch anmutenden Weiler gehörten fast alle zum Besitz der Johanniterkommende von Český Dub. In Mohelnice lohnt es sich, das kleine Kirchlein Mariä Himmelfahrt anzuschauen. In Mnichovo Hradiště leiten die Hinweisschilder «Zámek» zum Schloss und zur St.-Anna-Kapelle. Aber nicht allein Wallensteins Grab war der Grund, Mnichovo Hradiště als Station für den böhmischen Abschnitt der VIA SACRA *auszuwählen. Die Gegend spielte eine wichtige Rolle in der tausendjährigen Geschichte des Christentums an der mittleren Iser. Die Christianisierung begann jedoch nicht da, wo sich heute die Stadt erstreckt, sondern ungefähr einen Kilometer westlicher in der Ortschaft Klášter Hradiště nad Jizerou/Hradischt.*

Kolonisierung und Christianisierung durch die Zisterzienser

Zur Zeit der böhmischen Herzöge aus dem Geschlecht der Přemysliden gründete Vladislav II. mit seiner Gattin, Gertrude von Babenberg, im Jahre 1144 in Plasy, rund 20 Kilometer nördlich von Pilsen/Plzeň, ein Zisterzienserkloster. Dieser neue Orden war damals sehr populär, und so folgten dem Beispiel des Landesherrn bald auch Adelige und gründeten weitere Klöster in anderen Teilen Böhmens. Im Isergebiet tat dies das reiche Geschlecht der Markwartinger. Es ist nicht bekannt, wer von ihnen aus Plasy einige Ordensbrüder in diese Gegend eingeladen hat und hier oberhalb des Zusammenflusses des Baches Zábrdka mit der Iser auf einer verlassenen altslawischen Burgstätte ein Kloster errichten ließ. Es gibt auch Vermutungen, dass an diesem Ort schon vorher ein Benediktinerkloster existiert habe und die Zisterzienser an ihre Stelle berufen worden seien. Vielleicht war der in den Quellen um das Jahr 1159 erwähnte Markwart der Gründer der Abtei. Sein Sohn Hermann begüterte 1177 das Kloster reich und sicherte so dessen Aufschwung. Wegen der Lage am Fluss und der Vergangenheit als slawische Burg wurde das Kloster Hradiště nad Jizerou genannt, was mit «Burgstätte an der Iser» zu übersetzen wäre. Die Zisterzienser kolonisierten nach und nach das Gebiet und gründeten neue Dörfer. Damals entstand wenige Kilometer nördlich der Abtei die bereits erwähnte Kirche Mariä Himmelfahrt in Mohelnice. Dieses klei-

Kapuzinerkloster mit St.-Anna-Kapelle

ne anmutige, noch im romanischen Stil erbaute Kirchlein mit einem rechteckigen länglichen Grundriss zeugt vom Ausgreifen der Zisterzienser in die Gebiete am Fuße des Jeschkenkammes. Die Straße im Tal der Mohelka verband die beiden wichtigsten Kirchendomänen des hohen Mittelalters in der Region: die Johanniterkommende in Český Dub und das Zisterzienserkloster Hradiště. Um die Mitte des 13. Jahrhunderts gründete das Kloster den Marktflecken Mnichovo Hradiště – übersetzt Mönchsburg. Der spätere deutsche Name «Münchengrätz» ist eine Mischung aus Deutsch und Tschechisch. Der Ort fand bereits 1279 als «civitas» Erwähnung. Das Stadtwappen – zwei gekreuzte Abtsstäbe – bezeugt noch heute die ehemalige Zugehörigkeit zum Kloster. Der große Grundbesitz – den Zisterziensern gehörten im 15. Jahrhundert mehr als siebzig Dörfer – ermöglichte den Ausbau des Klosters zu einem repräsentativen Ordenssitz im frühgotischen Stil. Sein Stolz war die Abteikirche: eine dreischiffige Basilika mit einem Querschiff, rechteckigem Chor und einem Vierungsturm.

Der Niedergang des Klosters in den Hussitenkriegen

Die Hussitenbewegung, die sich von Anfang an gegen den Reichtum der katholischen Kirche gerichtet hatte, ließ auch das Kloster Hradiště nicht ungeschoren. Seine Schicksalsstunde kam am Dienstag, dem 30. April 1420. Ein Hussitenheer, aus Ostböhmen kommend, überfiel das Kloster und brannte es nieder. Die Mönche flohen und kamen nie mehr zurück. König Sigismund betraute seinen treuen Jan Chudoba von Ralsko/Roll aus dem Geschlecht der Wartenberger als Anerkennung für seine bisherigen Dienste mit dem «Schutz» des klösterlichen Grundbesitzes. Fünf Jahre später kam die Domäne des Klosters in die Hände des Hussiten-Hauptmanns Jan Čapek von Sány. An eine Rückkehr der Mönche war unter diesem Umständen überhaupt nicht mehr zu denken. Die nachfolgenden Inhaber gehörten schon zur nachhussitischen Generation des Adels, der sich vor allem um sein Einkommen sorgte und eher protestantisch gesinnt war.

Bis in die Mitte des 16. Jahrhunderts lag das Areal des ehemaligen Klosters wüst. Erst um 1560 ließ der damalige Besitzer Georg Labouňský von Labouň († 1572) unter Nutzung der alten Mauern ein neues Schloss im Stil der Renaissance errichten. In dem Gebäude wird seit 1852 eine Brauerei

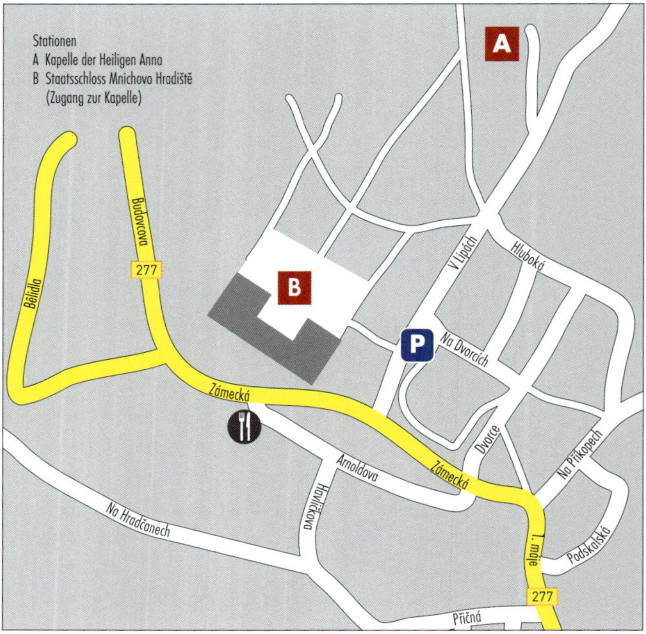

betrieben. An das mittelalterliche Kloster erinnern heute nur noch das um 1260 zu datierende spitzbogige Kirchenportal, das trotz der neuzeitlichen industriellen Bauten in seiner Umgebung immer noch imposant wirkt, die archäologisch erforschten Ostteile der ehemaligen Kirche mit einem sehenswerten Lapidarium in der ausgegrabenen Krypta sowie die Dorfkirche, die einst als Pfortenkapelle des Klosters diente.

Im Jahre 1612 gelangte der ehemalige Klosterbesitz einschließlich der Stadt Mnichovo Hradiště an Václav Budovec von Budov. Nach dem Wegfall der Klosterherrschaft war bereits in der zweiten Hälfte des 15. Jahrhunderts nördlich vor der Stadt eine Feste errichtet worden. Diese ließ der neue Besitzer zu einem Renaissanceschloss umbauen. In den politisch sehr bewegten Jahren vor dem Dreißigjährigen Krieg entwickelte sich Václav Budovec von Budov zu einem Führer der antihabsburgischen Opposition der böhmischen Stände. Wegen seiner Teilnahme am Ständeaufstand 1618–1620 wurde er nach dessen Niederschlagung in der Schlacht am Weißen Berg zum Tode verurteilt. Am 21. Juni 1621 richtet man den 74-Jährigen gemeinsam mit weiteren 26 Beschuldigten am Altstädter Ring in Prag öffentlich hin. Seine Bronzestatue ziert den Schlosspark von Mnichovo Hradiště.

Die Familie von Waldstein und die Kapelle der Hl. Anna

Jetzt kam der historische Augenblick für Albrecht von Waldstein (Wallenstein), der im Lager der Habsburger stand, für sie kämpfte und sich deshalb am Eigentum der Besiegten bereichern konnte. Er verstand dies so erfolgreich, dass nach ein paar Jahren fast ganz Nordböhmen in seinem Besitz war. Die Herrschaft Mnichovo Hradiště verkaufte der kaiserliche Generalissimus jedoch seinem Verwandten Maximilian von Waldstein. Als 1634 nach der Ermordung des Fürsten und Feldherrn sein gesamter Besitz konfisziert wurde, blieb das Eigentum Maximilians unangetastet. Es ist die Zeit der Gegenreformation, die nach dem Dreißigjährigen Krieg die konfessionelle Lage in Böhmen vollkommen veränderte. Nach dem Grundsatz des Augsburger Religionsfriedens «cuius regio eius religio» wurde die Rekatholisierung der bis dahin überwiegend protestantischen Bevölkerung vorangetrieben. Wer sich diesem Druck nicht beugen wollte, hatte keine andere Wahl, als das Land zu verlassen. Um diesen schmerzhaften Aderlass einzudämmen, trachtete der katholische Adel danach, die römisch-katholische Kirche durch die Stiftung neuer Klöster, den Bau prächtiger barocker Gotteshäuser und die Demonstration eigener Frömmigkeit zu stabilisieren. Das war auch in Mnichovo Hradiště geschehen. Nachdem im Jahre 1657 das alte Renaissanceschloss niedergebrannt war, ließ viele Jahre später Graf Ernst Josef von Waldstein († 1708) nach Plänen des bedeutenden Baumeisters Marc Antonio Ca-

nevalle (1652–1711) ein neues, weitaus prachtvolleres Schloss bauen – mit seiner imposanten Architektur, dem Park mit elegantem Pavillon, den kostbar ausgestatteten Interieurs, einzigartiger Bibliothek und bedeutendem Theater gehört es zu den bedeutendsten ländlichen Residenzen Böhmens.

Gleichzeitig mit dem Bau des Schlosses erfolgte auch die Gründung eines Klosters des Kapuzinerordens, den der Graf allen anderen vorzog. Fast 300 Jahre nach dem Niedergang des alten Klosters Hradiště entstand so in nur geringer Entfernung zu diesem ein neues. Die Kapuziner, im 17. Jahrhundert ein sehr geachteter Orden, liebten schlichte einfache Bauten, und so wurde ihr Kloster als ein Komplex von einem Stockwerk und drei Flügeln gebaut. Der eine Flügel schließt an das Presbyterium der den Heiligen Drei Königen geweihten Klosterkirche an. Das Gotteshaus, im Stil des frühen Barocks aus den Jahren 1694–1699, nach den Plänen von P. Georg aus München erbaut, ist im Grundriss rechteckig mit einer Kapelle der Mutter Gottes. Es hat ein längliches Presbyterium und an seiner Nordseite befindet sich das Oratorium. Den Innenraum deckt ein Tonnengewölbe mit Stichkappen. Die Stirnseite ist glatt und endet mit einem spitzen Schild. Die Inneneinrichtung stammt aus der Zeit der Gründung. Interessant sind die Gemälde der Heiligen Drei Könige, des hl. Antonius und des hl. Franziskus aus dem Jahre 1699 von Johann Christoph Liška. Weiterhin verdienen Beachtung: die sieben Kreuzwegszenen von Martin Světecký·aus Litoměřice/Leitmeritz, die Statue des hl. Johann von Nepomuk vom Bildhauer Johann Jelínek sowie die der hl. Anna. Aus dem 14. Jahrhundert stammt das Grabmal des Johann von Wartenberg, das sich ursprünglich im Kloster Hradiště befunden hatte.

Missernten, Hungersnöte und Epidemien versetzten die Menschen in früheren Zeiten immer wieder in Angst und Schrecken. Als Beschützerin vor diesen Plagen wurde die hl. Anna vom Volk verehrt. Als im Jahre 1713 überall die Pest wütete, die Herrschaft Mnichovo Hradiště jedoch verschont blieb, ließ der damalige Inhaber der Herrschaft, Franz Josef von Waldstein († 1722), im Jahre darauf als Dank vor der Kirche eine Statue der hl. Anna aufrichten. Die Kirche und die Statue wurden immer häufiger vom andächtigen Landvolk besucht, so dass die Räumlichkeiten der Kirche für den Andrang bald nicht mehr ausreichten. Deshalb entschloss sich die Witwe des Grafen, Marie Margarete von Waldstein, geb. Czernin von Chudenic, an die Kapuzinerkirche eine St.-Anna-Kapelle anzubauen. Im Gegensatz zur nüchternen Kapuzinerkirche ist dieser fast ebenso große Bau im reichen Barockstil ausgeführt. Die Kapuziner haben die Kapelle zwar verwaltet, sie blieb jedoch Eigentum der Herrschaft. Als Architekt erscheint in den ursprünglichen Quellen der Kapuziner Vavřinec Kozlovský aus dem südmährischen Wischau/Vyškov. Neben der schlichten Fassade der Kirche wirkt die Kapelle üppig und zeugt auch von den technischen Möglichkeiten des sich entwickelnden Barocks. Auch die Innenausstattung der Kapelle entspricht dem damaligen Zeitgeist. Das Altargemälde zeigt neben den Heiligen die Ansicht der Schlösser der Familie Waldstein in Bělá/Weißwasser, Doksy/Hirschberg, Mnichovo Hradiště, Svijany/Swijan, Hrubá Skála/Groß Skal und Komorní Hrádek. Die Kanzel vom Ende des 18. Jahrhunderts ist klassizistisch. Reiche Stuckverzierungen verleihen dem sonst einfachen Raum eine eindrucksvolle Wirkung.

Ein rastloser Toter

So bewegt und bizarr wie das Leben des Albrecht Wenzel Eusebius von Waldstein war auch sein Tod. Der von seinem Kaiser hoch dekorierte Feldherr wurde des Verrats bezichtigt und am 25. Februar 1634 in Eger von einem irischen Hauptmann hinterrücks ermordet. Seine erste Grablege fand er am 1. März 1634 im Minoritenkloster St. Maria-Magdalena in Mies/Stříbro unweit von Pilsen. 1636 erwirkte Maximilian von Waldstein die Erlaubnis, den Leichnam des Onkels in die Kartause von Valdice bei Jičin zu überführen. Dort hatte sich Albrecht von Waldstein bereits zu Lebzeiten seine Familiengruft bauen lassen. Die Mönche, die den Toten exhumierten, gaben zu Protokoll, dass die Leiche nicht verwest sei und selbst die Wunde weder dem Auge noch dem Geruchssinn den widerlichen Eindruck der Fäulnis biete.

Doch auch in Valdice sollte der Herzog noch keine Ruhe vor den Habsburgern finden. Im Zuge der Reformen von Kaiser Joseph II. wurde 1785 auch das Kartäuserkloster aufgelöst und dort ein Zuchthaus eingerichtet. In jenem Jahr gab es einen strengen Winter. Lange lag tiefer Schnee. Auf einem sechsspännigen, mit schwarzem Tuch bedeckten Schlitten ließ Graf Vinzenz von Waldstein den Sarg mit den sterblichen Überresten seines berühmten Ahnen nach Mnichovo Hradiště bringen und am 3. März in der St.-Anna-Kapelle feierlich beisetzen. Mit ihm sind dort auch die sterblichen Überreste seiner ersten Gattin Lukretia von Landek begraben. Seit 1934, dem

300. Todesjahr Wallensteins, ziert ein mächtiges Bronzerelief auf einem Marmorsockel die hoffentlich letzte Ruhestätte des berühmten Mannes. Ein wenig nachdenklich blickt er auf die in Stein gehauenen lateinischen Worte: «QUID LUCIDIUS SOLE? ET HIC DEFICET. – Was leuchtet heller als die Sonne? Und auch sie weicht der Finsternis». Unwillkürlich kommen einem dabei auch die Worte Friedrich Schillers über Wallenstein in den Sinn: «Ein Unglück für den Lebenden, dass er eine siegende Partei sich zum Feinde gemacht hatte. Ein Unglück für den Toten, dass ihn dieser Feind überlebte und seine Geschichte schrieb.» Übrigens kam im September 1833 noch einmal ein Habsburger Kaiser dem toten Wallenstein sehr nahe. Damals trafen sich Kaiser Franz I. von Österreich, Zar Nikolaus I. von Russland und der preußische Kronprinz Friedrich Wilhelm zur letzten Konferenz der sogenannten Heiligen Allianz im Schloss von Mnichovo Hradiště. Ob man bei dieser Gelegenheit das Grab besuchte, ist nicht überliefert.

Das Ende des Kapuzinerklosters in Mnichovo Hradiště

Den Maßnahmen Kaiser Josephs II. gegenüber den Klöstern entging auch das Kapuzinerkloster in Mnichovo Hradiště nicht. Graf Vinzenz von Waldstein, selbst ein Freimaurer, war zwar den Josephinischen Reformen eher zugeneigt, gestattete aber den verbliebenen Mönchen, weiter im Kloster zu leben. Der letzte von ihnen starb im Jahre 1814, erst dann wurde das Kloster aufgelöst. Die St.-Anna-Kapelle diente nachher den üblichen kirchlichen Zwecken und füllte sich alljährlich am 26. Juli, dem Feiertag der Heiligen, mit Gläubigen aus der ganzen Umgebung, die auf den umliegenden Wiesen auch genug Gelegenheiten zur Erfrischung und Unterhaltung fanden. Im Jahre 1914 erschreckte sie ausgerechnet hier jedoch die Nachricht von der Mobilmachung für den bevorstehenden Krieg – an eben diesem Tage inmitten der heiteren Stimmung.

Seit einigen Jahren wird das Fest der Hl. Anna übrigens wieder begangen und erfreut sich wachsenden Zuspruchs. Seit dem Jahre 1966 bewahrt man in der ehemaligen Klosterkirche und der St.-Anna-Kapelle unter Aufsicht und Pflege des staatlichen Kunstdenkmalschutzes Sandsteinstatuen und Denkmäler auf, die an ihren bisherigen Standorten durch äußere Einflüsse in ihrer Existenz bedroht waren. Dieses öffentlich zugängliche Lapidarium enthält Barock-, Rokoko- und Empirestatuen, die für die nordböhmische Landschaft der letzten Jahrhunderte so typisch waren.

Die Geschichte enthüllt also, dass im 12. Jahrhundert im Zisterzienserkloster Hradiště die Ausbreitung des Christentums in diesem Teil Nordböhmens begann. Unter anderen Vorzeichen knüpfte dann zur Zeit der Gegenreformation der Kapuzinerorden an diese Tradition an. So verbanden sich hier durch ihr historisches Vermächtnis zwei Kulturwelten: die romanisch-gotische und die des Barock. Sie hinterließen der modernen Zeit ihren Gedanken- und Kulturreichtum, dessen Spuren die VIA SACRA folgt. RA / VD

Kapelle der Heiligen Anna – Staatsschloss Mnichovo Hradiště

Frau Soňa Švábová
CZ 295 01 Mnichovo Hradiště, V Lipách 148
Telefon +420 (0) 326/773098
E-Mail mhradiste@stc.npu.cz
www.mnichovo-hradiste.cz
Öffnungszeiten:
Schloss und St.-Anna-Kapelle
April und Oktober
Sa, Sonn- und Feiertage
8.45–15 Uhr
Mai bis September
Di–So 8.45–16 Uhr
Führungen:
3 geführte Besichtigungsrundgänge
1. Rundgang (Schlossinterieur),
Dauer ca. 50 Min.
2. Rundgang (Empiretheater),
Dauer ca. 15 Min.
3. Rundgang
(St.-Anna-Kapelle mit Wallenstein-Gruft),
Dauer 30 Min.

Eine Kostbarkeit ist das klassizistische Schlosstheater mit erhalten gebliebenen Dekorationen, Kostümen und Requisiten. Hier finden regelmäßig Aufführungen statt.

Besonders empfehlenswerte Angebote

Das Böhmisches Paradies/Český ráj befindet sich im Dreieck der Städte Turnov/Turnau, Mnichovo Hradiště/Münchengrätz und Jičín/Jitschin. Ein Teil steht bereits seit 1955 unter Naturschutz und ist damit das älteste großräumige Schutzgebiet in Tschechien. Bekannt ist es besonders wegen seiner Felsenstädte aus Sandstein, Burgen, Schlösser, romantischen Ruinen und seiner Volksarchitektur. Das fast 700 Quadratkilometer große Gebiet umfasst geologische Phänomene, paläontologische, mineralogische und archäologische Fundstätten sowie historische Denkmäler. Damit ist es ein einzigartiges geologisches Lehrbuch und wurde im Oktober 2005 in die Liste der UNESCO-Geoparks aufgenommen. Thematische Wanderwege wie «Auf den Spuren des Barock», der «Goldene Steig» durch die Felsenstädte Hruboskalsko und Maloskalsko, der Sagenweg sowie der entlang von 22 Geoparkstationen machen das Böhmische Paradies zu einem der attraktivsten Wandergebiete in Mitteleuropa. Interessant ist auch ein Ausflug in das historische Zentrum der Glasmacherstadt Železný Brod.
www.cesky-raj.info/de

Tipps für Gaststätten

Podzámecká restaurace

Restaurant mit traditionell tschechischer Küche
CZ 295 01 Mnichovo Hradiště, Arnoldova 91
Telefon +420 (0) 326/773091

Restaurant Plaudit

Restaurant mit italienischer Küche, gemütlicher Cocktailbar und Café
CZ 295 01 Mnichovo Hradiště,
T.G. Masaryka 245
Telefon +420 (0) 326/734526
E-Mail restaurantplaudit@seznam.cz
http://mnichovo-hradiste.plaudit.eu

Übernachtungen

Hotel U Hroznu

CZ 295 01 Mnichovo Hradiště,
Masarykovo náměstí 27
Telefon +420 (0) 326/771617
E-mail hoteluhroznu@seznam.cz
www.hoteluhroznu.cz

Hotel U Kvapilů

CZ 295 01 Mnichovo Hradiště, J.Švermy 384
Telefon +420 (0) 739/013407
+420 (0) 603/274230
E-Mail ukvapilu@seznam.cz

U Mydlářů

CZ 295 01 Mnichovo Hradiště, Jiráskova 884
Telefon +420 (0) 326/773462
E-Mail mydlar@centrum.cz

Unser Geheimtipp

Mittelalterhotel Dětenice (34 km)

Mittelalterlicher Gasthof. Hier kann man bei selbst gebrautem Bier in die Vergangenheit eintauchen. Täglich, außer Sonntag und Montag, von 19 bis 22 Uhr mittelalterliche Programme mit der passenden Live-Musik. Das einzigartige mittelalterliche Hotel Dětenice wurde im Dezember 2009 eröffnet und wurde als einziges Hotel in der Tschechischen Republik in die sogenannte «Unusual & Unique Hotels of the World» (Außergewöhnliche Hotels der Welt) aufgenommen.
Středověký hotel Dětenice
CZ 507 24 Dětenice
Telefon +420 (0) 493/599161
E-Mail stredovekyhotel@detenice.cz
www.stredovekyhotel.cz

Ausflugstipps

Malá Skála – Die Perle des Böhmischen Paradieses (25 km) ❷

Die mehrere 100 Meter lange Felsenburg Vranov ist die weiträumigste und größte dieser Anlagen in Böhmen. Im 19. Jahrhundert wurde im Inneren der Burganlage ein romantisches Pantheon eingerichtet. Das Naturdenkmal Suché skály (Trockene Felsen) wurde früher auch als «Kantorenorgeln» (Kantorovy varhany) bezeichnet. Heute nennt man es «tschechische Dolomiten». Die steinerne Kulisse entstand aufgrund der Verschiebung der Erdplatten, als es zur Aushebung der unteren Sandsteinschicht und ihrer Drehung senkrecht zur Erdoberfläche kam. Es handelt sich um eine einmalige geomorphologische Lokalität, einmalig in der Tschechischen Republik. Beliebtes Klettergebiet.
www.mala-skala.cz

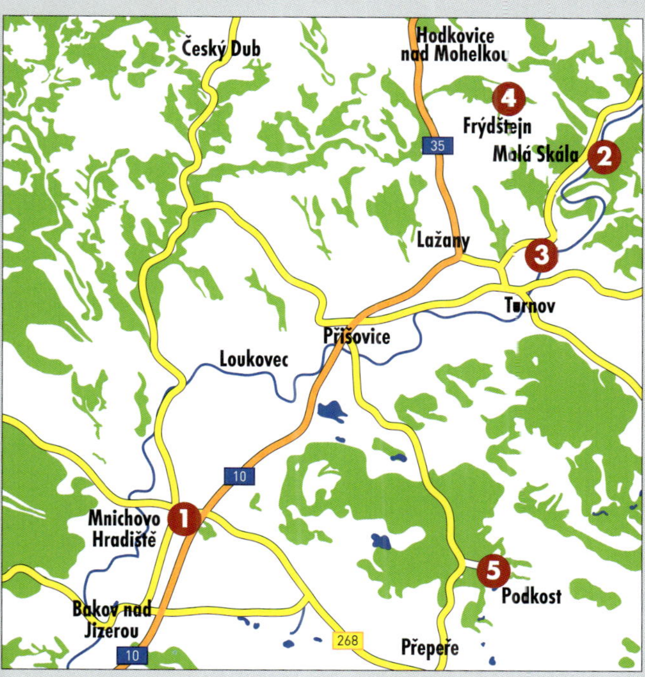

Schloss Hruby Rohozec/Groß Rohosetz (18 km) ❸

Wurde als Burg um 1300 von den Markwartingern auf einem steilen Felsabhang errichtet. Zwischen 1513 und 1516 baute man die Burg zu einem spätgotischen Schloss um, in dem eine Gemeinde der Böhmischen Brüder ihr Domizil hatte. 1622 wurde die Herrschaft konfisziert, weil Johann Georg von Wartenberg in den böhmischen Ständeaufstand verwickelt war. Ihr neuer Besitzer wurde Albrecht von Waldstein, der sie seinem Obristen Nikolaus Desfours zu Lehen gab. Dieser war 1634 an der Ermordung des Generalissimus beteiligt und erhielt danach die Herrschaft. Das Schloss blieb bis 1945 im Besitz der Familie Desfours. Prachtvolle Innenausstattung von der Renaissance bis zum tschechischen Jugendstil. Mehrfach war auf dem Schloss Rainer Maria Rilke zu Gast.
www.hruby-rohozec.eu/de

Burgruine Frýdštejn/Friedstein (24 km) ❹

Mittelalterliche Feste nahe Malá Skála auf einem steilen Sandsteinabhang zum Schutz eines Handelsweges. 15 Meter hoher zylindrischer Turm mit 9 Meter Durchmesser (zugänglicher Aussichtspunkt), Überreste der in den Felsen gegrabenen Gemächer.
www.frydstejn.cz

Burgruine Trosky (29 km)

Die bizarre Ruine der Ende der 1396 erstmals urkundlich erwähnten und von den Wartenbergern erbauten Burg gilt als Wahrzeichen des Böhmischen Paradieses. 1424 widerstand sie den Hussiten, wurde aber 1467 von den Truppen des Königs Georg von Podiebrad erobert. Im Dreißigjährigen Krieg zerstört, liegt sie seither in Trümmern. Den Anblick der Burg prägen zwei markante Basaltfelsen, auf denen sich die Reste zweier Wohntürme (Baba/alte Frau) und Panna/junge Frau) erheben. Sie bieten einen traumhaften Ausblick. Zwischen beiden Türmen erstreckte sich der zweiteilige, von Mauern geschützte Burgkern mit gotischem Palas.
www.hrad-trosky.eu

Burg Kost (18 km) ❺

Kost ist eine der am besten erhaltenen spätgotischen Burgen in Böhmen. Sie wurde in der ersten Hälfte des 14. Jahrhundert von Benesch von Wartenberg gegründet und von seinem Sohn Peter fertig gestellt. Der Besitz ging später an die Herren von Hasenburg, denen 1497 die von Schellenberg folgten. Sie veranlassten den Anbau des Westflügels mit dem spätgotischen Neuen Palas. Nach 1524, unter der Herrschaft derer von Biberstein, wurde die Burg im Stile der Renaissance überformt und erhielt am ersten Tor einen dritten Palas. Der gesamte Südteil der Anlage, einschließlich der Wirtschaftsgebäude und der Brauerei geht auf die Zeit bis 1637 zurück, als die Herren von Lobkowitz die Burg besaßen. Kurze Zeit war Kost auch im Besitz Albrechts von Waldstein. Er ließ 1629 neben dem großen Wohnturm eine Sala terrena (ebenerdiger Saal) einbauen. Trotz vieler Umbauten blieb die ursprüngliche Silhouette, die der trapezförmige Weiße Turm und der kleinere zylinderförmige Turm «Lidomorka» dominieren, weitgehend erhalten. 1993 erhielten Pio und Giovanni von Kinsky, die Söhne der letzten Besitzerin, die bis dahin in Staatsbesitz befindliche Burg zurück, weil die Familie nicht mit den Nationalsozialisten kollaboriert hatte. Sie steht Besuchern für Besichtigungen offen.
www.hrad-kost.cz

Kirche Rovensko pod Troskami (28 km)

Die Kirche des Heiligen Wenzel in Rovensko pod Troskami wurde im 14. Jahrhundert errichtet und in der zweiten Hälfte des 16. Jahrhunderts umgebaut. Die größte Attraktion ist jedoch der neben der Kirche befindliche hölzerne Glockenturm aus dem Jahr 1630. Er steht auf einem achtwändigen Fundament aus starken Holzbalken und Brettern. Unter einem Schindeldach sind drei Glocken aufgehängt, die dadurch einzigartig sind, dass sie im Stillstand mit dem Klöppel nach oben gewendet sind und durch Pedale in Bewegung gesetzt werden.
www.rovensko.cz

Böhmens jüngste Botschafterin im Himmel – Dominikanerkloster und Basilika des Heiligen Laurentius und der Heiligen Zdislava in Jablonné v Podještědí/ Deutsch Gabel

Jablonné v Podještědí/ Deutsch Gabel ist die 16. und letzte Station unserer Reise entlang der VIA SACRA. *Wir empfehlen, das Städtchen von Zittau oder Oybin aus zu besuchen. Seit die Tschechische Republik dem Schengen-Abkommen beitrat, ist die Gabler Straße nach mehr als 50 Jahren endlich wieder offen. Die nur 17 Kilometer lange Strecke führt als ordentliche Asphaltpiste über den Zittauer Ortsteil Eichgraben und dann recht steil und kurvenreich durch den Wald hinauf zum Lückendorfer Pass. Von da geht es auf der Südseite des Zittauer Gebirges hinunter in das malerisch gelegene Lückendorfer Niederdorf. Jetzt ist es nur noch eine kurze Strecke bis zur Landesgrenze. Durch Petrovice/Petersdorf, vorbei am Falkenberg/ Sokol mit seiner alten Burgruine, führt die Straße beinahe schnurgerade ins Zentrum von Jablonné v Podještědí.*

Jablonné – ein Zentrum der mittelalterlichen Kolonisation Nordböhmens

Hätte man sich in der ersten Hälfte des 13. Jahrhunderts dem Flecken genähert, wären kaum mehr als einige Dutzend einfache Holzhäuser sowie Stallungen zu sehen gewesen. Unweit der Siedlung war damals auf einem steil ansteigenden abgeholzten Hügel eine steinerne Burg im Bau. Sie gehörte einem Ritter namens Havel aus dem alten böhmischen Adelsgeschlecht der Markwartinger, von denen sich auch so bekannte Geschlechter wie die von Wartenberg und von Waldstein (Wallenstein) herleiteten. Dieser Haudegen von echtem Schrot und Korn, der sich manchmal auch Gallus nannte, tauchte erstmals in einer Urkunde vom 6. Februar 1233 auf. Sein Geburtsdatum ist unbekannt. Bis Anfang der fünfziger Jahre des 13. Jahrhunderts war er häufig in der Umgebung des böhmischen Königs Wenzel I. anzutreffen. 1237 siegelte er mit einem dreieckigen Wappen an roter Schnur, das die Umschrift «Sigillum Galli de Lewenberc» trug. Ohne Schild dargestellt, zeigte es einen heraldisch nach rechts gewandten, schreitenden Löwen mit einfachem Schweif. Nach diesem stolzen Tier nannte Ritter Havel auch seine Burg. Später wurde aus Lewenberc der Name Lämberg (tschechisch Lemberk). Vieles deutet darauf hin, dass der Bau der steinernen Feste mit dem Einfall der Mongolen zu tun hatte, die im Frühjahr 1241 bis nach Liegnitz/Legnica in Schlesien vorgestoßen waren. Einem Sturmwind gleich, waren die Heerscharen Batu-Khans herangebraust und hatten eine apokalyptisch anmutende Spur von Tod und Verderben hinterlassen. Nach ihrem Sieg in der Schlacht von Wahlstatt/Legnickie Pole am 9. April 1241 drangen sie jedoch nicht weiter nach Westen vor, sondern schwenkten in südlicher Richtung nach Mähren ab. Als noch im selben Jahr die Nachricht vom Tod des Großkhans Ögedei eintraf, brachen die Mongolen den Feldzug ab und zogen sich nach Asien zurück. Die Menschen atmeten auf und konnten sich wieder ganz ihrer Siedlungstätigkeit widmen.

Der böhmische König rief junge deutsche Bauern mit ihren Familien ins Land, die westlich der alten Grenzlinie an Saale und Elbe keinen Boden mehr bekommen konnten. Sie schlugen weitere Lichtungen in die Wälder, bauten sich Häuser und machten das jungfräuliche Land urbar. Jablonné existierte damals bereits, ist also deutlich älter und tschechischen Ursprungs. Der Ortsame erscheint in schriftlichen

Quellen zum ersten Mal 1249, und zwar in zwei Urkunden. Zum einen in einer Schenkungsurkunde des Olmützer Bischofs Bruno von Schaumburg (Schauenburg) zugunsten Havels von Lämberg, datiert vom 22. Februar. Hier wird «Gabela» als Aufenthaltsort des Bischofs genannt. Offensichtlich war er bei dem Markwartinger zu Gast. Die andere Urkunde stellte König Wenzel I. am 22. September 1249 in Prag aus. Als Zeuge wird «Gallus de Yablonni» genannt. Der Name des Ortes, in dem die Deutschen bald die Mehrheit stellten, weist auf die slawische Vorbesiedelung hin. Das tschechische Wort Jabloň bedeutet Apfelbaum. Demzufolge ließe sich «Yablonni» vielleicht mit «Apfelstadt» übersetzen. Dass von den deutschen Siedlern die ursprüngliche Bedeutung des Ortsnamens etymologisch nicht verstanden wurde, zeigt sich darin, dass aus «Yablonni» das deutsche Wort «Gabel» wurde und dieses Werkzeug seit Mitte des 14. Jahrhunderts das Stadtwappen ziert. Der Ort wurde zu Havels Zeiten zu einem Zentrum für die Besiedlung der Region. Rundherum entstanden deutsche Kolonistendörfer. In welchem Maße der Ritter sich dabei persönlich engagierte, ist nicht bekannt. Den Quellen zufolge war er immer wieder an der Seite des Königs auf Kriegszügen unterwegs – in Österreich, in Bayern und vor allem während der 1247 ausbrechenden Machtkämpfe zwischen Wenzel I. und seinem Sohn Přemysl Otakar II., die in einen regelrechten Bürgerkrieg mündeten. So ist es nicht verwunderlich, dass Havel von Lämberg nach dem Tode Wenzels I. (1253) bei dem neuen König in Ungnade fiel, kurz darauf starb er. Weder die Todesursache noch das Sterbedatum sind überliefert.

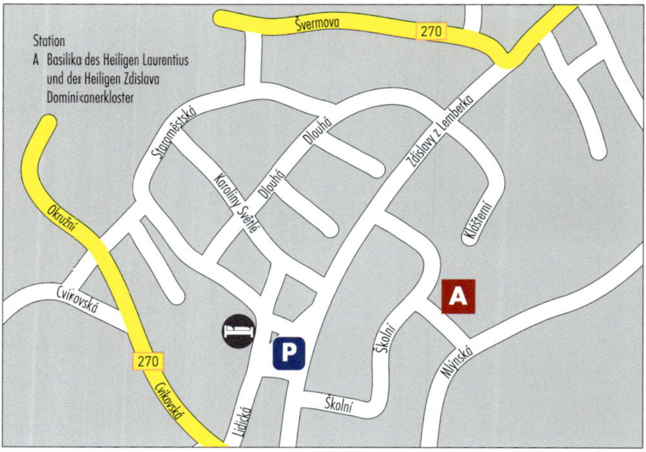

Begegnungen mit Zdislava

Obwohl der stolze Recke in zahlreichen Urkunden genannt wird und historisch viel greifbarer ist, hat seine Frau Zdislava, die er um 1240 heiratete, die wohl bedeutendere Spur in der Geschichte hinterlassen. Sie wurde um das Jahr 1220 geboren und stammte aus einer in Mähren reich begüterten Familie. Der Vater, Přibyslav von Křižanov (1203–1252), war zeitweilig Burggraf von Brünn und einer der Stifter des Zisterzienserklosters in Žd'ár nad Sázavou/Saar nordöstlich von Jilhava/Iglau. Es gilt als eines der bedeutendsten Klöster in den böhmischen Ländern. Die Mutter, Sibylla, war ein Edelfräulein der böhmischen Königin Kunigunde, die uns schon aus der Geschichte des Klosters St. Marienthal bekannt ist.

Die Erinnerung an Zdislava ist bis heute bei den Menschen der Region sehr lebendig. Sie begegnete uns gleich beim ersten Besuch des Städtchens, 1970 auf unserer Hochzeitsreise ins tschechische Riesengebirge. Schon von Weitem erblickten wir die riesige Kuppel der Basilika. Da konnte man nicht einfach vorbei fahren. Im Pfarrhaus fanden wir einen alten Herrn, der sehr gut Deutsch sprach. Hinter vorgehaltener Hand erzählte er uns, dass hier ein Dominikanerkloster bestanden hätte, das – wie die anderen Klöster in der Tschechoslowakei auch – 1950 von den Kommunisten geschlossen worden sei. Gegründet hätten es um 1240 die Edelleute Zdislava und Havel von Lämberg. *«Frau Zdislava ist für uns das, was Elisabeth von Thüringen für die Deutschen ist. Die werden Sie ja kennen.»* Damals noch Geschichtsstudenten, schauten wir uns kurz an und nickten. Natürlich: Von der aus Ungarn stammenden heiligen Landgräfin hatten wir schon gehört. Sie war eine Lichtgestalt des Mittelalters, eine Freundin der Armen und Kranken, die den Taten des Franziskus und der Klara von Assisi nacheiferte. *«Zdislava hat mit den Armen ihr Brot geteilt und viele Kranke geheilt. Die Leute hier, Deutsche wie Tschechen, haben die fromme Heilerin immer verehrt. Sie starb früh, nur etwas über 30 Jahre alt ist sie geworden. Man hat sie hier in der St.-Laurentius-Basilika begraben. Das Kloster ist damals recht bescheiden gewesen. Sie wissen ja, die Dominikaner waren zur Armut verpflichtet.»* Er hielt kurz inne und es schien, als müsse er erst nachdenken, ob er uns das Folgende auch erzählen solle. *«Wissen Sie, eigentlich sind wir Tschechen ja stolz auf Jan Hus und seine Anhänger. Aber die Hussiten haben hier in der Gegend viel Schaden angerichtet. Die Ordensleute mussten fliehen, sind aber bald wieder zu-*

rückgekommen. Die Gebäude konnten sie nur notdürftig wieder herrichten. Dann kamen die Reformation und der Dreißigjährige Krieg. Sie wissen hoffentlich, was nach der Schlacht am Weißen Berg am 6. November 1620 mit unserem Land geschah. Die Anführer des böhmischen Aufstandes richtete man im Juni 1621 in Prag hin und aus dem stolzen Königreich Böhmen wurde ein drittklassiges Anhängsel der Donaumonarchie». Erst einige Jahrzehnte nach dem großen Krieg habe man die alten morschen Klostergebäude abgerissen und aus Stein neu aufgebaut. Die prachtvolle Basilika sei auf Veranlassung von Franz Anton Berka von Duba und Rosalia Beatrix Gräfin Kinsky, beides Besitzer der Herrschaft Lämberg, in den ersten Jahrzehnten des 18. Jahrhunderts errichtet worden. *«Die Entwürfe für den Bau stammen von einem der besten europäischen Architekten jener Zeit, Johann Lucas von Hildebrandt. Der Name wird Ihnen ja ein Begriff sein, denken*

Grablege der hl. Zdislava

Sie an das Wiener Belvedere oder die Peterskirche. Die sind auch sein Werk.» Der alte Herr schien Wien gut zu kennen und glaubte wohl, dass das auch bei uns der Fall sei. Das war es natürlich nicht, denn die schöne Stadt an der Donau lag hinter dem Eisernen Vorhang. *«Wenn Sie sich die Kirche anschauen möchten, ich habe den Schlüssel».* Es war kalt und roch feucht. Von den Wänden bröckelte der Putz. Man spürte, dass hier seit 20 Jahren die Hausherren fehlten. Trotzdem, an Faszination hatte die Basilika nichts eingebüßt. Als müsse er den Zustand entschuldigen, sagte der Mann in die Stille hinein: *«Ach wissen Sie, die Dominikaner mussten 1950 innerhalb weniger Stunden ihre paar Habseligkeiten zusammenpacken und wurden aus dem Kloster vertrieben. Aber wenn Sie sich nicht gruseln, zeige ich Ihnen noch etwas ganz Besonderes.»* Er hob eine schwere hölzerne Falltür hoch und führte uns auf einer ausgetretenen Treppe in die Tiefe: *«Hier in diesen Katakomben haben die früheren Mönche ihre letzte Ruhestätte gefunden. Die gewölbten Gänge sind drei Etagen tief, und zwar genau so tief, wie die Kirche hoch ist.»* Er geleitete uns in eine Gruft. Auf einem marmornen Podest stand ein kleiner Sarkophag. *«Er enthält die Gebeine der Zdislava»,* erklärte unser freundlicher Führer. *«Die auf Kupferblech gemalten Bilder an den Wänden sind schon sehr alt und zeigen Szenen aus ihrer Lebensgeschichte.»*

Nach einigen Minuten andächtigen Schweigens verließen wir die Grabkammer. Überall in den Gängen und Nischen standen alte Särge. *«Schauen Sie hier»*, flüsterte der alte Herr. Mit einer Taschenlampe leuchtete er in einen Sarg, der mit einer Glasscheibe abgedeckt war. Wie Schneewittchen, nur nicht mehr so schön, lag da eine Frau im weißen Kleid. Sie stamme aus der Familie Berka von Duba und sei an ihrem Hochzeitstag an Herzschlag gestorben. Als er unseren fragenden Blick bemerkte, fügte er hinzu: *«Spüren Sie es nicht? Die Luft hier unten ist ganz trocken. Dadurch werden die Toten auf natürliche Weise mumifiziert. Sehen Sie, nun kommt Ihnen doch das Gruseln an.»* Als wir ihm gestanden, dass wir auf Hochzeitsreise seien und uns deshalb das Schicksal dieser jungen Frau besonders naheginge, führte er uns schnell aus diesem Totenreich hinaus an die Sonne. *«Gehen Sie unbedingt noch zur Zdislava-Quelle unterhalb der Burg. Das Wasser hat Heilkraft und schenkt einem ein langes Leben.»*

Spätere Nachlese

Eigentlich gibt es nur zwei spärliche zeitgenössische Nachrichten über Zdislava, deren Quellenwert nicht sehr hoch zu veranschlagen ist. Die erste stammt von dem Chronisten des Zisterzienserstifts Žd'ár nad Sázavou, dem die spätere Herrin von Lämberg aber nur in ihrer frühen Jugend bekannt war und der lediglich überliefert, dass sie ohne Tadel gelebt habe. Die zweite Erwähnung findet sich in der sogenannten Dalimil-Chronik. Dort wird sie wegen der von ihr vollbrachten Wunder als «heilig» bezeichnet und berichtet, sie habe durch ihre Fürsorge Blinde sehend und Aussätzige rein gemacht sowie fünf Tote erweckt. Ihre erst Anfang des 17. Jahrhunderts aufgezeichnete Legende dürfte sich aus mündlichen Überlieferungen sowie aus den bereits erwähnten alten Bildern mit Szenen aus ihrer Lebensgeschichte gespeist haben.

Die erste Erwähnung des Klosters datiert vom 2. November 1252, als ihm Ablässe genehmigt wurden, die einen Beitrag zu seiner Fertigstellung leisten sollten. Auch ein Hospital richtete man ein. Es ist sehr wahrscheinlich, dass Zdislava dort gewirkt hat. Offensichtlich setzte sie sich erfolgreich mit kritischen Krankheitsfällen auseinander. Dabei dürften die ihr bekannten medizinischen Mittel, vor allem aber ihre aufopferungsvolle Krankenpflege eine Rolle gespielt haben. Wie die mittelalterlichen Klostergebäude ausgesehen haben, wissen wir nicht. Nur einige Steinelemente im Fundament der jetzigen Kirche zeigen einen älteren Bau an. Erst 1649 wurden die Kirche und das Kloster in einem Bericht über den Zustand der Dominikanerprovinz in Böhmen näher beschrieben. Danach muss der Zustand so besorgniserregend gewesen sein, dass man die noch in Fachwerk errichteten Klostergebäude abbrach und 1683 unter Leitung des italienischstämmigen Baumeisters Pietro Bianco aus Litoměřice/Leitmeritz mit einem schlichten vierflügeligen Neubau aus Stein begann. Die Arbeiten zogen sich bis 1698 hin. 1699 wurde der Grundstein für den Neubau der Kirche gelegt. Wie uns der alte Herr seinerzeit schon erzählt hatte, waren es vor allem Franz Anton Berka von Dubá und Rosalia Beatrix Gräfin Kinsky, die das Vorhaben förderten. Den Bau nach den mehrfach abgeänderten Plänen von Johann Lucas Hildebrandt führte ebenfalls Pietro Bianco aus. Widrige Umstände ließen das Werk immer wieder stocken. Erst am 4. August 1729 konnte die Kirche geweiht werden. Die stark gegliederte Fassade mit den zwei prismenförmigen Türmen erhielt einen reichen Figurenschmuck.

Die Statuen, unter denen die des heiligen Laurentius und der Zdislava besonders hervortreten, schuf 1711 der bedeutende ortsansässige Bildhauer Franz Biener, dessen Skulpturenschmuck auch in der Spitzkunnersdorfer Nikolaikirche und in der Loreto-Kapelle in Rumburk/Rumburg zu bewundern ist. Den Innenraum bildet ein System von ineinander verschränkten Ellipsen, über denen sich die monumentale Kuppel erhebt. 1731 erfolgte die Überführung der Zdislava-Reliquien in die neue Gruft. Bei einem Stadtbrand im Jahre 1788 nahm auch die Basilika Schaden. Bis fast zum Ende des 19. Jahrhunderts blieb sie provisorisch eingerichtet und ihr architektonischer Wert stand im Kontrast zur Unvollständigkeit ihres Inventars. Erst 1888 begann man mit der vollständigen Rekonstruktion der Kirche und am 10. August 1900 wurde sie erneut geweiht.

Von der Innenausstattung ist eine spätgotische Madonna aus der alten Klosterkirche bemerkenswert. Sie steht auf dem Altar, der in einem golden gefassten gläsernen Schrein die Schädelreliquie der Zdislava birgt. Unmittelbar davor befindet sich, begrenzt durch ein kunstvoll geschmiedetes Gitter (1732), die Öffnung zu ihrer darunterliegenden Grabkammer.

Auf der anderen Seite der Kirche sehen wir einen Kreuz- und einen Rosenkranzaltar aus dem Jahre 1732. Über dem Ausgang zur Sakristei fällt die Büste des Franz Anton Berka von Duba und ihm gegenüber die der Rosalia Beatrix Gräfin Kinsky ins Auge. Vier große Deckenmedaillons, gemalt von Karel Krattner aus Prag, zeigen Zdislava bei der Speisung der Armen, der Heilung der Kranken, als Stifterin des Klosters sowie bei dessen Bau. Die Bestrebungen zur Kanonisierung Zdislavas reichen weit zurück, doch erst 1907 sprach sie dann Papst Pius X. selig und 1995 Papst Johannes Paul II. heilig. Dargestellt wird sie als Wohltäterin, mit Krone, Kreuz, Kirchenmodell, Brotkorb und einem von Rosen umgebenen Kruzifix.

Das Kloster war 1788 im Zuge der Josephinischen Reformen aufgelöst und die Basilika der Stadt als Pfarrkirche übergeben worden. Erst 1945 kehrten die Dominikaner zurück. Fünf Jahre später wurden sie erneut vertrieben. Anfang der neunziger Jahre erfuhren wir, dass drei von ihnen als einfache Arbeiter in Jablonné geblieben waren. Mit ihrer Hilfe kehrte nach der politischen Wende 1990 schon bald wieder klösterliches Leben in die alten Gemäuer ein.

Die gründliche Renovierung lässt die Kirche in neuem Glanz erstrahlen. 1996 erhob sie Papst Johannes Paul II. zur «Basilika minor», ein Ehrentitel, den der Heilige Vater einer bedeutenden Kirche verleihen kann.

Nach dem Besuch der Basilika ist ein Spaziergang durch das Städtchen durchaus lohnenswert. Hingewiesen sei auf den Hauptplatz mit der eindrucksvollen Pestsäule von 1686 und den Turm der 1788 abgebrannten neuen Pfarrkirche, von dem man einen schönen Rundblick genießen kann. Am westlichen Ende der Stadt lohnt ein Blick auf das Schloss Nový Falkenburk/(Neufalkenburg, das Jindřich Berka von Duba 1562–1572 anstelle einer alten Feste und späteren Meierhofes erbauen ließ. 1901 kaufte es der Reichenberger Textilfabrikant Moritz Liebieg und sorgte für die Instandsetzung in der gegenwärtigen neobarocken Form, heute beherbergt es ein Kinderheim. Unweit der Basilika in Richtung Schloss Lämberg befindet sich das barocke Jagdschlösschen des Joachim Pachta von Rájov aus dem zweiten Viertel des 18. Jahrhunderts. Später diente es als Poststation. Eine Gedenktafel erinnert an den Aufenthalt Kaiser Napoleons I. am 19. August 1813. Weiter in dieser Richtung gelangt man zu einem spätbarocken Schlösschen mit klassizistischem Giebel, das nach einem der späteren Besitzer «Baron Palme-Schloss» genannt wird.

VD

Basilika des Heiligen Laurentius und der Heiligen Zdislava

CZ 471 25 Jablonné v Podještědí, Klášterní 33
Telefon +420 (0) 487/762105
E-Mail farnostjvp@volny.cz
www.zdislava.cz
Öffnungszeiten:
November bis März
nur auf Voranmeldung
April/Oktober
Sa, Sonn- und Feiertage
14 Uhr, 15 Uhr, 16 Uhr
Mai bis September
Di-Fr 9-11 Uhr, 14-16 Uhr,
Sa, Sonn- und Feiertage 14 Uhr, 16 Uhr
Führungen:
in tschechischer Sprache,
deutsch und englisch auf Anfrage,
Dauer: ~1 Stunde Die Besichtigung umfasst die Kirche Hlg. Laurentius, das Klostermuseum und die Galerie (Katakomben nur auf Anfrage).
Wallfahrten (Auswahl):
Hauptwallfahrt zur Hlg. Zdislava
- letzter Samstag im Mai
Wallfahrt zur «Perle des böhmischen Adels»
- letzter Sonntag im Juni
Deutsche Wallfahrt
- erster Sonntag im Juli
Wallfahrt zu Ehren des hl. Laurentius
- zweiter Sonntag im August

Besonders empfehlenswerte Angebote

Zámek Lemberk/Schloss Lämberg

Auf dem grün markierten Wanderweg in nordöstlicher Richtung nach 3 Kilometern erreicht. 1241 von Havel von Löwenberg (Lämberg) erbaute Burg zum Schutz der Straße von Zittau nach Prag. Um 1570 von den späteren Besitzern zu einem Renaissanceschloss umgebaut, gelangte die Herrschaft im Dreißigjährigen Krieg an Albrecht von Waldstein (Wallenstein) und nach dessen Ermordung an seinen ersten Offizier Johann Rudolf Breda. Dieser ließ das Schloss im frühbarocken Stil zur Familienresidenz ausbauen und ergänzte das Anwesen durch den Bau eines nahe gelegenen Sommerhauses mit Schlossgarten (letohrádek Bredovských). Das seit 1945 in staatlichem Besitz befindliche Schloss ist seit 1992 der Öffentlichkeit zugänglich. Neben den Schlossräumen - im großen Saal bemerkenswerte Kassettendecke mit 77 Bildern aus den Fabeln des Äsop - kann im Erdgeschoss des Westflügels ein der heiligen Zdislava gewidmetes Museum besichtigt werden. Unterhalb des Burgberges befindet sich die in einer Gloriette mit acht toskanischen Säulen gefasste angeblich heilkräftige Zdislavaquelle/Zdislavina studánka.
www.zamek-lemberk.cz

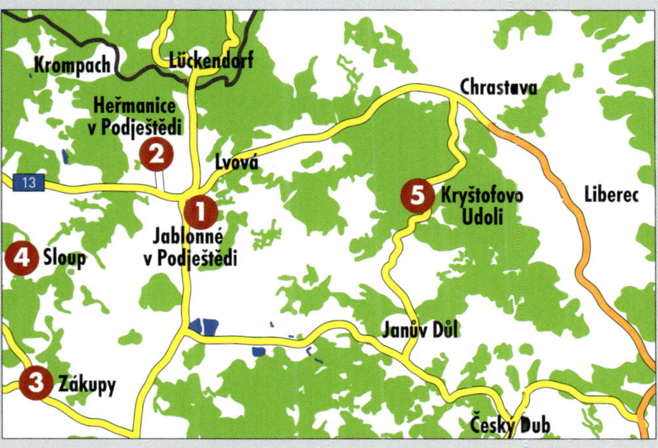

Tipps für Gaststätten

Restaurace Česká hospoda

deftige böhmische Hausmannskost,
große Sommerterrasse
CZ 471 25 Jablonné v Podještědí, Heřmanice 116
Telefon + 420 (0) 487/754956
+ 420 (0) 487/754958
E-Mail info@ceska-hospoda.cz
www.ceska-hospoda.cz

Restaurant & Pub «aromatherapie» (im «Alten Kurhaus» Lückendorf)

Restaurant im gemütlichen Ambiente und einer besonderen Vielfalt an Speisen
D 02797 Oybin / OT Luftkurort Lückendorf,
Kammstraße 30
Telefon + 49 (0) 35844/769623
E-Mail restaurant-aromatherapie@online.de
www.restaurant-aromatherapie.de

Gasthof «Alte Schmiede Lückendorf»

Absolute Frische und erstklassige Qualität aller verwendeter Zutaten. Hausspezialitäten, regionale Gerichte sowie saisonale Wild-, Fisch- und Geflügelgerichte, wie Forellenfilet, Hirschroulade, Wildschweinsaftbraten und «Lückendorfer Gänseschmaus». Originelle Suppenkreationen
D 02797 Oybin / OT Luftkurort Lückendorf,
Gabler Straße 8
Telefon +49 (0) 35844/72662
E-Mail gasthof@alte-schmiede.net
www.alte-schmiede.net

Übernachtungen

Pension U Salvátora CZ 471 25

Jablonné v Podještědí, Náměstí Míru 161
Telefon +420 (0) 487/754333
www.pensionusalvatora.cz

Resort Ranč Malevil

CZ 471 25 Jablonné v Podještědí,
Heřmanice v Podještědí 280
Telefon +420 (0) 487/762760
E-Mail info@malevil.cz
www.malevil.cz

Unser Geheimtipp

„Česká hospoda» Heřmanice/Hermsdorf (6 km) ❷

An der Südseite des Zittauer Gebirges/Lužické horý am Fuße des Hochwaldes/Hvozd gelegen, lassen sich von hier aus sowohl die Burg und Klosteranlage in Oybin als auch die St.-Laurentius-Basilika in Jablonné v Podještědí - beides Stationen der VIA SACRA - als Fuß- oder Radwanderung erreichen. Die Pension befindet sich in zwei rekonstruierten Gebäuden, die voneinander etwa 700 Meter entfernt sind. Ein Busparkplatz befindet sich direkt am Haus. Vielfältige sportliche Aktivitäten wie Bowling, Tennis, Radfahren, Golfen, Wandern und Skifahren sind möglich. Eine sehr gute regionaltypische Küche rundet das gastliche Angebot des Partnerhauses der VIA SACRA ab.
CZ 471 25 Jablonné v Podještědí, Heřmanice 116
Telefon + 420 (0) 487/762299
E-Mail info@ceska-hospoda.cz
www.ceska-hospoda.cz

Ausflugstipps

Zákupy/Reichstadt (15 km) ❸

1383 erstmals erwähnte Feste, die in der zweiten Hälfte des 17. Jahrhunderts zu einem Barockschloss umgebaut wurde. Sie gehörte ab 1805 den Habsburgern und diente ihnen als Sommerresidenz. Kaiser Franz I. von Österreich überschrieb es 1818 seinem Enkel Napoleon Franz Joseph Karl Bonaparte, dem Sohn Kaiser Napoleons I. und Marie Luises von Österreich. Er führte fortan den Titel eines Herzogs von Reichstadt, hat sein Herzogtum jedoch nie besucht. Nach 1848 war das Schloss einer der Alterssitze des abgedankten österreichischen Kaisers Ferdinand I. Am 1. Juli 1900 heirateten hier der Thronfolger Franz Ferdinand von Österreich-Este und Sophie Gräfin Chotek. Sie fielen am 28. Juni 1914 in Sarajevo einem Attentat zum Opfer, das den Ersten Weltkrieges auslöste.
www.zakupy.cz

Sloup v Čechách/Bürgstein (17 km) ❹

Die der Öffentlichkeit zugängliche, aus dem 13. Jahrhundert stammende Felsenburg «Einsiedlerstein» wurde in einen alleinstehenden Sandsteinfelsen, der sich etwa 40 Meter über dem Talboden erhebt, gehauen. Betgraben mit Felsenkapelle der Gräfin Kinsky.
www.obecsloupvcechach.cz

Nový Bor/Haida (19 km)

Die Stadt wurde nach 1760 Zentrum der Glasherstellung und des Glashandels. Die Erfindungen der Techniken des Blattschleifens und farbigen Überfangens von Kristallgläsern trugen zum Weltruhm des böhmischen Glases bei. Sehenswert sind das Glasmuseum und die klassizistische Pfarrkirche Maria Himmelfahrt.
www.novy-bor.cz

Kryštofovo Údolí/Christophsgrund (20 km) ❺

Landschaftlich schön gelegener Ort im Tal des Eckertsbach/Rokytka mit zahlreichen Umgebindehäusern. In der ehemaligen Schule unterhalb der Kirche Museum für bewegliche Weihnachtskrippen, gegenüber Aposteluhr. Christopheruskirche, eine der wenigen erhaltenen Blockhauskirchen Böhmens mit frei stehendem Glockenturm und reichem Interieur im bäuerlichen Barock. Sehenswertes Bildnis der «Heiliger Kümmernis», einer Legende aus frühchristlicher Zeit. Die Schlüsselgewalt hat der im Pfarrhaus neben der Kirche wohnende Jaroslav Lada (Keramikwerkstatt),
Telefon +420 (0) 482/720331 oder
+420 (0) 482/720388
www.krystofovoudoli.cz

Česká Lípa/Böhmisch Leipa (24 km)

Von Albrecht von Waldstein (Wallenstein) gegründetes Augustinerkloster mit Heiliger Stiege und Loreto-Kapelle, heute Kreismuseum mit umfangreichen naturkundlichen und kulturgeschichtlichen Sammlungen sowie einer Galerie.
http://turistika.mucl.cz

Doksy/Hirschberg am See (30 km)

1264 von König Přemysl Otakar II. gegründete Stadt, vor deren Toren sich der Máchasee befindet, der mit heute 284 Hektar größte künstlich 1366 auf Initiative Kaiser Karls IV. angelegte See Nordböhmens. Unweit davon erhebt sich auf einem Basaltkegel die ebenfalls von König Přemysl Otakar II. gegründete Burg Bezděz/Bösig. Von 1635 bis 1785 diente sie als Benediktinerkloster. 1788 weitgehend durch die Preußen zerstört, wurde die Anlage in der Romantik wiederentdeckt und vor allem vom Dichter Karel Hynek Mácha poetisch beschrieben.
www.doksy.com

NACHWORT

VIA SACRA – Entstehung und Anliegen

Die Idee der VIA SACRA *entstand 2003 in den Städtischen Museen Zittau. Nach der Eröffnung der Dauerausstellung des Großen Zittauer Fastentuches im Museum Kirche zum Heiligen Kreuz im Juni 1999 und der mit mehr als 70 000 Besuchern weit über Deutschland hinaus wahrgenommenen Schau «Welt-Macht-Geist. Das Haus Habsburg und die Oberlausitz 1526–1635» im Jahre 2002 begannen damals die Vorbereitungen zur ständigen Präsentation des Kleinen Zittauer Fastentuches. Damit verband sich der Beginn der Sanierungsarbeiten im Ostflügel des ehemaligen Franziskanerklosters, dem Stammhaus der Städtischen Museen. Beeindruckt und berührt von diesen Initiativen, entschloss sich der Kölner Kunstsammler Wolfgang Sternling, seine über viele Jahrzehnte zusammengetragene kostbare Sammlung «Kreuzzeichen» dem Zittauer Kulturhistorischen Museum zu schenken. Damit erhielt der ohnehin schon bedeutsame Bestand an sakraler Kunst hochkarätigen Zuwachs und die Chance, in Sonderausstellungen sowie im klösterlichen Ambiente der Dauerausstellung großartig zur Geltung zu kommen. Damit waren auch neue Ideen des Marketings und der Kommunikation gefragt. Schnell war klar: Um auf dem Tourismusmarkt besser wahrgenommen zu werden, müssen die in der Region rechts und links der Neiße vorhandenen kultur- und frömmigkeitsgeschichtlichen Sehenswürdigkeiten von europäischem Rang miteinander vernetzt werden. Gemeinsam mit deutschen, tschechischen und polnischen Museologen, Historikern und Tourismusfachleuten wählten wir 16 Reiseziele aus, die diesen Anforderungen entsprachen – acht in der Oberlausitz und je vier in Niederschlesien und Nordböhmen.*

Die VIA SACRA *wurde im November 2005 offiziell ins Leben gerufen. Die Eröffnung der Dauerausstellung des Kleinen Zittauer Fastentuches gab dafür den festlichen Rahmen. Unterstützung erfuhren wir durch die Deutsche Stiftung*

Denkmalschutz, allen voran Prof. Dr. Gottfried Kiesow. Dankbar bin ich ganz persönlich den vielen Freunden, die die Idee der VIA SACRA *und ihre Umsetzung von Anfang an mit Rat und Tat begleitet haben.*

Große Bedeutung hatte die Festschrift «Via Sacra. Oberlausitz-Schlesien-Böhmen», die Steffen Gärtner, Dr. Volker Hänsel und Dr. Gunter Oettel im Auftrag des Zittauer Geschichts- und Museumsvereins anlässlich meines 60. Geburtstages herausgaben.

2008 fiel die Entscheidung, der Marketing-Gesellschaft Oberlausitz-Niederschlesien das Steuer für die VIA SACRA *zu übertragen. Dass es dort in besten Händen ist, beweisen die zahlreichen neuen Ideen und Initiativen der letzten Jahre. Dazu gehört nicht zuletzt dieser Reiseführer, der ohne das Engagement und die persönliche Mitwirkung des Geschäftsführers, Prof. Dr. Holm Große, nicht entstanden wäre. Sehr herzlich danken möchte ich meiner Frau Julia, die mit mir gemeinsam alle Stationen der* VIA SACRA *mehrfach bereist hat und deren Erinnerungen in manches Kapitel eingeflossen sind. Schließlich sei all denen besonders gedankt, die entweder mit eigenen Texten zum Gelingen dieses Buches beitrugen oder durch die kritische Durchsicht der von mir verfassten Teile eine große Hilfe waren. Das gilt vor allem für den Direktor der Städtischen Museen Zittau, Dr. Marius Winzeler, der selbst drei Kapitel verfasst und alle anderen durchgesehen hat. Ebenso herzlich danke ich Dr. Rudolf Anděl (Liberec), Dr. Tomaš Edel † (Česky Dub), Pfarrer Heino Groß (Cunewalde), Heinz Henke (Bautzen), Dr. Sylke Kaufmann (Kamenz), Elke Manke (Oybin), Dr. Gunter Oettel (Görlitz), Pfarrer Edwin Pech (Karpacz), Rainer Sachs (Wrocław), Pfarrer Michael Salewski (Herrnhut), Dr. Siegfried Seifert (Bautzen), Soňa Švabova (Mnichovo Hradiště) und Elżbieta Syrek (Kamie nna Góra). Schließlich bedanke ich mich beim Lusatia Verlag Bautzen, mit dem zusammenzuarbeiten mir wieder eine große Freude war.* VOLKER DUDECK

verwendete Literatur

Anděl, R.: *Husitství v severných Čechách* [Das Hussitentum in Nordböhmen]. Liberec 1961, S. 326–331.

Anděl, R. und andere: *Hrady, zámky a tvrze v Čechách, na Moravá a ve Slezsku* [Burgen, Schlösser und Festen in Böhmen, Mähren und Schlesien]. Praha 1984, S. 326–331.

Bahlcke, Joachim: *Schlesien und die Schlesier.* München 2000.

Bahlcke, Joachim/Eberhard, Winfried/Polívka, Miloslav: *Handbuch der historischen Stätten, Böhmen und Mähren.* Stuttgart 1998.

Bauer, Markus: *Die zwei Gründungen des Klosters St. Marienstern.* In: 750 Jahre Kloster St. Marienstern 1998, S. 65–86.

Blaschke, Karlheinz/Seifert, Siegfried: *Reformation und Konfessionalisierung in der Oberlausitz.* In: Welt-Macht-Geist. Das Haus Habsburg und die Oberlausitz 1526–1635. Hrsg. von Joachim Bahlcke und Volker Dudeck. Görlitz/Zittau 2002, S. 121–128.

Caspary, Hans: *Die schlesischen Friedenskirchen in Schweidnitz und Jauer.* Ein deutsch-polnisches Kulturerbe (Bibliothek östliches Europa – Kunst), Potsdam 2005.

Das Fastentuch. In: Christ in der Gegenwart im Bild, Freiburg i. Br. 2004, Heft 3.

Damzog, Dietmar/Dudeck, Volker/Knobloch, Matthias: *Die Zittauer Fastentücher als Gegenstand der Forschung.* In: Zittauer Geschichtsblätter H. 1/2000, S. 3–15.

Dannenberg, Lars-Arne: *Das Kloster St. Marienthal und die Burggrafen von Dohna.* In: Neues Lausitzisches Magazin 11 (2008), S. 89–104.

Dehio Georg: *Handbuch der deutschen Kunstdenkmäler, Sachsen I. Regierungsbezirk Dresden,* bearbeitet von Barbara Bechter u. a., München/Berlin 1996, S. 666–676; 682–688.

Die Oberlausitz als besondere Abtheilung von Sachsens Kirchengalerie. Cunewalde. Dresden 1840, S. 240 ff.

Die Zittauer Fastentücher. In: Zittauer Geschichtsblätter, Heft 38. Zittau/Görlitz 2009.

Dschingis Khan und seine Erben. Das Weltreich der Mongolen. Eine Ausstellung der Kunst- und Ausstellungshalle der Bundesrepublik Deutschland, Bonn, in Kooperation mit dem Staatlichen Museum für Völkerkunde München, dem Kunsthistorischen Museum Wien, dem Land Niederösterreich und dem BMBWK, Ausstellungskatalog 2006, S. 244 f.

Dudeck, Volker: *Zittau so wie es war.* Düsseldorf 1993.

Eberlein, Paul Gerhard (Hrsg.): *Schlesische Kirchen.* Görlitz/Wrocław 2006, S. 47–52.

Edel, Tomaš: *Das Gebiet Český Dub/Böhmisch Aicha im frühen Mittelalter.* Unveröffentlichtes Manuskript.

Edel, Tomáš: *Die Geschichte des Zittauer Komturs genannt Dalimil. Ein Kapitel aus der mittelalterlichen Johannitergeschichte,* Praha 2000.

Fischer, Ulrike: *Die Entwicklung des Ortes Herrnhut bis 1760.* In: Graf ohne Grenzen. Leben und Werk von Nikolaus Ludwig Graf von Zinzendorf. Herrnhut 2000, S. 32–36.

Gawin, Izabella/Schulze, Dieter/Vetter, Reinhold: *Schlesien. Deutsche und polnische Kulturtraditionen in einer europäischen Grenzregion.* Köln 1999, S. 129–132.

Gebhardt, Erich: *Die Kirche Wang im Riesengebirge und ihre Geschichte.* Hamburg 1913.

Gill, Theodor: *Zinzendorf und die Mähren.* In: Graf ohne Grenzen. Leben und Werk von Nikolaus Ludwig Graf von Zinzendorf. Herrnhut 2000, S. 37–42.

Grochowska-Sachs, Ewa/Reichenbach, Heinrich Graf von: *Gedenk- und Wappentafeln von Adel, Zünften und Bürgern in der Friedenskirche zu Jauer. Eine Beschreibung der hölzernen Tafeln nach ihrer Restaurierung im Regionalmuseum Jauer.* Katalog zu deren Ausstellung anlässlich des 350-jährigen Bestehens der Friedenskirche.
Grundmann, Günther: *Kunstwanderungen im Riesengebirge, Studien aus 50 Jahren 1917–1967.* München 1969, S. 33–58; 175–200.
Gurlitt, Cornelius: *Beschreibende Darstellung der älteren Bau- und Kunstdenkmäler des Königreichs Sachsen, 29. Heft, Amtshauptmannschaft Zittau (Land).* Dresden 1906.

Henke, Heinz: *Wohngemeinschaften unter deutschen Kirchendächern. Die simultanen Kirchenverhältnisse in Deutschland – eine Bestandsaufnahme.* Leipzig 2008.
Herzig, Arno: *Schlesien. Das Land und seine Geschichte.* Hamburg 2008.
Hübner, Armin: *Die Kanzel der Dorfkirche zu Cunewalde.* In: via sacra. Oberlausitz-Schlesien-Böhmen. Festschrift für Dr. habil. Volker Dudeck zum 60. Geburtstag. Hrsg. von Steffen Gärtner, Volker Hänsel und Gunter Oettel im Auftrag des Zittauer Geschichts- und Museumsvereins. Görlitz/Zittau 2007, S. 49–53.
Hutter-Wolandt, Ulrich: *Friedenskirche Jauer / Kościół Pokoju w Jaworze* (Kleine Kunstführer 2348, Schlesische Denkmäler 3), Regensburg 1998;
Dehio-Handbuch der Kunstdenkmäler in Polen: Schlesien, München/Berlin 2005, S. 380 f.

Klümper, Kira/Pech, Edwin: Die *Kirche Wang* in Karpacz. In: via sacra. Oberlausitz-Schlesien-Böhmen. Festschrift a. a. O., S. 154–159.
Knothe, Hermann: *Bernhard III. von Kamenz.* In: Archiv für Sächsische Geschichte 4 (1865), S. 82–114.
ders.: *Geschichte der Herren von Kamenz.* In: NLM 43 (1866), S. 81–111.

Krepelin, Kirsten/Thränert Thomas: *Schloss und Gartenanlage Hainewalde.* In: Zittauer Geschichtsblätter, Heft 43. Zittau/Görlitz 2010, S. 52.

Lanczkowski, Johanna: *Lexikon des Mönchtums und der Orden.* Wiesbaden 1997.

Magirius, Heinrich/Winzeler, Marius: I*m Glanz der Ewigkeit. Kunstwerke im Kloster St. Marienstern,* Dößel 1999.
Meidner, Ludwig: *Grüssau.* In: Bräuer, Gerda/Wagemann, Ines: Ludwig Meidner, Bd. 2, Darmstadt 1991, S. 395
Mennekes, Friedhelm (Hrsg.): *Die Zittauer Bibel. Bilder und Texte zum Großen Zittauer Fastentuch von 1472.* Stuttgart 1998.
Meyer, Dietrich: Zinzendorf und die Herrnhuter Brüdergemeine 1700–2000. Göttingen 2000.

Oettel, Gunter: *Die Ruine des Cölestinerklosters Oybin.* In: via sacra. Oberlausitz-Schlesien-Böhmen. Festschrift a. a. O., S. 32–39.
Olsen, Olaf: *Christentum und Kirchen.* In: Wikinger – Waräger – Normannen. Die Skandinavier und Europa 800–1200. Berlin 1992, S. 152–161, bes. S. 156 ff.

Poche, E.: *Umělecký památky Čech* [Kunstdenkmaler in Böhmen]. Praha 1978, S. 411–414, 418–419.

Raban, Miloš: *Die Kirche Maria Heimsuchung in Hejnice/Haindorf.* In: via sacra. Oberlausitz-Schlesien-Böhmen. Festschrift a. a. O., S. 175–181.

Sachs, Rainer: *Die evangelische Gnadenkirche zum Hl. Kreuz in Jelenia Góra/Hirschberg.* In: via sacra. Oberlausitz-Schlesien-Böhmen. Festschrift a. a. O., S. 161–173.
Sachs, Rainer: *Kloster Grüssau/Krzeszów.* In: via sacra. Oberlausitz-Schlesien-Böhmen. Festschrift a. a. O., S. 142–153.

Salewski, Michael: *Herrnhut und die Brüdergemeine.* In: via sacra. Oberlausitz-Schlesien-Böhmen. Festschrift a. a. O., S. 41–47.
Schauer, Vera/Schindler, Hanns Michael: *Bildlexikon der Heiligen, Seligen und Namenspatrone.* Augsburg 1999.
Schneider, Hans: *Nikolaus Ludwig von Zinzendorf als Gestalt der Kirchengeschichte.* In: Graf ohne Grenzen. Leben und Werk von Nikolaus Ludwig Graf von Zinzendorf. Herrnhut 2000, S. 10–29.
Schulz, Hagen: *Zur Geschichte von Bautzen vom späten 16. bis frühen 18. Jahrhundert.* In: Zwischen den Zeiten, Ausstellungskatalog, Bd. I. Hrsg. vom Stadtmuseum Bautzen. Bautzen 2002, S. 14–28.
Seifert, Siegfried: *Das Domstift St. Petri in Bautzen – ein Überblick.* In: via sacra. Oberlausitz-Schlesien-Böhmen. Festschrift a. a. O., S. 55–67.
Šimák, J. V.: *Soupis památek historických a uměleckých* [Topographie der historischen und kunsthistorischen Denkmäler] Bd. XLVI. Mnichovo Hradiště. Praha 1930.
ders.: *Dějinné paměti okresu mnichovohradišteského I* [Historische Denkmale des Bezirkes Mnichovo Hradiště]. 1917.
Skoczylas-Stadnik, *Barbara: Kościół Pokoju w Jaworze / Friedenskirche in Jauer,* Jawor 2002.
Skoczylas-Stadnik, Barbara: *Aus Holz und Lehm. Die Friedenskirche zu Jawor (Jauer),* Legnica 2004.
Smejkal, Ladislav: *Die Kirche des Hl. Laurentius (St. Vavřinec) und der Hl. Zdislava in Jablonné v Podještědí/Deutsch Gabel.* In: Festschrift a. a. O., S. 195–201.
Stawiak, Tomasz: *Zur Geschichte der Friedenskirche und der evangelische Pfarrgemeinde Jauer/Jawor.* In: via sacra. Oberlausitz-Schlesien-Böhmen. Festschrift a. a. O., S. 129–141.

Theile, Martin: *Offen und Verbindlich. Basel* u. a. 2000.

Waldstein-Wartenberg, Berthold: *Die Markwartinger. Geschichte einer böhmischen Familie im Zeitalter der Přemysliden.* München 1966.
Winzeler, Marius: *Die Zisterzienserinnen-Abtei St. Marienthal – Architektur und Kunst einer böhmisch-katholischen Insel in der Oberlausitz..* In: via sacra. Oberlausitz-Schlesien-Böhmen. Festschrift a. a. O., S. 111–126.
Winzeler, Marius: *Lausitzer Jerusalem. Das Heilige Grab in Görlitz – symbolischer Garten, Siegeszeichen, Pilgerstätte, Kuriosum und Architekturdenkmal.* In: via sacra. Oberlausitz-Schlesien-Böhmen. Festschrift a. a. O., S. 91–109.
Winzeler, Marius: *Parthenon in Superiore Lusatia. Die Zisterzienserinnenabtei St. Marienstern und ihr Heiltum.* In: via sacra. Oberlausitz-Schlesien-Böhmen. Festschrift a. a. O., S. 69–89.

Zimmerling, Peter: *Nikolaus Ludwig Graf von Zinzendorf und die Herrnhuter Brüdergemeine.* Holzgerlingen 1991.
Zisterzienserinnenabtei St. Marienthal. Ein Führer durch das Kloster (Sr. M. Hildegard Zeletzki), Leipzig 1991.
Zittauer Urkundenbuch. Regesten zur Geschichte der Stadt und des Landes Zittau 1234–1437. Hrsg. von Joachim Prochnow. Zittau 1938, Reg. 48, 95, 131, 156a.

o. A.: *Bautzens geografische Position an der Hohen Straße, der via regia.* In: Bautzen. Erneuerung der westlichen Kernstadt. Eine Beispielstudie zur Erhaltung gefährdeter Stadtbilder in den östlichen Bundesländern, bearbeitet an der TU Dresden. Hrsg. von Helmut Trauzettel. Berlin/München 1992, S.

www.pax-westphalica.de

Buchungsmöglichkeiten
für Gruppen- und Individualreisen entlang
der VIA SACRA

Görlitz-Tourist
02826 Görlitz, Demianiplatz 55
Telefon +49 (0) 3581/764747
Fax +49 (0) 3581/764848
E-Mail m.buchwald@goerlitz-tourist.de
www.goerlitz-tourist.de

Tourismus GmbH –
Land und Leute
02977 Hoyerswerda,
Dr.-Wilhelm-Külz-Straße 1
Telefon +49 (0) 3571/408030
Fax +49 (0) 3571/408031
E-Mail gruppenreisen@lausitz-tourismus.de
www.lausitz-tourismus.de

Tourist-Information Zittau
02763 Zittau, Markt 1
Telefon +49 (0) 3583/752200
Fax +49 (0) 3583/752161
E-Mail tourist-info@zittau.de
www.zittau.eu

Bildnachweis:
Dietmar Berthold 124/ 125, 180/181; Jens-Uwe Bierke 62; Volker Dudeck 29, 127, 141, 142, 149, 169, 171, 186/187, 189, 191, 197, 203, 209, 210, 213, 226, 229; Matthias Hempel 72, IBZ 114; Land und Leute/ Krause 34/35, 104, 116/ 117, 119; MGO 41; MGO/ René Pech Titel, 2, 15, 19, 23, 28, 44/45, 47, 59, 73, 81, 90, 101, 111, 132/133, 135, 147, 166, 173, 183, 204, 216, 223; MGO/ Wolfgang Wittchen 5; Carsta Off 93; Stadtverwaltung Bautzen/ Tobias Schilling 69, 74; Dietmar Träupmann 88; Touristinfo Karpacz

ISBN 978-3-936758-71-9

Lektorat:
Karin Damaschke,
Dr. Frank Stübner
Gestaltung: Eberhard Kahle
Schriftsatz, Karten
und Reproduktionen:
Satzstudio Martina Mittasch
Druck und Binden:
Lausitzer Druckhaus GmbH
Printed in Germany

Unser Dank gebührt der Deutschen Stiftung Denkmalschutz für die Unterstützung der Publikation.

DEUTSCHE STIFTUNG
DENKMALSCHUTZ

Herausgegeben in Zusammenarbeit mit der Marketing-Gesellschaft Oberlausitz-Niederschlesien mbH

OBER
LAUSITZ